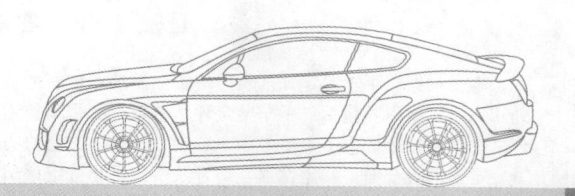

跟我学二手车
鉴定·评估·交易

吴文琳　编著

中国电力出版社
CHINA ELECTRIC POWER PRESS

内 容 提 要

本书根据二手车鉴定评估工作的实际需求，全面系统地介绍了二手车鉴定、评估和交易所需了解、掌握的基础知识，主要内容包括二手车鉴定评估基础、二手车技术状况鉴定、事故车鉴定、二手车评估、二手车交易五部分，在各部分还提供了一些二手车鉴定、评估、交易的实例，以帮助读者学习、理解及使用。

本书内容全面，实用性强，适合从事二手车鉴定评估的人员和想换车、购买二手车的群体参考使用，同时可作为二手车鉴定评估专业人员的培训教材，以及大、中专职业院校汽车类专业的教材。

图书在版编目（CIP）数据

跟我学二手车鉴定·评估·交易/吴文琳编著．—北京：中国电力出版社，2021.9
ISBN 978-7-5198-5518-5

Ⅰ.①跟… Ⅱ.①吴… Ⅲ.①汽车-鉴定②汽车-价格评估③汽车-商品交易 Ⅳ.①U472.9②F766

中国版本图书馆 CIP 数据核字（2021）第 060370 号

出版发行：中国电力出版社
地　　址：北京市东城区北京站西街 19 号（邮政编码 100005）
网　　址：http://www.cepp.sgcc.com.cn
责任编辑：杨 扬（010-63412524）　常丽燕
责任校对：黄 蓓　常燕昆
装帧设计：赵丽媛
责任印制：杨晓东

印　　刷：北京天宇星印刷厂
版　　次：2021 年 9 月第一版
印　　次：2021 年 9 月北京第一次印刷
开　　本：787 毫米×1092 毫米　16 开本
印　　张：10.5
字　　数：269 千字
定　　价：48.00 元

版 权 专 有　侵 权 必 究

本书如有印装质量问题，我社营销中心负责退换

前　言

随着我国汽车行业的蓬勃发展，汽车已经走进我国普通家庭。一方面，许多人想要购买新车，原来的旧车就需要卖出；另一方面，许多人根据自身需求选择购买二手车。因此，近年来我国二手车交易日益活跃，市场发展潜力巨大、前景广阔。为了满足从事二手车鉴定评估的人员和想换车、购买二手车的群体的实际需要，我们编写了本书。

本书共五章，第一章为二手车鉴定评估基础；第二章为二手车技术状况鉴定；第三章为事故车鉴定；第四章为二手车评估；第五章为二手车交易。另外，附录部分包括《二手车流通管理办法》《二手车交易规范》《二手车鉴定评估师管理办法》（试行）三个规范性文件。

本书内容全面，对二手车鉴定、评估、交易各环节的知识进行了全面系统的阐述；同时理论与实践并重，在介绍二手车鉴定、评估、交易理论知识的同时，提供了相关的实际案例，既可帮助读者学习、理解及使用，也提升了本书的实用性。

本书由吴文琳编写，参加编写的人员还有林瑞玉、何木泉、林国强、林志强、吴沈阳、黄志松、林志坚、陈山、杨光明、林宇猛、陈谕磊、李剑文等。本书在编写过程中参阅了一些已经出版或发表的文献资料，在此向原作者表示诚挚的感谢！

由于编者水平有限，书中难免存在不妥之处，敬请广大读者批评指正。

编　者
2021 年 3 月

目 录

前言
第一章 二手车鉴定评估基础 ·· 1
  第一节 汽车基础知识 ·· 1
  第二节 二手车及其鉴定评估基础知识 ······························ 18
第二章 二手车技术状况鉴定 ·· 29
  第一节 二手车技术状况鉴定概述 ·································· 29
  第二节 二手车技术状况鉴定流程 ·································· 30
  第三节 二手车技术状况静态检查 ·································· 40
  第四节 二手车技术状况动态检查 ·································· 53
  第五节 二手车技术状况仪器检查 ·································· 59
第三章 事故车鉴定 ·· 78
  第一节 事故车鉴定概述 ·· 78
  第二节 碰撞事故车的鉴定 ·· 83
  第三节 水泡车的鉴定 ·· 86
  第四节 火烧车的鉴定 ·· 89
  第五节 调表车的鉴定 ·· 91
第四章 二手车评估 ·· 93
  第一节 二手车成新率及其估算 ···································· 93
  第二节 二手车评估的基本方法 ···································· 105
  第三节 二手车评估方法的选择 ···································· 120
  第四节 二手车鉴定评估报告的撰写 ································ 123
第五章 二手车交易 ·· 126
  第一节 二手车交易概述 ·· 126
  第二节 二手车营销实务 ·· 133
  第三节 二手车交易合同 ·· 140
附录 ·· 144
  附录 A 二手车流通管理办法 ······································ 144
  附录 B 二手车交易规范 ·· 148
  附录 C 二手车鉴定评估师管理办法（试行）························ 157
参考文献 ·· 162

第一章
二手车鉴定评估基础

第一节 汽车基础知识

一、汽车的分类

1. 按国家标准分类

（1）按照《机动车运行安全技术条件》分类。《机动车运行安全技术条件》（GB 7258—2017）将汽车分为载客汽车、载货汽车和专项作业车三大类。

1) 载客汽车。载客汽车包括乘用车、客车、校车。

2) 载货汽车。载货汽车包括半挂牵引车、低速汽车、危险货物运输车。

3) 专项作业车。专项作业车包括汽车起重机、消防车、混凝土泵车、清障车、高空作业车、扫路车、吸污车、钻机车、仪器车、检测车、监测车、电源车、通信车、电视车、采血车、医疗车、体检医疗车等。

（2）按照《汽车和挂车类型的术语和定义》分类。《汽车和挂车类型的术语和定义》（GB/T 3730.1—2001）将汽车分为乘用车和商用车两大类，如图1-1所示。

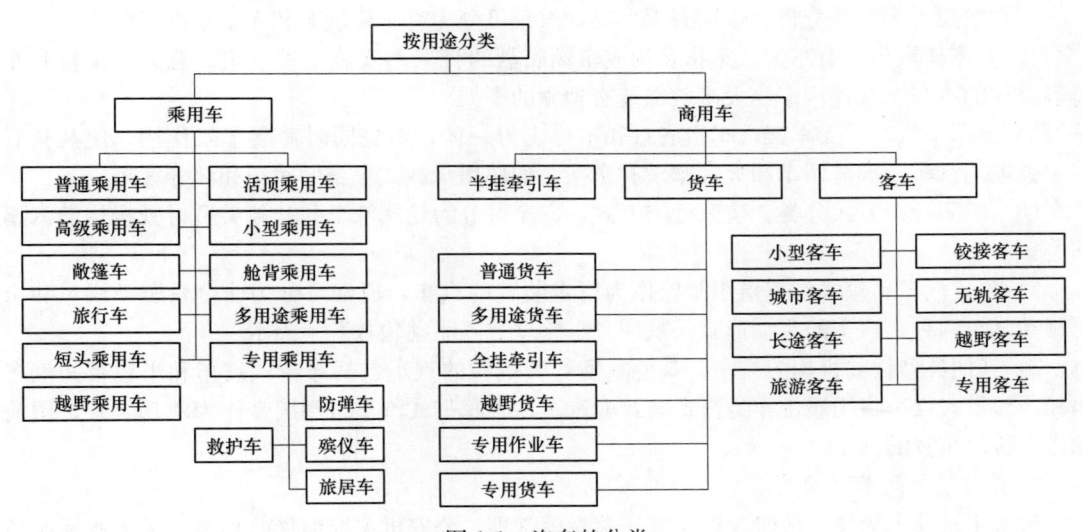

图1-1 汽车的分类

1) 乘用车。乘用车指在设计和技术特性上主要用于载运乘客及其随身行李和/或临时物品的汽车。乘用车的座位包括驾驶员座位在内最多不超过9个。乘用车也可以牵引一辆挂车。乘用车具体可分为普通乘用车、活顶乘用车、高级乘用车、小型乘用车、敞篷车、舱背乘用车、旅行车、多用途乘用车、短头乘用车、越野乘用车、专用乘用车等十余种。

2) 商用车。商用车指在设计和技术特性上用于运送人员和货物的汽车，并可以牵引挂车。商用车按照用途可分为半挂牵引车、客车和货车三大类。其中货车又分为普通货车、专用货车等六种；客车又分为小型客车、专用客车等八种。

(3) 按照《乘用车类别及代码》分类。《乘用车类别及代码》（QC/T 775—2007）是为满足政府车辆管理的需要，而对《汽车和挂车类型的术语和定义》（GB/T 3730.1—2001）中乘用车的进一步分类，目前该标准用于企业乘用车公告时的类别划分。《乘用车类别及代码》将乘用车分为轿车、运动型乘用车、多用途乘用车和专用乘用车四类。

2. 按汽车相关规定分类

(1) 按照发动机位置及驱动形式分类。按照发动机位置及驱动形式分类，汽车可分为发动机前置前轮驱动（FF型）汽车、发动机前置后轮驱动（FR型）汽车、发动机后置后轮驱动（RR型）汽车、发动机中置后轮驱动（MR型）汽车、全轮驱动（4WD型）汽车五类。

1) FF型汽车。FF型汽车的发动机安装在车辆前部，前轮作为驱动轮。质心较低的轿车普遍采用此种布置形式，如凯美瑞轿车、比亚迪轿车等。

2) FR型汽车。FR型汽车的发动机安装在车辆前部，后轮作为驱动轮。这种布置形式多为载货汽车和客运汽车所用。

3) RR型汽车。RR型汽车的发动机安装在车辆后部，后轮作为驱动轮。大型客车上多采用这种布置形式，某些微型轿车和轻型轿车也采用这种布置形式。

4) MR型汽车。MR型汽车的发动机安装在前、后桥之间的地板下方，后轮作为驱动轮。大多数F1赛车采用这种布置形式。

5) 4WD型汽车。4WD型汽车的前、后轮都可以作为驱动轮，以获得尽可能大的牵引力。越野汽车采用这种布置形式。

(2) 按照有无车架分类。按照有无车架，汽车可分为有车架汽车和无车架汽车两类。

1) 有车架汽车。有车架汽车指在构成车辆底盘的骨架上安装了发动机、悬架、车桥和车身等总成的汽车。现代汽车绝大多数都装有独立的车架。

2) 无车架汽车。无车架汽车指底盘和车身成为一体，车身同时兼起车架作用，使其具有一定强度的汽车。部分轿车和大客车没有车架，如使用承载式车身的轿车和部分客车。

(3) 按照行走方式分类。按照行走方式，汽车可分为轮式汽车和其他类型行驶机构的汽车两类。

1) 轮式汽车。轮式汽车指用车轮作为行走装置的汽车，通常可分为非全轮驱动汽车和全轮驱动汽车两种。汽车的驱动形式一般用"车轮总数×驱动轮数"来表示。

2) 其他类型行驶机构的汽车。其他类型行驶机构的汽车包括履带式汽车和半履带式汽车两种。履带式汽车指用履带作为行走装置的汽车；半履带式汽车指用履带作为驱动装置，用前轮作为转向装置的汽车。

3. 按公安机关管理分类

为便于机动车辆技术检验、核发牌证及专门管理，公安机关根据目前我国汽车工业标准和公安机关管理的需要，将汽车分为大型汽车和小型汽车两大类。

(1) 大型汽车。大型汽车指总质量≥4.5t，或车长≥6m，或乘坐人数（含驾驶员）≥20人的汽车。具体可分为：

1) 大型客车。大型客车包括普通大客车、铰接大客车及其他大客车。

2) 大型货车。大型货车包括栏板式大货车、厢式大货车、倾卸式大货车、半挂列车及其他大货车。

3) 大型特种车。大型特种车包括大型消防车、大型救护车、大型警车、大型工程抢险车及其他大型特种车。

4) 大型专用载货车。大型专用载货车包括大型专用罐车、大型冷藏保温车、大型邮政车及其他大型专用载货车。

5) 大型其他专用车。大型其他专用车包括大型起重车、大型牵引车、大型仪器车及其他大型专用车。

(2) 小型汽车。小型汽车指总质量<4.5t，或车长<6m，或乘坐人数（不含驾驶员）<20人的汽车。具体可分为：

1) 小型客车。小型客车包括轿车型小客车、越野型小客车、旅行型小客车及其他小客车。

2) 小型货车。小型货车包括栏板式小货车、厢式小货车、倾卸式小货车及其他小货车。

3) 小型特种车。小型特种车包括小型消防车、小型救护车、小型警车、小型工程抢险车及其他小型特种车。

4) 小型专用载货车。小型专用载货车包括小型专用罐车、小型冷藏保温车、小型邮政车及其他小型专用载货车。

5) 小型其他专用车。小型其他专用车包括小型起重车、小型牵引车、小型仪器车及其他小型专用车。

二、车辆识别代号

1. 定义及作用

车辆识别代号（VIN，或车架号码）是车辆制造商在车辆生产时指定的一组字码，目的是在全世界范围内识别某一辆车的特定信息。现行的 VIN 国际标准有《道路车辆 世界制造厂识别代号（WMI）》(ISO 3780—2001)。各主要汽车生产国也纷纷制定了自己的标准，建立了涵盖世界范围的车辆识别信息系统，并普遍将 VIN 作为车辆产品管理的基础。《道路车辆 车辆识别代号（VIN）》（GB 16735—2019）为我国现行国家标准，它在全国范围内规范了车辆识别信息系统，为车辆的管理提供了必要依据。

2. 基本要求

对于 VIN，各国技术法规均有规定，要求任何车辆在 30 年内不会重号。因此，VIN 是真正意义上的汽车"身份证"，它在世界范围内具有很强的通用性、唯一性。当每辆新出厂的汽车被刻上 VIN 后，此代码将伴随车辆的注册、保险、年检、维修，直至回收或报废而载入其使用档案。利用 VIN 可以简化车辆识别信息系统，方便查找车辆的制造者、销售者及使用者，提高车辆故障信息反馈的准确性和效率。

VIN 的基本要求如下：

（1）每辆汽车、挂车、摩托车和轻便摩托车都必须具有 VIN。

（2）在 30 年内生产的任何车辆的 VIN 不应相同。

（3）VIN 应尽量位于车辆的前半部分，刻在易于查看且能防止磨损或替换的部位。

（4）9 座或 9 座以下乘用车辆和最大总质量小于或等于 3.5t 的载货汽车的 VIN 应刻于仪表板上，在白天日光照射下，观察者无须移动任一部件，从车外即可分辨出 VIN。

(5) VIN 的字码在任何情况下都应是字迹清楚、坚固耐久和不易替换的。VIN 的字码高度：若直接刻在汽车和挂车（车架、车身等部件）上，字码高度至少应为 7mm；其他情况下字码高度至少应为 4mm。

(6) VIN 仅能采用下列阿拉伯数字和大写拉丁字母：
1 2 3 4 5 6 7 8 9 0 A B C D E F G H J K L M N P R S T U V W X Y Z（不应采用字母"I""O"和"Q"）

(7) VIN 在文件上表示时应写成一行，且不能有空格，刻在车辆或车辆标牌上时也应标示在一行上。特殊情况下，由于技术原因必须标示在两行上时，两行之间不应有间隙，每行的开始与终止处应选用一个分隔符表示连接。分隔符必须是不同于 VIN 所用的任何字码，且不易与 VIN 中的字码相混淆的其他符号。

不同制造商的 VIN，其编码规则不尽相同，主要差别体现在第 4~8 位字码所代表的具体内容上。对于核保员来说，应重点关注首位字码（即原产国代码）、第 2 位字码（即制造商代码）和第 10 位字码（即车辆的出厂年款），以此来判定车辆为进口车还是国产车，哪里制造的，新车购置价是否足额，是否为稀有、老旧车型，是否因发生过重大事故被更换过 VIN，以及投保人是否提供了错误的车辆信息等。

(8) VIN 大多位于非常明显的位置，如前风窗玻璃左下角（驾驶员侧）、右侧防火板上；也有一些车型比较特殊，VIN 位于其他地方，如标致 307 的 VIN 除刻在风窗玻璃下外，在车辆铭牌和右前减振器上部的车身上也能找到，而有些车型的 VIN 则在行李箱上或其他一些地方。

3. 组成及内容

VIN 由三部分组成：第一部分，世界制造厂识别代号（WMI）；第二部分，车辆说明部分（VDS）；第三部分，车辆指示部分（VIS），共有 17 位字母或阿拉伯数字，如图 1-2 所示。

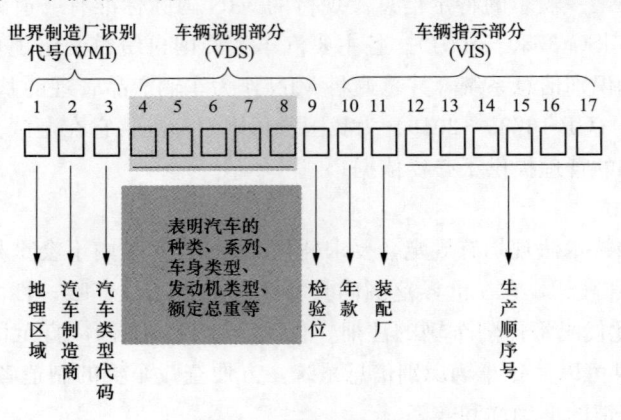

图 1-2　VIN 的组成

(1) WMI。WMI 必须经过申请、批准和备案后方能使用。

WMI 的第 1 位字码是标明一个地理区域的字母或数字，如 1~5 代表北美洲，S~Z 代表欧洲，6、7 代表大洋洲，A~H 代表非洲，J~R 代表亚洲，8、9 和 0 代表南美洲等；第 2 位字码是标明一个特定区域内的一个国家或地区的字母或数字；第 3 位字码是标明某个特定的制造厂的字母和数字。第 1、2 位字码的组合将能保证国家或地区识别标志的唯一性；第 1、2、3

位字码的组合能保证制造厂识别标志的唯一性。常见国家代码见表1-1。

表1-1　　　　　　　　　　　　　常见国家代码

代码	国家	代码	国家	代码	国家	代码	国家
1、4	美国	9	巴西	Z	意大利	W	德国
2	加拿大	J	日本	S	英国	Y	瑞典
3	墨西哥	K	韩国	T	瑞士		
6	澳大利亚	L	中国	V	法国		

国际标准化组织按地理区域把WMI分配给各国，各国再分配给本国的制造厂，所有的WMI都由美国汽车工程师学会（SAE）保存并核查。

我国实行的VIN中的WMI，第1位字码"L"表示中国，第2、3位字码表示制造厂。若制造厂的年产量少于500辆，其WMI的第3位字码为9；大型制造厂则用于分配车系。因此，由WMI可识别汽车的源产地。

对于年产量≥500辆的制造厂，WMI由以上所述的三位字码组成；对于年产量<500辆的制造厂，WMI的第3位字码为9，此时车辆指示部分的第3、4、5位字码与第一部分的三位字码作为WMI。部分常见汽车制造厂代码见表1-2。

表1-2　　　　　　　　　　　　部分常见汽车制造厂代码

代码	汽车制造厂	代码	汽车制造厂	代码	汽车制造厂
1	雪佛兰	B	宝马	F	福特
4	别克	M	现代	S	斯巴鲁
6	凯迪拉克	B	道奇	T	丰田
8	五十铃	C	克莱斯勒	H	讴歌
N	日产	D	奔驰	M	三菱
H	本田	V	大众	A	阿尔法·罗密欧
V	沃尔沃	A	捷豹	Y	马自达
L	林肯	G	所有属于通用汽车的品牌		

常见汽车制造厂VIN的前三位字码见表1-3。

表1-3　　　　　　　　　　　常见汽车制造厂VIN的前三位字码

前三位字码	汽车制造厂	前三位字码	汽车制造厂
WDB	德国奔驰	LEN	北京吉普
JNI	日本日产	LNB	北京现代
JHM	日本本田	LSG	上汽通用
1LN	美国福特	LSV	上汽大众
LFV	一汽大众	LNP	南京菲亚特
LHG	广州本田	LDC	神龙富康
LFP	一汽轿车	LB3	吉利汽车
LHB	北汽福田	LS5	长安汽车
LKD	哈飞汽车		

(2) VDS。VDS 由六位字码组成，如果制造厂不需用其中的一位或几位字码，应在该位置填入制造厂选定的字母或数字占位。此部分应能识别车辆的一般特性，其字码及顺序由制造厂决定。VDS 从 VIN 的第 4 位开始，其中第 4~8 位表示汽车特征（见表 1-4）；第 9 位为校验位，由数字 0~9 或字母"X"组成，主要用于核查 VIN 的准确性。

表 1-4　　　　　　　　　　VDS 不同位置对应的汽车特征

车辆类别	第 4 位	第 5 位	第 6 位	第 7 位	第 8 位
乘用车、MPV、SUV	种类	系列	车身类型	发动机类型	约束系统
载货车	型号或种类	系列	底盘、驾驶室类型	发动机类型	制动系统及额定总重
客车	型号或种类	系列	车身类型	发动机类型	制动系统

(3) VIS。VIS 由八位字码组成，其最后四位字码应是数字。

1) 第 1 位字码（即 VIN 第 10 位）用以指示年份。年份字码按表 1-5 的规定使用（每 30 年循环一次）。

表 1-5　　　　　　　　　　年份字码

年份	字码	年份	字码	年份	字码	年份	字码
2001	1	2011	B	2021	M	2031	1
2002	2	2012	C	2022	N	2032	2
2003	3	2013	D	2023	P	2033	3
2004	4	2014	E	2024	R	2034	4
2005	5	2015	F	2025	S	2035	5
2006	6	2016	G	2026	T	2036	6
2007	7	2017	H	2027	V	2037	7
2008	8	2018	J	2028	W	2038	8
2009	9	2019	K	2029	X	2039	9
2010	A	2020	L	2030	Y	2040	A

2) 第 2 位字码来指示装配厂，若无装配厂，制造厂可规定其他的内容。

3) 如果制造厂某种类型车的年产量≥500 辆，那么第 3~8 位字码表示生产顺序号；如果制造厂某种类型车的年产量＜500 辆，则此部分的第 3、4、5 位字码应与第一部分的三位字码一起作为 WMI。

例如，某汽车的 VIN 为 LDC913L2240000023，其各字码的含义如下：

第 1 位：L—中国。

第 2～3 位：DC—神龙。

第 4 位：车辆种类，本例中 9 表示短头乘用车❶。

第 5 位：车型系列，与生产制造厂有关，并与第 4 位字码共同组成车型代码。

第 6 位：车身外形，本例中 3 表示三厢四门车❷。

第 7 位：发动机类型，本例中 L 表示 1.6 升发动机❸。

第 8 位：变速箱类型，本例中 2 表示五挡手动变速箱❹。

第 9 位：校验位，通过一定的算法防止输入错误，也可叫检验位。校验位一般用 0～9 十个数字或字母"X"表示。

第 10 位：车型年份，即厂家规定的型年（model year），不一定是实际生产的年份，但一般与实际生产的年份之差不超过 1 年。

第 11 位：装配厂，0 代表原厂装配。

第 12～17 位：生产顺序号。一般情况下，汽车召回都是针对某一顺序号范围内的车辆（即某一批次的车辆）执行。

4. 新能源汽车的 VIN

新能源汽车的 VIN 编码规则仍按照《道路车辆　车辆识别代号（VIN）》（GB 16735—2019）执行。当对车辆进行维护保养和维修时，应在工单上记录 VIN 信息。如果和新能源汽车生产企业的服务管理部门联络时，应提供 VIN。

三、车辆有关数字信息

每辆汽车上都有很多数字，通过这些数字可以解读出车辆的一些信息，以帮助确定二手车的情况。

1. 轮胎的型号及生产日期

轮胎上的标识很多，有品牌、型号、生产日期等。

（1）轮胎的型号。轮胎的型号包含一串数字及英文标识。ISO 标准规定，轿车轮胎的型号表示为［轮胎断面宽度］/［轮胎扁平率］［轮胎结构标记号］［适用轮胎直径］［载荷指数］［速度记号］。如图 1-3 所示，型号为 185/60R14 82H 的轮胎，其各部分含义如下：

1) 185 表示轮胎断面宽度为 185mm。

2) 60 表示轮胎扁平率为 60%，即轮胎断面的高度与宽度比为 60%。

3) R 表示该轮胎为子午线轮胎（另外还有 D、B，分别表示普通斜交轮胎和带束斜交轮胎）。

4) 14 表示适用轮胎直径为 14 英寸（1 英寸≈25.4mm）。

5) 82 表示载荷指数。载荷指数与承受能力的对照见表 1-6。

---

❶ 1—普通乘用车；2—活顶乘用车；3—高级乘用车；4—小型乘用车；5—敞篷车；6—舱背乘用车；7—旋行车；8—多用途乘用车；9—短头乘用车；10—越野乘用车；11—专用乘用车（如旋居车、防弹车、救护车、殡仪车）。其中，1～6 一般称为轿车。

❷ 1—二厢五门车；2—旅车；3—三厢四门车。另外，有些公司是用字母来表示车辆外观的。

❸ L—1.6 升发动机；2—2.0 升发动机。

❹ 1—四挡手动变速箱；2—五挡手动变速箱；3—自动变速箱。

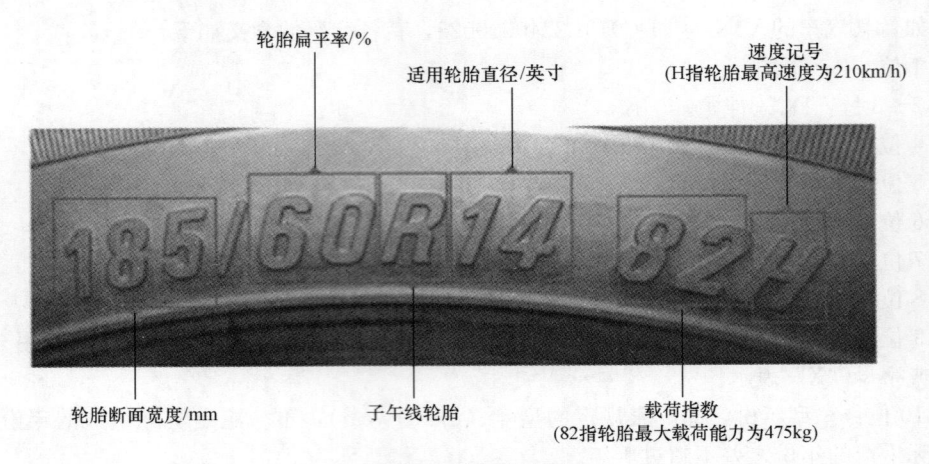

图 1-3 轮胎的型号

表 1-6　　　　　　　　　　载荷指数和承受能力的对照

载荷指数	最大载荷/kg	载荷指数	最大载荷/kg	载荷指数	最大载荷/kg
70	335	90	600	110	1060
71	345	91	615	111	1090
72	355	92	630	112	1120
73	365	93	650	113	1150
74	375	94	670	114	1180
75	387	95	690	115	1215
76	400	96	710	116	1250
77	412	97	730	117	1285
78	425	98	750	118	1320

6) H表示速度记号。速度记号由字母 B～U（除 D、H、I、O 外）的顺序排列时，最高速度由 50～200km/h 递增，每级相差 10km/h。速度记号和最高时速的对照见表 1-7。D 表示最高速度为 65km/h，而 H 表示最高速度为 210km/h。

表 1-7　　　　　　　　　　速度记号和最高时速对照

速度记号	最高速度/(km/h)	速度记号	最高速度/(km/h)
E	70	Q	160
F	80	R	170
G	90	S	180
J	100	T	190
K	110	U	200
L	120	H	210
M	130	V	240
N	140	W	270
P	150	Y	300

（2）轮胎的生产日期。通过轮胎磨损程度和生产日期，可以判断车辆里程表显示的行驶里程是否属实，还可以知道车辆的使用情况。

检查二手车时，最重要的是要知道轮胎的"新鲜度"，因为轮胎的使用寿命一般是3～5年，也就是说要知道轮胎是什么时候生产的。但是轮胎上并没有直接标明生产时间，而是通过一串数字表示轮胎的生产日期。在轮胎外面的胎壁上有一组以DOT开头的字符，字符最后面的四位数字代表轮胎的生产日期，其中前两位代表一年中的第几周，后两位代表年份。如图1-4所示的轮胎，胎壁上以DOT开头的字符，其最后四位数字是"2814"，其中"28"代表一年中的第28周，"14"代表2014年，因此"2814"就表示此轮胎是2014年第28周生产的，也就是2014年7月中旬生产的。

2. 汽车玻璃标识

依据国家的相关规定，汽车玻璃上必然会有生产厂家的安全认证信息，进口车也不例外。一般来说，国产汽车玻璃上的标识分为四大类，分别是国家安全认证标识、国外认证标识、汽车制造厂标识和玻璃生产企业标识。

汽车玻璃标识一般在汽车玻璃的左下角或右下角上，通过汽车玻璃标识能看出这块玻璃的相关信息，如汽车玻璃的产地和生产日期等。如图1-5所示的汽车玻璃标识，其含义如下：

图1-4　轮胎的生产日期

图1-5　汽车玻璃标识❶

（1）汽车制造厂的品牌。图1-5中"1"所指标识表示汽车制造厂是起亚。

（2）玻璃制造商的品牌。图1-5中"2"所指标识表示玻璃制造商是福耀。常见轿车配套的玻璃品牌如图1-6所示。

（3）强制认证合格标志。一般称3C认证，全称为中国强制性产品认证。

（4）玻璃类型标识。图1-5中的LAMINATED表示夹层玻璃，前挡风玻璃用的都是这种夹层玻璃。需要注意的是，前面的两个斜杠表示常规挡风玻璃夹层玻璃。如果是钢化玻璃就用TEMPERED表示。

（5）汽车玻璃制造商的安全认证代码。每个制造商的每一间工厂都有一个这样的代码，图1-5中的E000090表示福耀集团（上海）汽车玻璃有限公司的安全认证代码。

（6）欧盟ECE产品认证代码。图1-5中的43R表示通过欧共体第43号法规，000058表示产品认证代码。产品不同，其厚度和颜色代码不同。

---

❶ 图中标号1～8的含义对应下文中（1）～（8）。

（7）玻璃的生产日期代码。玻璃的生产日期代码一般在汽车玻璃标识的最后一行。数字代表年份，图1-5中的2就代表2012年。数字左边的黑点代表上半年，数字右边的黑点代表下半年，左边有几个黑点就用7减去多少，而右边则是用13减去几个黑点，图1-5中的代码就表示该玻璃是2012年8月份生产的。

（8）欧盟ECE成员国认证代码。其表示欧洲经济委员会针对汽车零部件产品颁布的非强制标准，数字则表示颁发证书的ECE成员国的代码。图1-5中的E4表示荷兰。

图1-6 常见轿车配套的玻璃品牌（福耀 圣戈班 旭硝子 皮尔金顿）

在检查汽车玻璃时要注意观察这些标识，重点是要确定每一块玻璃是否为同一品牌，生产日期是否相差太远等。如果玻璃生产日期不一致或品牌不一致，则说明该车可能更换过玻璃。

一般汽车玻璃的生产日期要比这辆车的出厂日期早一些，如果汽车玻璃的生产日期要比车辆的出厂日期晚很多，则说明这块玻璃是后换的，这时就要考虑该车为什么更换玻璃。

3. 汽车牌照

通过检查汽车牌照的新旧程度和磨损情况，可以帮助鉴定评估人员判断原车主对车辆的使用保养情况。如果发现汽车牌照有很明显的皱褶，那么这辆车的车头或车尾可能受过撞击，因为汽车牌照一旦弯曲变形，是很难恢复平整的。

4. 汽车铭牌

通过汽车铭牌可以获得VIN、发动机排量、生产日期和载客人数等重要信息。汽车铭牌如图1-7所示。

汽车铭牌一般位于B柱下端（打开车门就能看见）或发动机机舱内（一般在发动机机舱内不容易碰撞到的位置）。

在汽车铭牌上可以看到汽车的生产日期，如果生产日期和机动车登记证书上的初始登记日期相差较远，则这辆车可能是库存车。

图1-7 汽车铭牌

5. 发动机号

在汽车上查找或在汽车相关文件（机动车行驶证、购车发票、车辆购置税完税证明、机动车登记证书和车辆保险卡等）上可以看到发动机号。

每款发动机的发动机号位置都不太一样，但一般在发动机机舱左右侧壁或发动机上。

6. 大灯生产日期

汽车的大灯一般都有生产日期标签，大灯的生产日期一般比汽车的出厂日期早，否则说明大灯是在车辆使用过程中更换的。通常情况下，只有在发生过碰撞损坏之后才会更换大灯总成。因此要考虑更换原因，仔细检查大灯周围的钣金件和结构件，以确认是否发生过碰撞事故。

四、汽车主要性能指标

汽车的主要性能指标主要包括动力性、燃油经济性、制动性、通过性、操纵稳定性、行驶平顺性和环保性等。

1. 汽车的动力性

汽车的动力性是指汽车直线行驶在良好路面上所能达到的平均行驶速度。它主要由最高车速、加速能力、最大爬坡能力三方面来评定。

（1）最高车速。汽车的最高车速是指在风速小于等于 3m/s 的条件下，汽车在平坦公路（水泥路面或沥青路面）上行驶时能达到的最高行驶速度（km/h）。一般载货车的最高车速为 80~110km/h，轿车的最高车速可达 200km/h。

（2）加速能力。汽车的加速能力是指汽车在行驶中迅速增加行驶速度的能力。加速过程越短，加速度越大或加速距离越短，则汽车的加速能力越好。汽车的加速能力常用原地起步加速时间和超车加速时间来评价。

1）原地起步加速时间。原地起步加速时间是指汽车由停车状态起步后以最大的加速度加速，并选择适当的时机逐步换挡到高挡后加速到某一规定车速或达到某一规定距离所需要的时间。原地起步加速时间常用从起步加速到 100km/h 所用的时间来表示，有时也用从起步行驶 400m 的距离所需要的时间来表示。原地起步加速时间越短，汽车的动力性越好。

2）超车加速时间。超车加速时间是指汽车用最高挡或次高挡由某一预定车速（该挡的最低稳定车速或 30km/h）全力加速到另一预定速度所需要的时间。超车加速时间越短，说明车辆高挡位加速能力越好，汽车的动力性越强，这样可以减少超车过程中两车的并行时间，相对提高安全性。

（3）最大爬坡能力。汽车的最大爬坡能力一般用汽车满载时的最大爬坡度来衡量（%）。汽车的最大爬坡度是指汽车满载时在良好路面上用第 1 挡克服的最大坡度。所谓坡度，是指坡道的垂直高度与水平长度的比值，一般用百分数（%）表示。

2. 汽车的燃油经济性

汽车的燃油经济性是指汽车以最小的燃油消耗量完成单位运输工作的能力。燃油经济性常用一定运行状况下汽车行驶的百千米燃油消耗量或一定的燃油量能使汽车行驶的里程来衡量。

我国的燃油经济性指标为每百千米燃油消耗量，即行驶 100km 消耗的燃油量，单位为 L/100km。汽车的燃油经济性评价指标有以下两种形式：

（1）汽车在一定的使用条件下，每行驶 100km 消耗的燃油量，单位为 L/100km。我国及欧洲常用这一指标，该数值越大，说明汽车的燃油经济性越差。

（2）汽车在一定的使用条件下，一定的燃油量能使汽车行驶的里程，单位为 mile/USgal（英里/加仑），即每加仑燃油能使汽车行驶的里程数。美国常用这一指标，该数值越高，说明汽车的燃油经济性越好。

3. 汽车的制动性

汽车的制动性一般由制动效能、制动效能恒定性和制动时汽车方向稳定性三个指标来评价。

（1）制动效能。制动效能指在良好的路面上，汽车以一定的初速度制动停车的制动距离或制动时汽车的减速度。它是制动性能最基本的评价指标。

（2）制动效能恒定性。制动效能恒定性是指在高速或下长坡的连续制动中，制动器温度显著升高时制动效能保持的程度。制动效能恒定性又称抗热衰退性。

（3）制动时汽车方向稳定性。制动时汽车方向稳定性是指汽车在制动过程中按指定轨迹行驶的能力，即不发生跑偏、侧滑和失去转向的能力。要检测制动时汽车的方向稳定性，一般规定要有符合一定宽度和路面要求的试验通道，并根据制动时汽车偏离通道的大小确定其方向稳定性。试验时，制动方向稳定性良好的汽车不允许产生不可控制的效能而使汽车偏离通道。

4. 汽车的通过性

汽车的通过性是指在一定载重质量下，汽车能以足够高的平均速度通过各种坏路及无路地带和克服各种障碍的能力。所谓坏路及无路地带，是指松软土壤、沙漠、雪地、沼泽等松软地面及坎坷不平的地段；各种障碍是指陡坡、侧坡、台阶、壕沟等。

评价汽车通过性的参数有几何参数和支撑牵引参数两种。通过性几何参数包括最小离地间隙、接近角、离去角、纵向通过半径、横向通过半径、最小转弯半径等。

5. 汽车的操纵稳定性

汽车的操纵稳定性包括两部分，即操纵性和稳定性。操纵性是指汽车快速准确地响应驾驶员发出的转向指令的能力；稳定性是指汽车受到外界干扰时，能抵抗干扰而保持稳定行驶的能力。

（1）操纵性。汽车的操纵性是指驾驶员能够以最小的修正而维持汽车按指定的路线行驶，以及按照驾驶员的愿望转动转向盘以改变汽车行驶方向的响应能力。汽车的操纵性直接影响行车安全。

（2）稳定性。汽车的稳定性是指汽车抵抗力图改变其位置或行驶方向的外界影响的能力，即汽车在受到外界扰动（路面扰动或突然的阵风扰动）后，能自动地尽快恢复到原来的行驶状态和方向而不发生失控，以及抵御倾覆、侧滑的能力。

6. 汽车的行驶平顺性

汽车的行驶平顺性是指汽车在一般使用速度范围内行驶时，能保证乘坐者不致因车身振动而引起不舒适感和疲乏感，以及保持所运货物完整无损的性能。

汽车行驶平顺性的评价指标主要有以下两个方面：

（1）客车和轿车采用"舒适-降低界限"指标。当汽车速度超过此界限时，就会降低乘坐舒适性，使人感到疲劳和不舒服。该界限值越高，说明汽车的平顺性越好。

（2）货车采用"疲劳-工效降低界限"指标。在此界限内，驾驶员能够正常进行驾驶，保持较高的工作效率；如果超过此界限，驾驶员就会感到疲劳，工作效率降低。

良好的轮胎弹性、性能优越的悬挂装置、座椅的减振性等都能提高汽车的行驶平顺性。

7. 汽车的环保性

汽车的环保性主要包括排放和噪声两个方面：

（1）汽车排放。汽车排放主要有尾气、曲轴箱窜气和油箱油气蒸发三个排放源。目前汽车排放的污染物主要来自尾气。

汽车尾气的有害成分含量直接关系着汽车的排放性。汽车尾气污染物主要包括一氧化碳、碳氢化合物、氮氧化物、二氧化硫、烟尘微粒（某些重金属化合物、铅化合物、黑烟及油雾）、臭气（甲醛）等。

（2）汽车噪声。汽车噪声是目前城市环境中最主要的噪声源。汽车噪声源主要有以下两类：

1）与发动机转速有关的噪声源，主要有进气噪声、排气噪声、冷却系统风扇噪声和发动机表面辐射噪声。

2）与车速有关的噪声源，主要有传动噪声（变速器和传动轴噪声）、轮胎噪声、车体产生的空气动力噪声。

五、汽车的使用寿命

1. 汽车使用寿命的定义与分类

所谓汽车的使用寿命，是指汽车从投入使用，到不宜再继续使用的总运行年限或总行驶里程。汽车使用寿命通常分为汽车技术使用寿命、汽车经济使用寿命和汽车合理使用寿命。它们之间的关系为：汽车技术使用寿命＞汽车合理使用寿命＞汽车经济使用寿命。

（1）汽车技术使用寿命。汽车技术使用寿命是指汽车自投入使用，到由于零件磨损和老化而丧失工作能力，即使加以修理也无法继续使用所运行的年限或行使的里程。汽车技术使用寿命取决于汽车各总成的设计水平、制造质量及合理使用与维修。汽车技术极限状态在结构上表现为零部件的工作尺寸、工作间隙极度超标，在性能上表现为汽车的动力性、使用经济性、使用安全性和可靠性极度下降。

汽车达到技术使用寿命时，应进行报废处理，并且其零部件也不能再作为配件使用。在汽车使用过程中，合理的保养维修能够使汽车的技术使用寿命适当延长，但是随着汽车技术的进步和汽车使用寿命的延长，车辆维修的费用也会增加，所以汽车技术进步越快，汽车的技术使用寿命越短。

（2）汽车经济使用寿命。汽车经济使用寿命是指汽车自开始使用，到使用期内变化着的运行总费用为最小值时所运行的年限或行驶的里程。随着汽车使用年限和行驶里程的延长，汽车的技术状况不断变坏，汽车维修费、燃料费等经营费用不断增加。当汽车使用到某一年限后，继续使用将使经济性变坏。汽车经济使用寿命是确定汽车最佳更新时机的依据。

从汽车使用总成本出发，分析车辆制造成本、使用与维修费、管理费、车辆当前的折旧及市场价格变化等因素，经过综合经济评定后，才能确定汽车经济使用寿命。在汽车经济使用寿命内，汽车经济效益最佳。在汽车更新政策允许的情况下，汽车用户在更新车辆时应以汽车经济使用寿命为依据。

（3）汽车合理使用寿命。汽车合理使用寿命是指以汽车经济使用寿命为基础，考虑整个国民经济发展和能源节约的实际情况后，所制定的符合我国实际情况的汽车使用期限。也就是说，汽车已经达到经济使用寿命，但是否更新应视国情而定，如应考虑更新汽车的来源和更新资金等因素。为此，国家根据上述情况制定了汽车更新的技术政策，并考虑国民经济的可能性予以修正，规定了车辆的更新期限。

2. 汽车经济使用寿命常用的评价指标

评价汽车经济使用寿命的主要指标有行驶里程、使用年限和大修次数。

（1）行驶里程。行驶里程是指汽车从开始投入运行到报废期间总的累计行驶里程数。行驶里程能真实地反映汽车的实际使用强度，但不能反映运行条件和停驶期间的自然损耗。对于不同的营运车辆，由于运行条件不同，虽然使用年限大致相同，但是其累计行驶里程可能差异很大，甚至很悬殊。所以，作为评价指标，行驶里程比使用年限更为合理。大多数的汽车运营企业都采用行驶里程作为车辆评价的指标。

（2）使用年限。使用年限是指汽车从开始投入运行到报废期间的年数。这种方法的优点是除了考虑运行时的损耗外，还考虑了闲置时的自然损耗，计算简单。但是，其缺点也很明显，即不能充分、真实地反映汽车的使用强度和使用条件，容易导致使用年限相同的车辆之间技术状况差异很大。

考虑上述原因，可采用折合使用年限这一指标，就是将汽车累计总的行驶里程与年均行驶里程之比作为车辆的折合使用年限，即：
$$Y_z = L_z / L_n \tag{1-1}$$

式中　Y_z——折合使用年限，年；

　　　L_z——累计总的行驶里程，km；

　　　L_n——年均行驶里程，km/年。

年均行驶里程是根据各个行业的经营情况用统计方法得出的，与整个行业车辆的技术状态、完好率、出勤率、行驶速度、行驶路线、道路状况等因素有关。

对于专营车辆和社会零散车辆，由于其使用强度差别很大，年均行驶里程相差也很大，因此采用折合使用年限更为合理。

(3) 大修次数。大修次数是指车辆报废之前所经历的大修的次数。汽车在使用过程中，当动力性和经济性下降到一定程度，已无法用正常的维护和小修使其恢复正常技术状况时，就要进行大修。对汽车经几次大修后报废最经济这一问题，需综合考虑购买新车的费用、旧车折旧造成的损失、大修费用和经营费用等因素。

汽车报废前，需要权衡"买新车的费用加上旧车折旧造成的损失"与"大修费用加经营费用损失"两者的得失，经综合衡量后决定是否要进行大修。可见，经济合理的大修次数是一项重要的技术指标。

3. 影响汽车经济使用寿命的因素

汽车经济使用寿命的长短，主要受车辆损耗、使用强度、使用条件等因素的影响。

(1) 车辆损耗。车辆损耗分有形损耗和无形损耗。有形损耗是指车辆在使用过程中本身的损耗，包括磨损、锈蚀和腐蚀等自然损耗，以及燃料、润滑料和维护保养费用的增加；无形损耗是指由于技术进步、生产发展，出现了性能好、生产效率高的新型车，或原车型价格下降等情况，促使在用汽车提前更新，实际上是旧车型相对新车型的贬值。

(2) 使用强度。不同的汽车、不同的用途、不同的使用者，导致汽车的使用强度差异很大，汽车的经济使用寿命也各不相同。各种车辆年均行驶里程从1万~15万km不等，年均行驶里程越长，汽车的使用强度越大，经济使用寿命越短。表1-8列出了几种常见车辆大致的使用强度。

表1-8　　　　　　　　几种常见车辆大致的使用强度　　　　　　　　单位：万km/年

私家车	商用车	出租车	公交车	长途客车	大货车
1~3	2~5	10~15	8~12	10~20	8~12

从表1-8可以看出，私家车使用强度最低，长途客车的使用强度最高。当然，经常超载的大货车使用强度要大于正常运载的车辆。

(3) 使用条件。影响汽车经济使用寿命的使用条件包括：

1) 道路条件。道路对汽车使用寿命影响很大，直接影响着车辆的技术速度❶。道路条件差，车辆的技术速度就小，从而使燃料消耗和车辆磨损增大，经济使用寿命降低。

2) 自然条件。我国幅员辽阔，各地自然地理条件差异较大，温度、湿度、年降雨量、空气中的含氧量和沙尘含量差异较大，这会导致汽车经济使用寿命存在一定的差异。

3) 经济水平。我国各地的经济水平差异很大，东南沿海经济发达，中西部经济较落后，

---

❶　车辆的技术速度是指营运车辆在运行时间内平均每小时运行的里程数（km/h）。

这也导致汽车经济使用寿命存在差异,如出租车的使用年限从 3~8 年不等,有的地方的出租车在 8 年后还可以使用。

六、报废汽车及管理

1. 报废汽车

报废汽车是指已经达到《机动车强制报废标准规定》及各地制定的有关报废规定、报废标准的车辆,或虽未达到报废年限,但因交通事故或车辆超负荷使用造成发动机和底盘严重损坏,经检验不符合《机动车运行安全技术条件》(GB 7258—2017)规定的有关汽车安全、尾气排放要求的各种汽车、摩托车、农用运输车、拖拉机、轮式专用机械车等机动车辆。

2. 汽车报废标准

(1) 机动车达到规定使用年限及行驶里程的(参考值见表 1-9);经修理和调整仍不符合机动车安全技术国家标准的;经修理和调整或者采用控制技术后,向大气排放污染物或者噪声仍不符合国家标准的;在检验有效期满后连续 3 个机动车检验周期内未取得机动车检验合格标志的,应当强制报废。其所有人应当将机动车交售给报废机动车回收拆解企业,由报废机动车回收拆解企业按规定进行登记、拆解、销毁等处理,并将报废机动车登记证书、号牌、机动车行驶证交公安机关交通管理部门注销。

表 1-9　　　　　　　　机动车规定使用年限及行驶里程参考值

车辆类型与用途		规定使用年限/年	引导报废的行驶里程/万 km
出租客运汽车	小、微型出租客运汽车	8	60
	中型出租客运汽车	10	50
	大型出租客运汽车	12	60
租赁载客汽车		15	60
教练载客汽车	小型教练载客汽车	10	50
	中型教练载客汽车	12	50
	大型教练载客汽车	15	60
公交客运汽车		13	40
营运载客汽车	小、微型营运载客汽车	10	60
	中型营运载客汽车	15	50
	大型营运载客汽车	15	80
专用校车		15	40
低速货车或载货汽车	三轮汽车、装用单缸发动机的低速货车	9	无
	装用多缸发动机的低速货车	12	30
	微型载货汽车	12	50
	危险品运输载货汽车	10	40
	中、轻型载货汽车	15	60
	重型载货汽车(包括半挂牵引车和全挂牵引车)	15	70
专项作业车	有载货功能的专项作业车	15	50
	无载货功能的专项作业车	30	50

续表

车辆类型与用途		规定使用年限/年	引导报废的行驶里程/万 km
全挂车或半挂车	全挂车、危险品运输半挂车	10	无
	集装箱半挂车	20	无
	其他半挂车	15	无
摩托车	正三轮摩托车	12	10
	其他摩托车	13	12
非营运载客汽车（轿车）	小、微型非营运载客汽车，大型非营运轿车	无使用年限限制	60
	中型非营运载客汽车	20	50
	大型非营运载客汽车	20	60
轮式专用机械车		无使用年限限制	50

小、微型非营运载客汽车，大型非营运轿车，轮式专用机械车无使用年限限制，但达到引导报废的行驶里程时，应该报废。

注 机动车是指上道路行驶的汽车、挂车、摩托车和轮式专用机械车；非营运载客汽车是指个人或者单位不以获取利润为目的的自用载客汽车；危险品运输载货汽车是指专门用于运输剧毒化学品、爆炸品、放射性物品、腐蚀性物品等危险品的车辆；变更使用性质是指使用性质由营运转为非营运或者由非营运转为营运，小、微型出租、租赁、教练等不同类型的营运载客汽车之间的相互转换，以及危险品运输载货汽车转为其他载货汽车。检验周期是指《中华人民共和国道路交通安全法实施条例》规定的机动车安全技术检验周期。

(2) 针对上述规定，《机动车强制报废标准规定》还做了如下说明：

1) 机动车使用年限起始日期按照注册登记日期计算，但自出厂之日起超过2年未办理注册登记手续的，按照出厂日期计算。

2) 对于部分机动车，既规定了累计行驶里程数，又规定了使用年限，那么当其中的一个指标达到报废标准时，即认为该车辆已达到报废年限。

3) 营运载客汽车与非营运载客汽车相互转换的，按照营运载客汽车的规定报废，但小、微型非营运载客汽车和大型非营运轿车转为营运载客汽车的，应按照式（1-2）核算累计使用年限，且不得超过15年。

$$累计使用年限 = 原状态已使用年 + \left(1 - \frac{原状态已使用年}{原状态使用年限}\right) \times 状态改变后年限 \quad (1-2)$$

式中："原状态已使用年"不足1年的按1年计，如已使用2.5年的按3年计；"原状态使用年限"取定值为17；"累计使用年限"计算结果向下圆整为整数，且不超过15年。

4) 不同类型的营运载客汽车相互转换，按照使用年限较严的规定报废。

5) 小、微型出租客运汽车和摩托车需要转出登记所属地省、自治区、直辖市范围的，按照使用年限较严的规定报废。

6) 危险品运输载货汽车、半挂车与其他载货汽车、半挂车相互转换的，按照危险品运输载货车、半挂车的规定报废。

7) 距规定要求使用年限1年以内（含1年）的机动车，不得变更使用性质、转移所有权或者转出登记地所属地市级行政区域。

(3) 除上述规定外，国家相关法规还规定下述车辆应该报废：

1) 因各种原因造成严重损坏或技术状况低劣，无法修复的车辆。
2) 车型已淘汰，已无配件来源的车辆。
3) 长期使用，油耗超过国家定型出厂标准值15％的车辆。
4) 经修理和调整仍达不到国家标准的车辆。

3. 其他车辆报废规定

对小、微型出租客运汽车（纯电动汽车除外）和摩托车，省、自治区、直辖市人民政府有关部门可结合本地实际情况，制定严于上述使用年限的规定，但小、微型出租客运汽车不得低于6年，正三轮摩托车不得低于10年，其他摩托车不得低于11年。

4. 报废汽车的管理

国家实施汽车强制报废制度，依照《报废机动车回收管理办法》和《汽车贸易政策》的规定，报废汽车是一种特殊商品，报废汽车所有人应当将报废汽车及时交售给具有合法资格的报废机动车回收拆解企业，任何单位或者个人不得将报废汽车出售、赠与或者以其他方式转让给非报废机动车回收拆解企业单位或者个人。国家鼓励老旧汽车报废更新，并制定了老旧汽车报废更新补贴资金管理办法。符合有关规定的报废汽车所有人可申请相应的资金补贴。

报废机动车回收拆解企业严禁从事下列活动：明知是盗窃、抢劫所得机动车而予以拆解、改装、拼装、倒卖；回收没有公安机关交通管理部门出具的《机动车报废证明》的机动车；利用报废机动车拼装整车。报废汽车的五大总成是指从报废汽车上拆解下的发动机、前后桥、变速器、转向系和车架等。国家禁止报废整车及其五大总成流入社会，应当将其作为废钢铁交售给钢铁企业作为炼钢原料。报废机动车回收企业对按有关规定拆解的可出售的配件，必须在配件的醒目位置标明其为报废机动车回用件。

报废机动车回收拆解企业凭公安机关交通管理部门出具的《机动车报废证明》收购报废汽车，并向报废汽车拥有单位或者个人出具《报废机动车回收证明》。报废机动车回收拆解企业对回收的报废机动车应如实登记下列项目：报废机动车车主名称或姓名、送车人姓名、居民身份证号，并按照《机动车报废证明》登记报废机动车车牌号码、车型代码、发动机号、VIN、车身颜色及收车人姓名等。报废汽车拥有单位或个人依据《报废机动车回收证明》，向汽车注册登记地公安机关办理注销登记。

依据国家《机动车强制报废标准规定》和《报废机动车回收管理办法》等的规定和精神，从事二手车评估和交易的业务人员，应特别关注以下几点：

（1）严禁已报废汽车和拼装汽车继续上路行驶。

（2）严禁给已报废汽车办理注册登记。

（3）严禁已报废汽车整车、五大总成和拼装汽车进入市场交易或者以其他任何方式交易。

（4）车辆达到报废标准后，在定期检验时连续3次不合格，车辆管理所将收回机动车号牌和机动车行驶证，强制车辆报废（各地规定不尽相同）。

（5）对排气检测不达标的机动车不予办理年审，对尾气超标却拒不整改或经治理无法达标的车辆将强制报废（各地规定不尽相同）。

（6）汽车改装后的尾气排放要达标，不能对车的外观大幅改动，要与机动车行驶证上的照片一致，不能改变汽车的发动机号和底盘号。

（7）保险公司只按照车辆原来承保的样子进行理赔，对于车主自己改装的部分，保险公司不予赔付。

第二节　二手车及其鉴定评估基础知识

一、二手车相关知识

1. 二手车的定义

二手车（second hand vehicle），意为"第二手的汽车"。商务部、公安部、国家工商行政管理总局（现国家市场监督管理总局）、国家税务总局令2005年第2号《二手车流通管理办法》第二条给出了二手车的定义：二手车是指从办理完注册登记手续到达到国家强制报废标准之前进行交易并转移所有权的汽车（包括三轮汽车、低速载货汽车）、挂车和摩托车。

目前，二手车已被理解成"用过的汽车"，即不单指第一次转让的车辆，也有可能是被多次转让的车辆。有时二手车也被理解为"旧机动车"。尽管只是提法上的不同，但是二手车并不等于旧车，只要上了牌照再交易的车就是二手车。在发达国家特别是欧美国家，二手车确实不等于旧车，不少国家对新车销售年限有严格的规定，如年生产800万辆新车，卖掉了700万辆，剩下的100万辆，过了规定的新车销售时间，就不能再进入新车的渠道销售，这些车只能进入拍卖市场，也就归入二手车了。

2. 二手车的分类

二手车的分类完全符合汽车分类的特点，如按功能用途分类、按生产厂商分类等。此外，二手车还有一些特殊的分类方式，如按使用年限分类、按车辆来源及其品质分类等。

不同来源、不同功能用途、不同使用年限的车都有着自己的定位，也就是说，这些因素都直接或间接地影响着车辆的性能和市场定价。

（1）按使用年限分类。目前，二手车价格主要根据使用年限和车况品质综合判定，一般二手车按使用年限可分为5年以上的二手车、2~5年的二手车和2年内的二手车三种。

1）5年以上的二手车。使用5年以上的二手车折旧已经比较稳定，价格相对合理，不会有太大的讨价还价余地。在购买时，消费者主要是挑选车辆状况，同时注意车辆手续是否齐全；还要根据各地的排放标准，注意车辆的环保标准，如是否为电喷车、是否为绿标车（绿色环保检验合格标志机动车的简称）。

2）2~5年的二手车。使用2~5年的二手车可选择性比较多，由于近年来人们生活水平不断提高，而且国内车型迅速丰富，很多人换车的速度也相应变快，二手车市场上出现了各种品牌、各种档次的半新车。其中有奥迪、帕萨特等中高档车，也有伊兰特、爱丽舍、奇瑞风云、QQ等经济型车和微型车，如此丰富的车型给了消费者很大的选择空间。

3）2年内的二手车。使用2年内的二手车吸引力也在增强，但因为它受新车价格的影响比较大，消费者购买时最好与新车价格多做比较，特别要参考购置新车的全部费用。另外，挑选车辆后一定要索要车辆的说明书、维护修理记录等，以便日后使用。

（2）按车辆来源及其品质分类。二手车的来源在很大程度上决定了车辆的品质，所以消费者在买二手车时，最好先摸清车辆的来源。二手车交易市场中车辆的来源主要有以下六种：

1）私家车。如果车主换新车后，原有的车辆没有继续使用的需要，则原车主通常会选择将车出售。这类车一般是车主自己使用，车辆维护修理相对较好，车况应该也不错，是消费者买二手车时的首选，只是出售价格不会太低。

2）单位更新车辆。因为单位更新车辆，一般会成批换掉原来的旧车，这是二手车市场的一大来源。机关单位或公司的车辆使用到一定年限（或3年或5年）就要换车，这类车由于有比较好的定期维护和修理，因此只要不是因为事故提前出售，车况一般不错。买这类车时应该注意了解单位用车是一般用车还是业务用车，因为不同的用途和不同的人使用可能导致维护程度不同，从而使车况产生差异。

3）抵债车辆。由于个人或单位急需资金周转或还债，会将车抵押出去，在这种情况下出售的车辆，价格一般较低，车况也会不错。

4）"玩车族"换下的车辆。"玩车族"买新车的欲望强，一般买了新车就会把以前的车卖掉，因此"玩车族"换下来的车的品质应该没有多大问题。

5）事故车辆。这类车的车主通常会因为车辆发生过交通事故，产生将车出售的念头，因此二手车市场就有了事故车这一说法。虽然二手车经营者不愿意收购和出售事故车，二手车消费者也不喜欢买到事故车，但不能否认有相当多的事故车会流入二手车市场。二手车消费者在购车时不要只看车辆外表而忽略了车辆内部状况，以免买回去给自己增添不必要的麻烦。

6）故障车辆。故障车辆的产生与驾驶员有很大关系，许多车主购车后没有养成良好的使用习惯，而又不愿意定期维护保养，导致车况很差。出现这样的情况后，车主会产生出售车辆的念头。此外，车辆本身的质量也是一个因素，也许车主买车时对车辆的性能、品质了解不多，有的车辆本身就存在缺陷，导致上市后不断有问题出现，车主在保修期内就已经频繁修理，更不用说是过了保修期，所以一定会将车卖掉。二手车消费者除非对汽车维修有相当的经验，否则最好不要买故障车辆。

二、二手车鉴定评估的相关术语

（1）二手车鉴定。二手车鉴定是指有鉴定评估师资格的人员，按照特定的目的，遵循法定或公允的标准程序，应用科学的手段和方法，对二手车进行手续查验和技术状况检测的过程。

（2）二手车评估。二手车评估是指具有国家有关部门核发的许可证或资格认证的评估机构和具有二手车鉴定评估师资格的专业人员，根据评估目的，以被评估的二手车现时状况为基础，依据相关法律法规和资料，遵循适用的原则，按照一定的程序，采用评估标准，应用科学的方法，对被评估的二手车现时的价值进行评定和估算的过程。二手车评估时要严格遵循"客观性、独立性、公正性、科学性和中立第三方"的原则。

（3）二手车鉴定评估。二手车鉴定评估是指二手车鉴定评估机构对仍在使用的二手车技术状况及其价值进行鉴定评估的经营活动。二手车鉴定评估实质上是由鉴定和评估两个过程组成的，但实际工作中并没有严格的界限，因此统称为二手车鉴定评估。

（4）成新率。成新率是二手车新旧程度的衡量指标，是指二手车的功能或使用价值占全新机动车的功能或使用价值的比率，也可理解为二手车的现实状况与机动车全新状况的比率。

（5）折现率。折现率是指将未来有限期预期收益折算成现值的比率。与之对应的，本金化率和资本化率或还原利率则通常是指将未来无限期预期收益折算成现值的比率。

（6）贬值。根据性质不同，二手车贬值分为功能性贬值、经济性贬值、实体性贬值。

（7）二手车的原值。二手车原值即原始价值，是指车主在购置及通过其他方式取得某类全新机动车时所发生的全部货币支出，包括买价、运杂费、车辆购置税、消费税、新车登记注册等所发生的费用。

（8）二手车的净值。随着使用过程中的逐渐磨损，二手车的原始价值也随着减少而转入企业成本。企业提取的机械折旧额为折旧基金，用于车辆磨损的补偿。提取折旧后，剩余的机械净值称为二手车的净值，它在一定程度上反映了车辆的现有价值。

（9）二手车的残值。二手车报废清理时回收的材料、废料的价值称为二手车的残值，它体现了二手车丧失生产能力以后的残体价值。

(10) 二手车评估价值。二手车评估价值是指遵循一定的计价标准和评估方法，重新确定的二手车现值。

(11) 拼装汽车。拼装汽车是指违反国家关于生产汽车方面的有关规定，私自拼凑零部件装配的汽车。非法拼装汽车的一种形式是使用报废汽车的发动机、前后桥、变速器、转向机、车架及其他零部件组装的机动车辆。非法拼装汽车的另一种形式是企业采取进口全散件（completely knocked down，CKD）或进口半散件（semi-knocked down，SKD）模式，将整车分拆，并以零部件的名义报关，在缴纳了相对整车低得多的零部件关税进口后，再组装成整车出售，以逃避整车进口的高关税，以牟取暴利。

(12) 改装汽车。改装汽车有两种基本类型：一是厂家的改装，使用的是经国家鉴定合格的零配件，对原车重新设计、改装；二是消费者自己或委托汽车改装公司在已购买汽车（主要是轿车和越野汽车等）的基础上，做一些外形、内饰和性能的改装（二手车交易市场中经常讲的改装汽车就是这一类）。改装汽车与拼装汽车是两个不同的概念，前者是合法的，后者则是违法的。车辆改装在法规里的描述是车辆变更，其行为是受法律约束的。

三、二手车鉴定评估的基本要素

二手车鉴定评估属于资产评估，因此二手车鉴定评估的理论和方法以资产评估学为基础。二手车鉴定评估主要包括鉴定评估的主体、鉴定评估的客体、鉴定评估的目的和范围、鉴定评估的程序、评估的标准及评估的方法六大要素。

1. 二手车鉴定评估的主体

二手车鉴定评估的主体是指具有国家有关部门核发的许可证或资格认证的评估机构和具有二手车鉴定评估师资格的专业人员，是二手车鉴定评估业务的承担者。

鉴定评估人员的能力和素质对鉴定评估水平和结果有着重要影响。因此，二手车鉴定评估人员必须掌握一定的资产评估业务理论及资产评估的方法；熟悉并掌握国家颁布的与二手车交易有关的政策、法规、行业管理制度及相关的技术标准；具备对二手车技术状况进行准确判断和鉴定的能力；具有良好的职业道德，做到公平公正且遵纪守法，保证二手车鉴定评估质量；必须经过严格的考试，并取得行业颁发的二手车鉴定评估师证书。

2. 二手车鉴定评估的客体

二手车鉴定评估的客体是指待评估的车辆，是鉴定评估的具体对象。被评估车辆必须是合法车辆，否则不能评估。对交易违法车辆的，二手车交易市场经营者和二手车经营主体应当承担连带赔偿责任和其他相应的法律责任。

此外，车辆上市交易前，必须先到公安机关交通管理部门申请临时检验，检验内容主要是VIN与发动机号、车辆技术状况及外观漆色与档案资料信息是否一致，经检验合格，在其机动车行驶证上签注检验合格记录后，方可进行交易。

3. 二手车鉴定评估的目的和范围

(1) 二手车鉴定评估的目的。二手车鉴定评估的目的是正确反映二手车的价值量及其波动，为交易过程提供公平的价格尺度。对于同一辆车，因不同的鉴定评估目的，其评估出来的结果会有所不同。所以对于客户提出的不同的鉴定评估目的，需要采用不同的评估方法。同时，鉴定评估的重要内容是鉴别车辆是否为走私车、盗抢车、非法拼装车、报废车、手续不全的车等。具体而言，二手车鉴定评估的目的有以下几点：

1) 车辆交易。车辆交易，即二手车的买卖，是二手车业务中最常见的一种经济行为。在二手车的交易过程中，买卖双方对交易价格的期望值是不同的，因此需要鉴定评估人员站在公正、独立的立场，选择适宜的评估方法，对预交易车辆进行鉴定评估，提供一个评估价值，作为买卖双方成交的参考底价，进而协助二手车交易的达成。

2) 车辆置换。随着 2005 年《汽车贸易政策》的颁布，越来越多的品牌专卖店（4S店）开展了以旧换新的置换业务。车辆的置换业务直接关系着置换双方的利益，为使车辆置换顺利进行，必须对待置换的二手车进行鉴定评估并提供合理的评估价值。

3) 车辆拍卖。对于符合拍卖条件的车辆，如公务车辆、执法机关罚没车辆、抵押车辆、企业清算车辆、海关获得的抵税和放弃车辆、个人或单位的抵债车辆、公车改革的公务用车均需经过拍卖市场公开拍卖变现。拍卖前应先对车辆进行鉴定评估，为拍卖提供底价。

4) 企业资产变更。在公司合作、合资、联营、分设、合并、兼并等经济活动中，会牵涉资产所有权的转移，车辆作为固定资产的一部分，自然也存在产权变更的问题。在产权变更时，必须对其价值进行鉴定评估。

5) 抵押贷款。银行为了确保放贷安全，要求贷款人以一定的资产作为抵押，如以在用汽车为抵押物，给予贷款人与汽车价格相适应的贷款。因此，需要专业人员对汽车的价值进行准确的鉴定评估，以此作为银行放贷的依据。汽车价格评估价值的高低，对贷款人而言，决定其可申请贷款的额度；对放贷者而言，评估的准确性在一定程度上影响着贷款回收的安全性。

6) 车辆保险。在对车辆进行投保时，所缴纳的保费高低直接与车辆本身价值的大小有关。同样，当保险车辆发生保险事故时，保险公司需要对事故车辆进行理赔。为了保障保险双方的利益，需要对核保理赔的车辆现时价值进行公平合理的鉴定评估。

7) 司法鉴定。当事人遇到涉及车辆的诉讼时，委托鉴定评估师对车辆进行鉴定评估，有助于了解事实真相；同时，法院判决时，可以依据评估结果进行宣判。这种鉴定评估也可由法院委托鉴定评估机构进行。鉴定评估机构也可以接受法院等司法部门或个人的委托，鉴定和识别走私车、盗抢车、非法拼装车等非法车辆。

8) 修复价格评估。汽车修理厂应根据保险公司查勘人员提供的定损清单资料（也就是事故车的损失评估），确定更换部件的名称、数量、金额和修理部件的范围、工时定额费用及附加费，从而控制事故车辆总的修理费用，防止修理范围任意扩大。

(2) 二手车鉴定评估的范围。二手车鉴定评估的范围具体包括以下几点：

1) 在流通领域，二手车在不同消费能力群体中互相转手，需要鉴定评估。

2) 有关企业开展收购、代购、代销、租赁、置换、回收（拆解）等二手车经营业务需要鉴定评估。

3) 在金融系统、银行、信托商店及保险公司开展抵押贷款、典当、保险理赔业务时，需要对相关车辆进行鉴定评估。

4) 有关单位通过拍卖形式处理罚没车辆、抵押车辆、企业清算等车辆时，需要对车辆进行鉴定评估，以获取拍卖底价。

5) 司法部门在处理相关案件时，也需要以涉案车辆的鉴定评估结果作为裁定依据。

6) 企业或个人在公司注册、合资、合作、联营及合并、兼并、重组过程中也会涉及二手车鉴定评估业务。

4. 二手车鉴定评估的程序

二手车鉴定评估的程序包括受理鉴定评估、查验可交易车辆、签订委托书、登记基本信息、判别事故车、鉴定车辆技术状况、评估车辆价值、撰写并出具鉴定评估报告和归档工作底稿等过程，如图1-8所示。

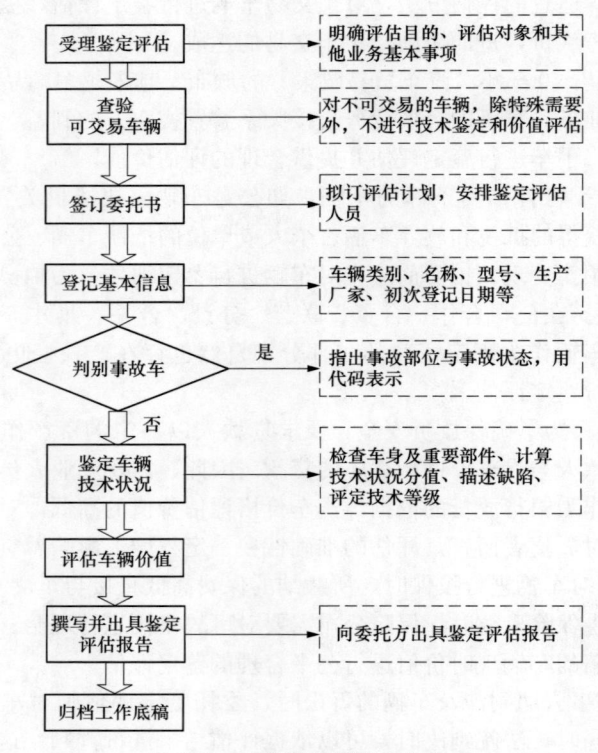

图1-8 二手车鉴定评估程序

（1）受理鉴定评估。鉴定评估人员必须了解委托方及其车辆的基本情况，明确委托方的目的和要求，主要包括委托方要求的评估目的、评估基准日、期望完成评估的时间等。

（2）查验可交易车辆。验证评估标的的各种手续的合法性，包括查验机动车登记证书、机动车行驶证、有效机动车安全技术检验合格标志、车辆购置税完税证明、车船使用税缴付凭证和车辆保险单等法定证明、凭证是否齐全和正常。

检查上述文件后，按要求判断是否具有对车辆的处置权，是否为可交易车辆。识别盗抢走私拼装车辆，并严禁此类车辆在市场上进行交易买卖。

（3）签订委托书。对可交易车辆，签署《二手车鉴定评估委托书》，确定双方责任和义务。

（4）登记基本信息。检查并登记有关信息，确定车辆使用性质，登记车辆基本情况信息，包括车辆类别、名称、型号、生产厂家、注册登记日期、表征行驶里程等。

（5）判别事故车。按要求检查车辆，判别车辆是否发生过碰撞、火烧和泡水，确定是否属于事故车。如果检查判定为事故车，则放弃后面的鉴定和价值评估。

（6）鉴定车辆技术状况。按照车身、发动机舱、驾驶舱、启动、路试和底盘等项目顺序检查车辆技术状况，确定车辆技术状况的分值，按分值确定车辆对应的技术等级。

（7）评估车辆价值。根据车辆的具体情况，确立估值方法，并对车辆价值进行估算。一般情况下，推荐选用现行市价法；在无参照物或无法使用现行市价法的情况下，选用重置成本法。

(8) 撰写及出具鉴定评估报告。根据车辆技术状况鉴定等级和价值评估结果等情况，撰写《二手车鉴定评估报告》，做到内容完整、客观、准确，书写工整。

(9) 归档工作底稿。将《二手车鉴定评估报告》及其附件与工作底稿独立汇编成册，存档备查。档案保存一般不低于 5 年；鉴定评估目的涉及财产纠纷的，其档案至少应当保存 10 年；法律法规另有规定的，从其规定。

5. 评估的标准

评估的标准，即对二手车评估所采用的计价标准，是指评估计算价值时适用的价值类型。选用何种评估标准来评估被评估车辆，是由评估的目的决定的，评估的标准有现行市价标准、重置成本标准、收益现值标准及清算价格标准等。

(1) 现行市价标准。现行市价标准是指以同类或类似被评估车辆在公开市场的交易价格为基础，根据被评估车辆的特点进行修正，从而评定被评估车辆现行价值的一种计价标准。当市场经济环境比较发达，有与被评估车辆类似的车时，适用现行市价标准。

(2) 重置成本标准。重置成本标准是指在现时条件下，重新购置一辆全新的、与被评估车辆相同或具有同类功能的车辆，从而确定被评估车辆现时价值的一种计价标准。以保险、资产保全为目的的评估，常适用重置成本标准。

(3) 收益现值标准。收益现值标准是指根据被评估车辆未来将产生的预期收益，按适当的折现率将未来收益折算成现值以评定被评估车辆现时价值的一种计价标准。以经营性资产的产权转移、变更为目的的评估，常适用收益现值标准。

(4) 清算价格标准。清算价格标准是指以被评估车辆在非正常市场上拍卖得到的快速变现价值为依据来确定被评估车辆现时价值的一种计价标准。现行市价是公平价格，清算价格则是一种拍售价格。由于受到期限和买主限制，清算价格一般低于公开交易市场的现行市价。以企业破产或停产清算、资产抵押为目的的评估，常适用清算价格标准。

6. 评估的方法

评估的方法是指用以确定二手车评估价值的手段和途径，包括现行市价法、重置成本法、收益现值法及清算价格法等。

(1) 现行市价法。现行市价法简称市场法或市场价格比较法，是指通过比较被评估车辆与市场上相同或类似车辆的价格，从而确定被评估车辆价值的一种评估方法。这是一种最直接、最简单、最有效的一种评估方法，其具体步骤是通过市场调查，选择一个或几个与被评估车辆相同或相似的车辆作为参照车辆，分析参照车辆的结构、功能、成色、地域、市场环境，并与被评估车辆一一比较，找出两者的相同与不同，以及差异对被评估车辆的价格影响，然后经过调整，计算出被评估车辆的价格。现行市价法是以市场为基础的评估方法，其应用最为广泛。

(2) 重置成本法。重置成本法是指用在现时条件下重新购置一辆全新的与被评估车辆相同或具有同类功能的车辆所需的全部成本减去被评估车辆的各种贬值后的差额作为被评估车辆现时价格的一种评估方法。重置成本法也是评估学的三大基本方法之一，简称成本法。

(3) 收益现值法。收益现值法是指应用适当的折现率，将被评估车辆未来的预期收益折算成现值，以估算被评估车辆价值的一种方法。收益现值法也是评估学三大基本方法之一，简称收益法。

(4) 清算价格法。清算价格法是从以上三大基本方法中派生出来的一种评估方法，不是评估学的基本方法，但它以评估学的三大基本方法为基础，以清算价格为标准，对被评估车辆进行价格评估。所谓清算价格，是指在某种条件下（如破产、停产、偿还债务或其他原因）要求在一定的期限内将车辆变现以快速收回资金，从而将被评估车辆拍卖或出售，被评估车辆在这种特殊情况下，价格将大大低于现行市场价格，买卖双方地位不平等，通常以买方定价，卖方没有讨价还价的余地。

四、二手车鉴定评估的基本原理

任何一门学科的形成都是有前提的，而一般的前提都是假设。二手车的鉴定评估原理也是一样的，它的存在也需要有一定的前提，即假设。二手车鉴定评估人员只有理解了假设，才能根据不同的情况做出最合理的评估。二手车鉴定评估的基本原理主要有继续使用假设、公开使用假设和清算清偿假设三种。

1. 继续使用假设

继续使用假设，即车辆将按现行用途继续使用，或转换用途继续使用。对于车辆的鉴定评估只能从继续使用出发，而不能按车辆拆零出售零部件所得收入进行计价。

在采用继续使用假设时，需考虑以下几个条件：

（1）车辆还有显著的剩余使用寿命。

（2）车辆能用其提供的服务或用途满足所有者或占有使用者经营上期望的收益，这是投资者持有或购买车辆的前提条件。

（3）车辆所有权明确，能够在评估后满足车辆交易或抵押等业务需要，这同时也是转换用途的前提条件。

（4）充分考虑车辆的使用功能，按车辆的最佳效果使用。

（5）车辆从经济上或法律上允许转作他用。

2. 公开使用假设

公开使用假设，即假定进入市场交易的车辆，其交易双方是彼此平等的，他们都能获得足够的市场信息和机会。不同的车辆，其性能用途不同，则交易期望价格也就不同。在车辆进行鉴定评估时，按照公开市场假设处理可做适当的调整，才能获得最佳的效益。

在采用公开使用假设时，需要考虑以下几个条件：

（1）车辆公开出售和改变用途在法律上是允许的。

（2）在公开市场上该车辆的交易比较普遍，既有一定的需求，也有一定的供给，存在着供需双方的竞争。

（3）车辆有一定寿命。

（4）评估价值不高于该车辆新建或购置的投资额。

3. 清算清偿假设

清算清偿假设，即车辆所有者在某种压力下被强制对车辆进行整体或拆零，经协商或以拍卖方式在市场上出售。这种情况下的车辆具有一定的特殊性，其评估价值可能大大低于继续使用或公开市场的评估价值。

五、二手车鉴定评估的依据和原则

1. 二手车鉴定评估的依据

二手车鉴定评估时必须要有正确的科学依据，这样才能得出正确的结论。二手车鉴定评估的依据是指鉴定评估工作所遵循的法律、法规、经济行为文件及其他参考资料，一般包括行为依据、法律依据、产权依据和取价依据四部分。

（1）行为依据。行为依据是指实施二手车鉴定评估的行为依据，一般包括经济行为成立的有关决议文件及评估当事方的评估业务委托书。

（2）法律依据。法律依据是指二手车鉴定评估所遵循的法律法规，主要包括《国有资产评估管理办法》《国有资产评估管理办法施行细则》《机动车强制报废标准规定》《机动车登记规定》《报废机动车回收管理办法》《汽车产业发展政策》《二手车流通管理办法》《机动车运行安全技术条件》及其他相关政策法规。

（3）产权依据。产权依据是表明机动车权属证明的文件，主要包括机动车来历凭证、机动车登记证书、机动车行驶证、出租车营运证、道路营运证等。

（4）取价依据。取价依据是指实施二手车鉴定评估的机构或人员，在鉴定评估工作中直接或间接取得的或使用的对二手车鉴定评估有借鉴或佐证作用的资料，主要包括价格资料和技术资料。其中价格资料包括新车整车销售价格、易损零部件价格、车辆精品装备价格、维修工时定额、维修价格、国家税费征收标准、车辆价格指数变化及各品牌车型残值率等资料；技术资料包括机动车的技术参数，新产品、新技术、新结构的变化，车辆故障的表面现象与差别，车辆维修工艺及国家有关技术标准等资料。

2. 二手车鉴定评估的原则

二手车鉴定评估工作涉及当事人的经济利益，政策性强，涉及面广，必须遵循一定的原则，才能确保评估结果公正、真实、准确、合理，并被社会所承认。二手车鉴定评估的原则是对二手车鉴定评估行为的规范。二手车鉴定评估应遵循的原则有公平性原则、独立性原则、客观性原则、科学性原则、专业性原则、可行性原则等。

（1）公平性原则。鉴定评估人员必须站在中立的立场上对车辆进行评估。这是鉴定评估人员应该遵守的一项最基本的道德规范。鉴定评估人员的思想作风、工作态度应当公正无私，评估结果应该公正、合理，而绝对不能偏向任何一方。

目前二手车市场中，时有鉴定评估人员和二手车经销经纪人员互相勾结损害消费者利益或"私卖公"高估而"公卖私"则低估的现象，这是严重违反职业道德的行为。

（2）独立性原则。从事鉴定评估工作的机构和人员必须是独立的第三者，其应该依据国家的有关法规和规章制度及可靠的资料数据，对被评估的二手车做出合理评定；而不应受外界干扰和委托者意图的影响，以确保评估结果公正合理。

坚持独立性原则，是保证评估结果具有客观性的基础。要坚持独立性原则，鉴定评估机构必须具有独立性，而不应从属于和交易结果有利益关系的二手车市场。目前国家不允许二手车市场建立自己的鉴定评估机构。

（3）客观性原则。客观性原则是指评估结果应以充分的事实为依据，能够反映被评估车辆的真实情况。因此，所收集的信息与被评估车辆相关的数据要准确，车辆技术状况的鉴定结果必须翔实、可靠，只有这样才能实现对被评估车辆现值的客观评估，才能被双方当事人及社会认可和信任。为此，应加大仪器检查项目，使检测结果更加科学。

（4）科学性原则。科学性原则是指在评估工作中，应根据不同的评估对象和评估目的，选择合适的评估标准和评估方法，制定合理的评估方案，使评估结果准确、合理。

（5）专业性原则。专业性原则要求鉴定评估人员接受国家专门的职业培训，获得国家颁发的统一职业资格证书（如二手车鉴定评估师证、二手车高级鉴定评估师证），才能上岗。

（6）可行性原则。可行性原则也称有效性原则，即鉴定评估机构和人员按照法定的原则、公允的评估程序、合适的评估标准、合理的评估方案、科学的评估方法得出的评估结论应具有法律效力，得到交易双方当事人的认可，经得起实践、事实的确认及时间的考验，行之有效，具有可行性。

六、二手车鉴定评估的业务类型和特征

1. 二手车鉴定评估的业务类型

按鉴定评估服务对象的不同，可以把二手车鉴定评估的业务类型分为交易类业务和咨询服务类业务两种。

（1）交易类业务。交易类业务是服务于交易市场内部的二手车交易，其主要目的是判定二手车的来历、确定收购价格、为交易双方提供交易的参考价格等。

（2）咨询服务类业务。咨询服务类业务是服务于交易市场外部的非交易业务，如资产评估（涉及车辆部分）、抵押贷款估价、法院咨询等。

交易类业务和咨询服务类业务一般都是有偿服务，其鉴定评估的程序和作业内容并没有太大的差别，但因为评估的目的不同，所以评估作业的侧重点有所不同。例如，交易类业务评估的侧重点是二手车的来历、能否进入二手车市场流通及二手车的估价；而咨询服务类业务涉及的识伪判定、交易程序解答、市场价格咨询、国家相关法规咨询等方面的内容多一些，当然也有一些咨询服务类业务要求提供正式的车辆评估价值。

2. 二手车鉴定评估的特征

由于汽车是高科技产品，二手车流通又属特殊商品流通，与其他资产评估相比，二手车鉴定评估具有以下特征：

（1）涉及知识面广。二手车鉴定评估的理论和方法以资产评估学为基础，涉及经济管理、市场营销、金融、价格、财会及机械原理、汽车构造等多方面的知识，技术含量高，因此二手车鉴定评估的知识依赖性较强。

（2）政策性强。从事二手车鉴定评估的人员既要熟知《中华人民共和国拍卖法》《国有资产评估管理办法》《机动车强制报废标准规定》《二手车流通管理办法》等政策法规，还要掌握车辆管理有关规定及各地相关的配套措施。

（3）实践和技能水平要求高。二手车鉴定评估要求从业人员不仅会驾驶汽车，而且还能使用检测仪器和设备，结合目测、耳听、手摸等手段判断二手车外观、总成的基本技术状况，能够通过路试判断发动机、传动系统、转向系统、制动系统、电路、油路等工作情况，甚至对汽车主要部件功能和是否更换也要有一定的了解。二手车鉴定评估过程是以人的智力活动为中心开展的，评估质量的高低取决于鉴定评估人员掌握的信息、知识结构和经验高低，从而体现出鉴定评估人员的主体性。

（4）动态特征明显。目前，汽车产品更新换代快，结构升级、技术创新层出不穷，加之市场经济条件下市场行情的变化莫测，使得二手车鉴定评估工作具有极强的动态性和时效性。这就要求从业人员在具体工作中不仅要掌握有关的账面原值、净值、历史依据，更要结合评估基准日的市场价格和行情，才能准确做出评估结果。

另外，由于被评估对象的类似性、重复性，因此要求评估机构在评估过程中加强自律性，克服随意性；而且由于汽车产品在不同的环节的价值属性比较复杂，从而决定了二手车评估的多样性。

七、二手车鉴定评估师与评估机构

1. 二手车鉴定评估师

（1）二手车鉴定评估师的定义。二手车鉴定评估师是指从事二手车技术状况鉴定及价格评估的一种职业资格。同时二手车鉴定评估师也是一种职业称谓，指从事二手机动车辆的鉴定与评估工作的专业汽车评估人员。

（2）二手车鉴定评估师的作用。二手车鉴定评估师在二手车交易中起着承前启后的作用。在车辆交易中，买卖双方在无法对车价达成一致时，就必须借助二手车鉴定评估师的评估能力，对交易车辆的价值做出一个较为客观的评估。因此，二手车鉴定评估师的作用如下：

1) 为二手车的置换、抵押等活动提供帮助。随着二手车市场的发展，二手车的交易量越来越大。二手车鉴定评估师可以对车辆进行评估，使二手车置换、抵押贷款等事宜能够顺利进行。

2) 在二手车交易中起着桥梁作用。通过对二手车市场的了解，具有二手车评估的专业知识和丰富经验的二手车鉴定评估师可站在中立的立场，提出具有参考价值的交易价格，为交易双方达成协议起到桥梁作用。

3) 对二手车市场的发展起到促进作用。二手车评估质量的高低（评估价值是否合理）往往会影响二手车的交易行为。而二手车鉴定评估师的介入，可实现对二手车的合理评估，使买卖双方可以放心地进行交易，进而促进二手车市场的顺利发展。

4) 在二手车交易中起着引导作用。当交易双方对车辆状况不甚了解时，往往要参考二手车鉴定评估师等专业人士的意见，特别对于买车者而言，二手车鉴定评估师的专业意见会对车辆的交易起到引导作用。

2. 二手车鉴定评估机构

（1）二手车鉴定评估机构的职能。二手车鉴定评估机构具有评估、公证和中介三大职能。

1) 评估职能。评估即评价、估算，是指对二手车进行评判和预估。评估职能是二手车鉴定评估机构的基本职能，也是关键职能。广义地讲，二手车鉴定评估机构的评估职能，包括评价职能、勘验职能、鉴定职能、估价职能等。二手车鉴定评估机构要对二手车进行评估，得出结论，并说明得出结论的充分依据和推理过程，从而体现出其评估职能。

2) 公证职能。公证职能是二手车鉴定评估机构的重要职能。二手车鉴定评估机构要对二手车评估结论做出符合实际、可以信赖的证明。二手车鉴定评估机构之所以具有公证职能，是基于以下两点：①二手车鉴定评估机构有丰富的二手车鉴定知识和技能，在判断二手车鉴定评估结论准确与否的问题上最具资格和权威性；②作为当事人之外的第三方，二手车鉴定评估机构完全站在中立、公正的立场上就事论事、科学办事。

公证职能具有以下特征：①公证职能虽不具备定论作用，但却有促成司法结案、买卖成交的作用，因为双方当事人难以找出与评估结论完全不同的原因或理由；②公证职能虽不具备法律效力，但该结论可以接受法律的考验。这是因为二手车鉴定评估机构的评估结论确定之后，必须经双方当事人接受才能结案或买卖成交。如果双方当事人中的某一方不能接受，则可选择其他途径解决，如调解协商、仲裁或诉讼。在此期间，二手车鉴定评估机构可以接受委托方的委托出庭辩护，甚至可被聘请为诉讼代理人出庭诉讼，本着对委托方特别是对评估报告负责的原则，促成双方接受既定结论。

3) 中介职能。二手车鉴定评估机构的中介职能主要体现在：①二手车鉴定评估机构作为中介人从事评估经济活动，不参与相关利益的分配，为当事人提供服务，具有鲜明的中介职能；②二手车鉴定评估机构可以接受委托于双方当事人的任一方；③二手车鉴定评估机构以当事人之外的第三方身份从事二手车鉴定评估经营活动，从当事人一方获得委托，以中间人的立场执行二手车鉴定评估，并收取合理费用；④二手车鉴定评估机构以中间人的身份，独立地开展二手车鉴定评估，从而得出评估结论，促成双方当事人接受该结论，为当事人提供服务，从而发挥其中介职能作用。

(2) 二手车鉴定评估机构的特征。二手车鉴定评估机构有如下几方面的特征：

1) 经济性。二手车鉴定评估机构需通过相关的专业技术人员，接受诸多当事人（如保险公司、车主等）的委托，处理不同类型二手车的鉴定评估业务，积累二手车鉴定评估经验，提高二手车鉴定评估水平，从而帮助当事人降低成本，提高经济效益。

2) 专业性。二手车鉴定评估机构的市场定位是向众多当事人提供专业鉴定评估业务。由于其要对特定的对象（二手车）进行鉴定评估，而汽车种类繁多，当事人的要求又千差万别，因此二手车鉴定评估机构比一般的资产评估机构在鉴定评估技术方面更专业，经验更丰富。

3) 中介性。二手车鉴定评估机构作为汽车保险市场、二手车交易市场、汽车碰撞事故处理双方的中介，易被双方当事人所接受，因而可以缓解双方当事人的矛盾并增大回旋余地。可以说，二手车鉴定评估机构是缓和当事人之间摩擦冲突的润滑剂。

(3) 二手车鉴定评估机构的地位。二手车鉴定评估机构的地位是独立的，主要表现在如下几个方面：

1) 二手车鉴定评估机构执行业务时，既不代表双方当事人，也不受行政权力等外界因素的干扰。

2) 在开展二手车鉴定评估业务的整个过程中，二手车鉴定评估执行人员须保持独立的思维方式和判断标准。

3) 二手车鉴定评估人员的评估分析和结论要保持独立性，这一特征在二手车鉴定评估机构所出具的评估报告中得以充分体现。

4) 二手车鉴定评估人员具有知识密集性和技术密集性的特征，在二手车鉴定评估领域具有一定的权威地位，但从法律的角度来看，这种权威地位是相对的。从市场地位而言，二手车鉴定评估人员必须坚持独立的立场，无论针对哪一方委托的事务都应做出客观、公平的判断。

第二章

二手车技术状况鉴定

第一节 二手车技术状况鉴定概述

一、二手车技术状况鉴定概念

二手车技术状况鉴定是二手车鉴定评估的基础与关键，通过车辆技术状况鉴定，可以判断二手车的技术状况和价值。二手车技术状况的鉴定一般包括静态检查、动态检查、仪器检查三个方面。

（1）静态检查。静态检查是指二手车在静态状态下，根据检测人员的技能和经验，辅以简单的量具，对二手车技术状况进行检查。

（2）动态检查。动态检查是指二手车在工作状态下，根据检测人员的技能和经验，辅以简单的量具，对二手车技术状况进行检查。

（3）仪器检查。仪器检查是指使用仪器、设备对二手车的技术性能和故障进行检测和诊断，既定性又定量地对二手车进行技术检查。

其中，静态检查和动态检查是依据鉴定评估人员的技能和经验对被鉴定评估车辆进行直观、定性判断，即初步判断被鉴定评估车辆的运行情况是否正常、车辆各部分有无故障及故障的可能原因、车辆各总成及部件的新旧程度等；而仪器检查是对被鉴定评估车辆的各项技术性能及各总成部件技术状况进行定量、客观评价，是进行二手车技术等级划分的依据，在实际工作中往往根据评估目的和实际情况而定。

目前，车辆的鉴定评估普遍采用现代化的检测设备和仪器，主要包括举升机、车身检测仪、四轮定位仪、电脑解码器、超声波测厚仪、内窥镜、气缸压力表和电瓶检测仪等。通过检测设备和仪器，可以得到详细的检测数据，鉴定评估师根据各种检测数据判断车辆的综合性能，可使鉴定评估结果摆脱人为因素的影响。

二、二手车技术状况鉴定的内容

二手车技术状况鉴定的主要内容有外观检查、车身框架（车架）检查、内饰检查、发动机机舱检查、行李箱检查、底盘检查和车辆行驶性能检查等。

（1）外观检查。车辆的外观一般不会影响车辆的性能，但是通过车辆外观的损伤，可以知道车主对车辆的保养和使用情况；同时可以从外观损伤联想到结构件和加强件的损伤情况，以避免漏检。

（2）车身框架（车架）检查。承载式车身（车架）变形会影响车辆的行驶性和安全性，因此要检查承载式车身（车架）结构件有无修复痕迹，检查车身主要尺寸，判断是否发生过事故。

（3）内饰检查。通过内饰检查可以确定车辆的状况和车辆的使用情况，同时可以帮助判断是否为火烧车和水泡车。

（4）发动机机舱检查。通过发动机机舱检查可以确定发动机状况和是否发生过事故，或者发动机机舱布置是否改动过。

（5）行李箱检查。主要检查是否发生过追尾事故。

（6）底盘检查。重点检查纵梁和横梁等结构件是否受损和存在修复痕迹，仔细观察轮胎的磨损程度和刹车盘的磨损情况。

（7）车辆行驶性能检查。通过试驾的方式，检查发动机工作是否正常，检查车辆的行驶性、安全性和操纵性等性能是否下降。

三、二手车技术状况鉴定的方法

二手车技术状况鉴定可采用"望、闻、查、切"四种基本方法。

（1）望。所谓"望"就是对汽车外观、底盘、内饰、机械部件、附加设备等外在表现进行观察，发现其与良好状态之间的差别，如查看车漆是否有色差，边缝是否完好，边缘接缝是否均匀一致，从而判断车辆的保养、故障、损坏等情况。

（2）闻。"闻"其味是检查某些缺陷的有效方法。所谓"闻"，一是听各种机械部件与电器部件启动时及车辆在行驶状态下有无异常声响；二是闻车厢内部、引擎工作状态下、尾气、车辆行驶上路时有无异常的气味。

（3）查。如果车辆使用时间较短（车辆本身较新，行驶里程较少），一般是很难一眼辨别车辆的技术状况的，那么就应该通过专用电脑设备，查看车辆的实际里程数字，确定该车是否为"调表车"；还可以通过查看车辆的保险单，通过保费就可以判断是否出过事故；有条件的话还可以去4S店、车辆管理所或保险公司查看有无维修、出险记录等。

（4）切。所谓"切"，是指应用各种检测工具检查车辆的各个部分，对数据进行对比判断，根据鉴定评估师掌握的检测标准和车辆知识，结合车辆的现时表现等综合情况判断车况，得出最终评价。例如，拆下车门密封胶条进行检查，门框及门柱应该平直，此时要特别注意A柱、B柱、C柱与车体接合处的焊点是否为原厂焊点。由车顶延伸至门槛的线条应该是平直且呈自然弧线。若发现车门开关异常、密封胶条松动、焊点异常等情况时，即可初步判定该车有事故维修的嫌疑。打开发动机机舱盖，用手指触摸发动机机舱盖边缘是否自然平直、滑顺和一体成型。观察车辆底盘、前纵梁（大梁），一般不应有褶皱、变形修复的痕迹，整个底盘脏污程度应大致相同，一般不应有特别干净或者特别脏的部分。

第二节 二手车技术状况鉴定流程

二手车属特殊商品，它的价值包括车辆本身的有形价值和各种手续构成的无形价值。只有这些手续齐全，车辆才能上路行驶，才能构成车辆的全部价值。

二手车技术状况鉴定流程如图2-1所示。

接受委托 ⇒ 核对证件 ⇒ 静态检查 ⇒ 动态检查 ⇒ 仪器检查 ⇒ 车辆拍照

图2-1 二手车技术状况鉴定流程

一、接受委托

1. 业务洽谈

业务洽谈是二手车鉴定评估的第一项工作，也是一项重要的日常工作。业务洽谈工作的好坏直接影响着二手车鉴定评估机构的形象和信誉，这也是企业生存的基础。因此，二手车鉴定评估人员应该重视并做好业务洽谈工作。

与客户进行业务洽谈的主要内容有车主基本情况、车辆情况、委托评估的意向、时间要求等。通过业务洽谈，应该初步了解下述情况：

（1）车主基本情况。车主即机动车所有人，指拥有车辆所有权的单位或个人。要了解清楚洽谈对象是否为车主，只有车主才有车辆处置权，否则无车辆处置权。

（2）鉴定评估目的。一般来说，委托二手车鉴定评估机构的业务大多属于交易类业务，车主要求鉴定评估的目的大都是确定买卖双方成交的参考底价。

（3）评估对象及其基本情况。主要包括：

1）二手车类别，即确认被评估车辆是汽车，还是拖拉机，或是摩托车。

2）二手车名称、型号、生产厂家、使用燃料种类、出厂日期。

3）二手车管理机关初次注册登记的日期、已使用年限及行驶里程。

4）二手车来历，即是市场上购买车辆，还是走私罚没处理车辆，或是捐赠免税车。

5）车籍，即车辆牌证发放地。

6）使用性质，即是公务用车、商用车，还是专业运输车、出租营运车，或是私家车。

7）各种证件税费等是否齐全，是否办理年检和上保险。

8）事故情况，即查勘车辆是否发生过事故，如果发生过事故，确认事故的位置、更换的主要部分和总成情况。

9）现时技术状况，即检查发动机有无异响及排烟、动力、行驶等情况。

10）大修次数，即确认车辆是否大修过及大修次数等。

11）选装件情况，即是否加装音响、真皮座椅、桃木内饰等选装件，以及与基本配置的差异等。

在洽谈中，上述基本情况了解清楚以后，就应该做出是否接受委托的决定。如果不能接受委托，应该说明原因；客户对交易不清楚的地方，应该接受咨询，并耐心给予解答和指导；如果接受委托，就要签订二手车鉴定评估委托书。

2. 实地考察

对于评估数量较多的业务，在签订二手车鉴定评估委托书之前，应安排实地考察以了解评估对象的情况。实地考察的目的是了解二手车鉴定评估的工作量、工作难易程度和车辆现实状况（在用或停放很久不用、在修或停驶待修）。

3. 签订委托书

二手车鉴定评估委托书又称二手车鉴定评估委托合同，是指二手车鉴定评估机构与法人、其他组织或自然人之间为实现二手车鉴定评估的目的，明确双方权利义务关系所订立的协议。

二手车鉴定评估委托书是受托方与委托方之间具有经济合同性质的契约，是对各自权利责任和义务的协定。一旦双方签署合同，委托书即具有法律效应。二手车鉴定评估委托合同中应写明以下内容：

（1）委托方和二手车鉴定评估机构的名称、住所、工商登记注册号、上级主管单位、二手车鉴定评估人员资格类型及证件编号。

（2）鉴定评估目的及车辆类型和数量。

（3）委托方须做好的基础工作和配合工作。

（4）鉴定评估工作的起止时间。

（5）鉴定评估收费金额及付款方式。

(6) 反映协议双方各自责任、权利、义务及违约责任的其他内容。

要注意的是，涉及国有资产占有单位要求申请立项的二手车鉴定评估业务，应由委托方提供国有资产管理部门关于评估立项申请的批复文件，经核实后，方能接受委托，签署委托合同。

4. 拟订鉴定评估方案

鉴定评估方案是二手车鉴定评估人员进行二手车鉴定评估工作的规划和安排，其主要内容包括评估目的、评估对象和范围、评估基准日、协助评估人员工作的其他人员安排、现场工作计划、评估程序、评估具体工作和时间安排、拟采用的评估方法及具体步骤等。确定鉴定评估方案后，下达二手车鉴定评估作业表（见表2-1），进行鉴定评估工作。

表2-1　　　　　　　　　　　二手车鉴定评估作业表

流水号：　　　　　　　　　　　　　　　　　　　　　　　鉴定评估日　　年　月　日

厂牌型号		行驶里程	仪表	km
牌照号码			推定	km
VIN		车身颜色		
发动机号		车主姓名/名称		
法人代码/身份证号码		初次登记日期	使用性质	
		年　月　日		
年检证明	□有（至＿＿年＿月）□无	车船税证明	□有（至＿＿年＿月）□无	
交强险	□有（至＿＿年＿月）□无	购置税证书	□有　□无	
其他法定凭证、证书	□号牌　□行驶证　□登记证书　□保险单　□其他			
是否为事故车	□否　□是	损伤位置及损伤状况		
车辆主要技术缺陷描述				
总得分				
技术等级				
估价方法				
参考价值				
评估师（签章）				
评估师证号				
审核人（签章）				
二手车鉴定评估结论		评估单位名称（盖章）		

二、核对证件

在二手车交易时，所有的过户手续都必须齐备，以免产生纠纷。因此，必须坚持先验证后交易的原则。如果证照不全或有一些不良记录，买车后在办理相关手续时则会有许多不便。要注意检查车辆的证件是否齐全、是否有欠费（包括购置税和车船使用税完税证明）或未处理的违章行为记录。核对的项目主要有核查车辆的相关信息、核查车主的基本信息及核查各种税费及单据。

1. 核查车辆的相关信息

核查车辆的基本信息，主要有两个目的：一是确认车辆来源的合法性，鉴别车辆是否为走私车辆、拼装车辆、盗窃车辆、报废车辆等；二是确认车辆的基本信息，主要为后面的评估交易做准备。核查的内容有机动车登记证书、机动车行驶证、机动车号牌、VIN和发动机号、机动车的来历凭证、道路运输证、运营证等。

（1）核查机动车登记证书。机动车登记证书是车辆的身份证，是由公安车辆管理机关依法对机动车辆进行注册登记核发和管理的证件，是机动车所有权证明，具有产权证明的性质。所有机动车的详细信息及机动车所有人的资料都记载在上面。当证书上所记载的原始信息发生变动时，机动车所有人应当及时到车辆管理所办理变更登记；当机动车所有权转移时，原机动车所有人应当将机动车登记证书做变更登记后随车交给现机动车所有人。

机动车登记证书也是二手车过户、转籍必不可少的证件。核查机动车登记证书时，主要看有无涂改痕迹，检查登记信息的真伪，必要时可以到车辆管理所核实机动车登记证书的真伪。

机动车登记证书上会详细记载车主的信息，通过此信息可以了解车主是个人还是组织机构。如果车主是组织机构，要注意该车是否为新车销售企业的试乘试驾车辆。消费者应该避免购买试乘试驾车辆。

机动车登记证书信息栏要清楚显示车辆类型、品牌、型号、VIN、发动机号、进口或国产、燃油类型、排量、制造厂商、轴距、轮距、轮胎规格、车辆获得方式、使用性质、出厂日期和发证日期，并且要有发证机关盖章，如图2-2所示。

图2-2 机动车登记证书示例

机动车登记证书副页显示是否有过抵押及抵押次数，是否有过过户及过户次数等信息。

如果在鉴定时不能提供机动车登记证书，可能有如下几种原因：

1) 车辆已办证，卖家忘了携带，这时可以主动提醒卖家提供。

2) 车辆已办证，卖家将证书遗失。这时就要请卖家（原车主）亲自将车开到车辆管理所验车补证，手续齐全的话，在一个工作日内即可办妥。

3) 车辆是按揭购买，机动车登记证书在按揭提供商处抵押。此时需原车主与按揭提供商结清钱款，并在车辆管理所办理抵押解除手续后，才能正常办理车辆的过户交易手续。

4) 车辆可能是非法汽车，如走私车、盗抢车等。

（2）核查机动车行驶证。机动车行驶证是由公安车辆管理机关依法对机动车辆进行注册登记核发的证件，是机动车取得合法上路行驶权的凭证。机动车行驶证是机动车行驶必须携带的证件，也是二手车过户、转籍必不可少的证件。

机动车行驶证由证夹、主页、副页三部分组成，如图2-3所示。其中主页正面是已签注的证芯，背面是机动车照片，并用塑封套塑封；副页是已签注的证芯。

机动车行驶证的核查主要有三个方面：一是核查车辆的基本信息，这些信息基本上和机动车登记证书上的一样，这里不再赘述；二是核查机动车行驶证的真伪；三是核查是否伪造机动车年检日期或者是否按规定进行年检。

图2-3 机动车行驶证示例

1) 核查机动车行驶证的真伪。根据《中华人民共和国机动车行驶证》（GA 37—2008）规定，为了防止伪造行驶证，其塑封套上有用紫光灯可识别出的、不规则的、与行驶证卡片上图形相同的暗记，并且行驶证上按要求粘贴有车辆彩色照片。因此，机动车行驶证的识伪方法有：一是查看识伪标记；二是查看车辆彩色照片与实物是否相符；三是查看行驶证纸质、印刷质量、字体、字号，并与车辆管理机关核发的行驶证进行比对，对存疑的行驶证可去发证的公安车辆管理机关核实。

2) 核查是否伪造机动车年检日期或者是否按规定进行年检。最常见的情况是伪造行驶证副页上的检验合格章，即车辆没有按规定时间到车辆管理机关去办理检验手续，却私刻公章私自加盖检验合格章。现在许多地方都采用电脑打印"检验合格至××年××月"字样并加盖检验合格章的办法来增加防伪能力。二手车鉴定评估人员要特别注意核查行驶证副页上的检验合格章，即行驶证的有效期限。

核查机动车行驶证时主要看有无涂改痕迹，检查登记信息的真伪，必要时可以通过车辆管理所核实。通过核查机动车行驶证上的车辆照片和车辆相关信息，如VIN、发动机号与车辆实物上的是否一致，可以初步判断二手车是否合法。

（3）核查机动车号牌。机动车号牌是由公安车辆管理机关依法对车辆进行注册登记核发的号牌。它和机动车行驶证一同核发，其号码与行驶证上的应该一致。机动车号牌也是车辆取得合法行驶权的标志。机动车号牌的核查主要是核查车牌的真伪，检查有无涂抹更改的痕迹。

要仔细观察机动车号牌外形，正规的机动车号牌做工精细、表面光滑；伪造的机动车号牌，其表面数字没有错，但是在阳光下则存在颜色偏黄或偏红的情况，而且字体往往较瘦。

机动车号牌的识伪方法主要有：一是看号牌的防伪标记；二是看油漆是否含反光材料。对存疑的机动车号牌可去发牌的公安车辆管理机关核实。已上的机动车号牌，除临时行驶车的机动车号牌为纸质的，其余的均为铝质反光的。机动车号牌上的字，其尺寸大小也都有明确的规定。在安装方面，对机动车号牌设有固封装置，并规定该装置将由发牌机关统一负责装、换，任何单位和个人都无权拆卸，因此可作为车辆检验的一项内容。对于机动车号牌的固封装置有被破坏痕迹的机动车，评估人员要特别重视，以查明原因，确认号牌的真伪。

（4）核查VIN和发动机号。VIN和发动机号不能涂改，并且要与有关证件上登记的信息相符。

对于VIN的核查，一是核查车上VIN与行驶证上的VIN是否一致；二是核查车辆VIN是否有改动的迹象，主要包括凿改号码、刻划号码、挖补号码、焊接号码等，如果出现这种情况，这辆车就有可能是非法车辆；三是可以从第10位字码查找车辆的生产日期。

挑选二手车时，VIN中的两位最关键。虽然VIN由17位数字和字母组成，不过对于二手车而言，只有两位字码才是最关键的。首要的是首位字码，其表示汽车制造厂，也就是哪个国家生产的（1代表美国、L代表中国、V代表法国、W代表德国、K代表韩国等）。例如，买一辆德国原装进口车，如果VIN是W，那就说明车辆没问题；如果是别的字母，那么就要小心了，有可能VIN重新打过，或有其他问题。除了首位字码外，第10位字码表示生产日期。例如，一款不错的老车，机动车登记证书记载的是2002年，但VIN第10位字码是W，那么就说明这辆车是1998年生产的，属于积压已久的库存车。

对于发动机号的核查，主要是核查发动机上的编号与行驶证上的是否一致，如果不一致则可能更换过发动机，此时就必须提供正规的更换发动机的维修发票，否则不能正常过户；还要仔细查看发动机号有无改动过的痕迹，如果是套牌车，车辆的发动机号有可能会出现被修改、打磨过的痕迹。

（5）核查机动车来历凭证。机动车来历凭证的核查主要是核查车辆来源的合法性，如果是非法来源，除特殊原因，是不能进行鉴定评估的。机动车来历凭证分为新车来历凭证和二手车来历凭证。要认真查看机动车来历凭证，以防买到不正当来历的车辆。

在国内购买的机动车，其来历凭证是全国统一的机动车销售发票或者二手车交易发票。

如图2-4所示，新车来历凭证是指经国家工商行政管理机关验证盖章的机动车销售统一发票，其中有的销售发票是国家指定的机动车销售单位的发票。

二手车来历凭证是指经国家工商行政管理机关盖章的二手车交易发票。除此之外，因经济赔偿、财产分割等所有权转移涉及的车辆来历凭证分别是由人民法院出具的具有法律效力的判决书、裁决书、调解书，因继承或者中奖等所涉及的车辆来历凭证是由公证处出具的公证书，因海关罚没所涉及的车辆来历凭证是由海关出具的相关证明等。具体来说：

1）人民法院调解、裁定或者判决转移的机动车，其来历凭证是人民法院出具的已经生效的调解书、裁定书或判决书及相应的协助执行通知书。

2）仲裁机构仲裁裁决转移的机动车，其来历凭证是仲裁裁决书和人民法院出具的协助执行通知书。

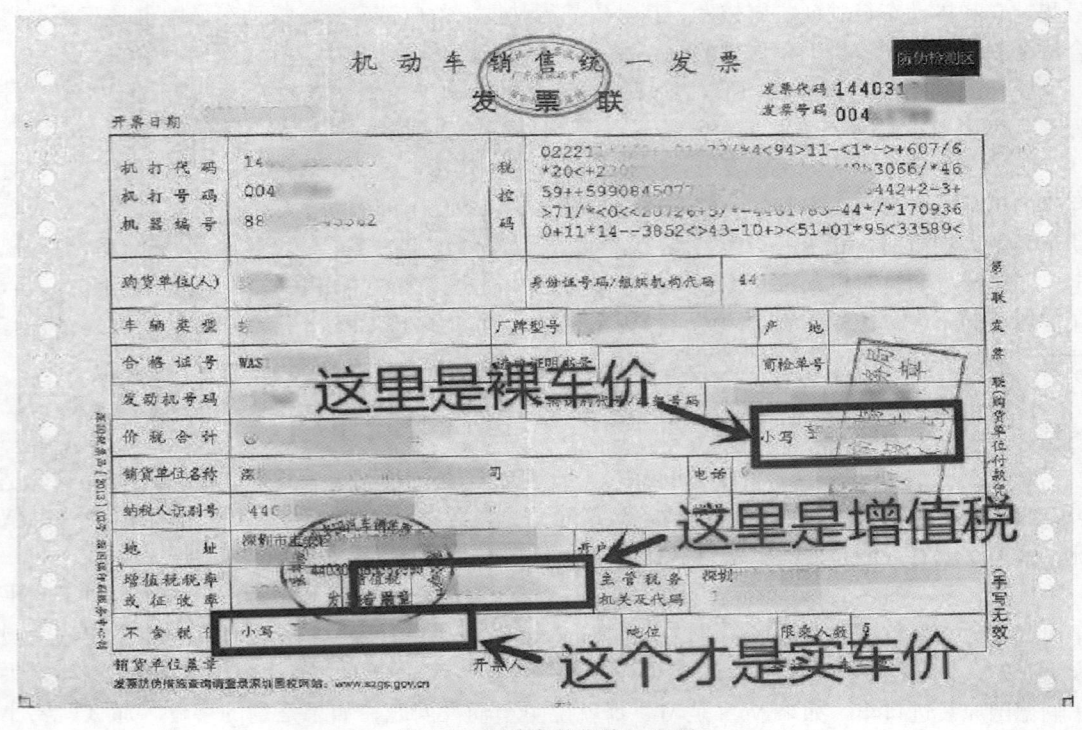

图 2-4 机动车销售统一发票

3) 继承、赠予、中奖和协议抵偿债务的机动车,其来历凭证是继承、赠予、中奖和协议抵偿债务的相关文书和公证机关出具的公证书。

4) 资产重组或者资产整体买卖中包含的机动车,其来历凭证是资产主管部门的批准文件。

5) 国家机关统一采购并调拨到下属单位未注册登记的机动车,其来历凭证是全国统一的机动车销售发票和该部门出具的调拨证明。

6) 国家机关已注册登记并调拨到下属单位的机动车,其来历凭证是该部门出具的调拨证明。

7) 经公安机关破案发还的被盗抢且已向原机动车所有人理赔完毕的机动车,其来历凭证是保险公司出具的权益转让证明书。

8) 更换发动机、车身、车架的来历凭证,是销售单位开具的发票或者修理单位开具的发票。

9) 在国外购买的机动车,其来历凭证是该车销售单位开具的销售发票及其翻译文本;由海关监管的机动车不需提供来历凭证。

2. 核查车主的基本信息

核查车主的基本信息,一是了解机动车行驶证登记所有人与委托人的身份是否一致,判断委托者是否为原车主,因为只有原车主才有车辆处置权,否则其他人是没有车辆处置权的;二是若为单位车辆,应进一步了解单位名称及隶属关系,核查组织机构代码证书和经办人身份证复印件(必须在有效期内)。

(1) 单位的身份证明。机关、企业、事业单位、社会团体的身份证明,是该单位的组织机构代码证书、加盖单位公章的委托书和被委托人的身份证明。单位不能出具组织机构代码证书时，可以按如下的方式来出具单位的身份证明：

1) 机动车所有人为单位的内设机构，本身不具备领取组织机构代码证书条件的，可以使用上级单位的组织机构代码证书作为机动车所有人的身份证明。

2) 上述单位已注销，其机动车需要办理变更登记、转移登记、解除抵押登记、注销登记、解除质押备案，申领机动车登记证书和补换领机动车登记证书、号牌、行驶证的，已注销的企业的身份证明，由工商行政管理部门出具注销证明。

3) 已撤销的机关、事业单位、社会团体的身份证明，由其上级主管机关出具相关证明。

4) 已破产的企业的身份证明，由依法成立的财产清算机构出具相关证明。

（2）个人的身份证明。具体如下：

1) 居民的身份证明，是居民身份证或者临时居民身份证。在暂住地居住的内地居民，其身份证明是居民身份证或者临时居民身份证，以及公安机关核发的居住证、暂住证。要注意核查身份证是否在有效期内，身份证地址是否与机动车登记证书上的地址一致。

2) 军人（含武警）的身份证明，是居民身份证或者临时居民身份证。在未办理居民身份证前，是指军队有关部门核发的军官证、文职干部证、士兵证、离休证、退休证等有效军人身份证件，以及其所在的团级以上单位出具的本人住所证明。

3) 香港、澳门特别行政区居民的身份证明，是其进入内地时所持有的港澳居民来往内地通行证或者港澳同胞回乡证，香港、澳门特别行政区居民身份证和公安机关核发的居住证、暂住证。

3. 核查各种税费及单据

各种税费及单据的核查，主要是对购置税凭证、保险单、车船税等进行核查，通过对这些单据的核查为后续进一步的鉴定评估做准备。

（1）车辆购置税完税凭证核查。车辆购置税完税凭证核查主要是为了确认车辆是否按规定进行了完税，是否为免税。如果为免税车，应核实其是否符合免税的有关规定。

根据《中华人民共和国车辆购置税法》第十四条规定：免税、减税车辆因转让、改变用途等原因不再属于免税、减税范围的，纳税人应当在办理车辆转移登记或者变更登记前缴纳车辆购置税。计税价格以免税、减税车辆初次办理纳税申报时确定的计税价格为基准，每满一年扣减百分之十。

（2）车船使用税凭证核查。车船使用税是指国家对行驶于我国境内公共道路的车辆和航行于境内河流、湖泊或者领海的船舶，依法征收的一种税。汽车的车船使用税，客车按座位数分类计征，货车按净吨位计征。每年每辆车的车船使用税为数十元至数百元不等，一般和交强险一起缴纳。

（3）车辆的保险单据核查。车辆的保险单据核查主要是确认是否投保了交强险和商业险，并确认其保险单的真实性。车辆购买商业险的险种及有效时间，对二手车的评估价值有着一定的影响，因此需要认真核查这些保险单据。

因车船税合并至保险内，所以在核查机动车保险单据时，除核查交强险与商业险外，还需核查车船税是否存在漏税情况。若存在，则需由原车主补齐。

另外，可以通过保险公司查询车辆在保险期间的出险情况，以详细了解车辆的事故历史。购买二手车时，要进行保险变更，以使保险继续有效。

（4）道路运输证的核查。道路运输证是县级以上人民政府交通主管部门设置的道路运输管理机构对从事旅客运输（包括城市出租客运）、货物运输的单位和个人核发的随车携带的证件（各地样式可能有所不同）。营运车辆转籍过户时，应到运管机构及相关部门办理营运过户有关手续。道路运输证只有运营车辆才有，非运营车辆没有此证。

（5）机动车其他相关标志核查。机动车其他相关标志核查主要包括机动车安全技术检验合格标志、年检标志、环保尾气检验标志、交强险标志的核查。

机动车必须进行安全技术检验，检验合格后，公安机关发放合格标志（从2020年起实行电子标志）。机动车安全技术检验由机动车安全技术检验机构实施。机动车安全技术检验机构应当按照国家机动车安全技术检验标准对机动车进行检验，对检验结果承担法律责任。机动车应当从注册登记之日起，按照规定期限进行安全技术检验。在安全技术检验的同时要进行环保检查，如果汽车尾气不能达到排放标准则不能通过年检，也不允许交易。

年检标志、环保尾气检验标志、交强险标志的核查，主要是检查车辆是否进行年检、环保尾气检验及购买交强险，且这些标志是否贴在车窗右上角。

（6）车辆保养维修核查。通过检查车辆的保养维修手续，可以发现是否更改里程表、保养是否及时、维修情况等重要信息。现在维修保养的核查可以通过一些专业的软件进行，因为在4S店的保养记录基本上都会上传到网上，所以通过一些专业软件就可以查询到车辆的保养记录、维修情况、出险情况等。

三、现场查勘

二手车鉴定评估人员依据二手车鉴定评估作业表，通过现场查勘鉴定二手车的现时技术状况，这是为了公正、科学地确定委托评估车辆的技术现状及价值。这项工作完成后，鉴定评估人员应客观地给出鉴定评估过程的描述和评估结论。

现场查勘的目的是公正、科学地确定委托评估车辆的成新率。现场查勘主要进行静态检查；条件许可时，应进行动态检查（路试），以全面了解被评估车辆的基本情况，并对被评估车辆的技术状况做出合理的判断。通过动态检查、静态检查对二手车的技术状况进行定性的判断后，如有要求对二手车进行某些项目的严格鉴定，则需要进行仪器检查。

（1）被评估车辆的基本情况。被评估车辆的基本情况主要包括车辆号牌、厂牌型号、VIN、车辆类型、发动机号、发动机功率、座位/排量、已使用年限、累计行驶里程、车辆出厂日期、初次登记日期以及车辆使用用途等。

（2）被评估车辆的技术状况。主要包括：

1）车体骨架。主要检查A柱、B柱、C柱、左右纵梁和减振器悬挂等部位，看是否有焊接、变形、钣金等修复痕迹，这也是判断二手车是否为碰撞事故车的主要途径。

2）车身外观。主要检查车身颜色有无色差、光泽，有无褪色及锈蚀等情况，车身是否被碰撞，有无划痕，车灯、雨刮是否齐全，前后保险杠是否完整，以及其他情况等。

3）驾驶舱。主要检查车内装饰程度、颜色、清洁等，仪表及座位是否完整，以及其他有关情况等。

4）发动机机舱。主要检查发动机机舱清洁程度、发动机工作状况、有无更换部件、有无修复现象、发动机机舱线束是否整齐、是否有漏油现象等。

5）启动。主要检查车辆启动是否顺畅、仪表板指示灯显示是否正常、发动机怠速是否稳定、发动机在各种工况下是否有异响等。

6）底盘。主要检查变速箱工作状况是否正常、前后桥工作状况是否正常、传动系统工作状况是否正常、是否有漏油现象、转向系统工作状况是否正常、制动系统工作状况是否正常等。

7) 路试。主要检查发动机运作及加速是否正常、车辆行驶是否跑偏、行驶过程中车辆底盘和转向部位是否有异响等。

8) 车辆功能性零部件。主要检查发动机机舱盖锁止、雨刮器、消声器、后视镜等功能性零部件能否正常工作。

二手车经销企业、拍卖企业、经纪企业等开展的业务涉及二手车鉴定评估活动时，还需要二手车鉴定评估人员填写二手车技术状况表，并签字确认鉴定情况是客观、真实的，不存在与实际车辆的技术状况不相符的情况。

本章第三、四、五节将对二手车技术状况静态检查、动态检查、仪器检查进行详细阐述。

四、车辆拍照

车辆拍照是指评估人员根据车牌号或评估登记号，使用数码照相机拍摄被评估车辆，并将照片存入系统进行存档。

（1）拍摄位置。拍摄时选正面、后面、侧面、侧前方、侧后方、车前排座椅、车后排座椅、仪表、发动机舱等角度，可将整个车辆很好地呈现出来。

1) 正面照。正面照主要展示整车标志、前脸、正面美感（见图2-5）。

2) 后面照。后面照展示车辆尾部造型、尾灯、排气管（见图2-6）。

图 2-5　正面照 　　　　　　　　图 2-6　后面照

3) 侧面照。侧面照主要展示车辆侧身线条，特别是流线型、运动车型（见图2-7）。

4) 侧前方45°照。侧前方45°照可展示车辆侧身与轮胎信息（见图2-8）。

图 2-7　侧面照 　　　　　　　　图 2-8　侧前方45°照

5) 侧后方45°照（见图2-9）。

6) 前排座椅照。前排座椅照展示车内转向盘、中控台、前排座椅、前排驾驶空间(见图2-10)。

图 2-9　侧后方 45°照

图 2-10　前排座椅照

7) 仪表照。仪表照展示仪表信息,重点是里程数透明公开(见图2-11)。
8) 发动机机舱照。发动机机舱照展示车辆发动机机舱的结构、整洁度、规整度(见图2-12)。

图 2-11　仪表照

图 2-12　发动机机舱照

(2) 拍照注意事项。具体包括:
1) 光照方向应采用正面光,尽量避免强烈或昏暗光照,不采用侧面光和逆光。
2) 以平拍方式进行,不要采用俯拍或仰拍。
3) 要认真准备所拍车辆。
4) 所拍照片要使二手车的轮廓分明、牌照号码清晰、车身颜色真实。

第三节　二手车技术状况静态检查

一、二手车技术状况静态检查概述

1. 二手车技术状况静态检查的定义

二手车技术状况静态检查是指二手车在静止状态下,根据鉴定评估人员的经验和技能,辅之以简单的工具,对二手车的技术状况进行静态直观检查。静态检查的目的是快速、全面地了解二手车的大概技术状况。通过初步的全面检查,可以发现汽车表面比较明显的一些缺陷,如严重碰撞、车身或车架锈蚀或有结构性损坏、发动机或传动系统严重磨损、车厢内部设施不良、损坏维修费用较大等情况，也可发现是否为拼装车辆、交通事故碰撞变形、零部件的损坏等问题，为二手车的价值评估提供依据。

2. 二手车技术状况静态检查的内容

二手车技术状况静态检查对二手车的价格影响较大。为公正、科学地确定被评估车辆的成新率，要全面、科学地对车辆进行静态技术状况检查。二手车技术状况静态检查的主要内容有汽车车身、发动机机舱、汽车内部装饰件、汽车底盘、汽车尾部等。

3. 二手车技术状况静态检查的工具

（1）一个笔记本和一支钢笔或铅笔。用于记录看到、听到和闻到的异常情况，以及需要让评估师进一步检测和考虑的事项。

（2）手电筒。用于照亮发动机机舱和车辆下面又暗又脏的地方。

（3）棉丝头或纸巾。用于擦手或擦拭将要检查的零件。

（4）较大的旧毛毯或帆布。用于仰面检查车辆底部是否有漏油、磨损现象或损坏的零件等。

（5）卷尺或金属直尺。用于测量车辆和车轮罩之间的距离。

（6）一截 300～400mm 的清洁橡胶管或塑料管。用作"听诊器"，以倾听发动机或其他不可见地方是否有不正常的噪声。

（7）小型工具箱。工具箱中的工具有成套套筒棘轮扳手、火花塞筒扳手、各种旋具、尖嘴钳子和轮胎撬棒等。

（8）小磁铁。用于检查塑料车身腻子的车身镶板。

（9）万用表。用于辅助电气测试。

二、汽车车身检查

汽车车身包括车身前部、车身侧部、车身后部和车身底部，主要部件有发动机盖、车身本体、行李厢盖、保险杠支架、翼子板、前后门、顶盖、顶梁、围板、侧围等，如图 2-13 所示。车身的造型有厢型、鱼型、船型、流线型及楔型等类型，结构形式有单厢、两厢和三厢等类型。

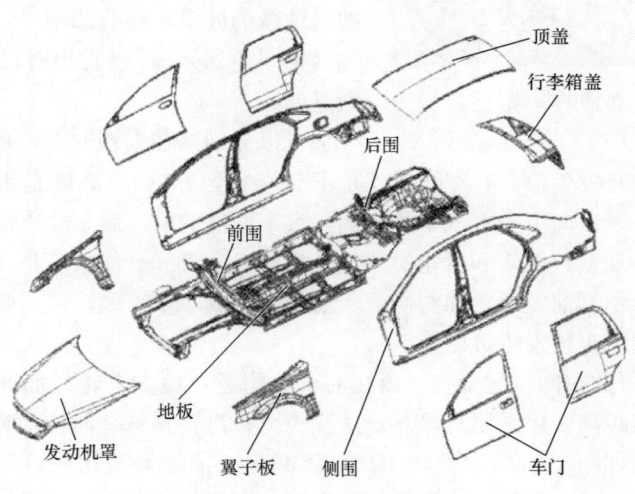

图 2-13 汽车车身的组成

二手车车身外观的检查（这里说的车身外观，不单纯是车辆的外部，车辆的底盘等暴露在视线中的部位均属于车身外观），是二手车技术状况静态检查的首要步骤。这项检查不仅在于鉴定车身外表的新旧程度、油漆质量的好坏及是否维修过，更在于鉴定车辆是否为事故车。车身外观检查主要是通过观察车辆的外观质量、缝隙质量和A柱、B柱、C柱的质量，判断该车是否有过修复。

对车身外观进行检查时，可从车头、车身两侧、车尾，围绕车身顺时针绕一圈进行检查。从车头正前方检查车身左右是否对称；从车辆前后方45°角位置查看车身线条及漆面是否流畅平整，是否有缺欠；近距离查看车身接缝是否均匀对称，板件是否有钣金痕迹，两侧腰线是否有钣金痕迹等；查看前后挡风玻璃、车窗玻璃是否为原装，以及轮胎磨损程度等。

1. 车辆周正情况的检查

可站在车辆的前部观察车身各部的周正、对称状况，特别注意观察车身各处的接缝。如果出现接缝不直、缝隙大小不一、车身线条弯曲、装饰条有脱落或新旧不一的情况，说明该车可能发生过事故或被修理过。车辆周正情况的检查主要包括以下两个方面：

（1）车身左右对称情况的检查。根据《机动车运行安全技术条件》（GB 7258—2017）的规定，车身左右高度不能超过40mm，否则将严重影响车身的安全性，且不能通过年审。对车身左右对称情况的检查，应将车辆放置在平整的路面，检查车辆轮胎气压是否标准（轮胎胎压应在规定值）；在车辆正前方3~5m的位置，观察车辆左右的高度差是否一致，也可以用尺子以地面为基准进行测量。如果车身左右高度差过大，就说明两侧悬架弹簧、车身有变形或变形后没有修复正常，或者是悬挂、减振器损坏或没有修复好。这时就要着重检查两侧纵梁、减振器悬挂的部位。另外，要检查前部部件的配合间隙，确定是否有维修痕迹。

图2-14 车辆的腰线

（2）车身左右两侧平整性的检查。车身左右两侧平整性的检查主要分为以下两个方面：

1）车身的腰线平整性检查。二手车若有大面积撞伤的部位，则补腻子的面积较大，人工打磨腻子时往往磨不平，因而喷漆后，车身表面看上去会如同微微的波浪一样凸凹不平。通过观察车辆的腰线（见图2-14），可以看出有没有钣金修复和重新做过油漆。

可以分别站在车辆的四个角，观察腰线是否齐平流畅（因为车辆一旦发生擦碰，车身线条是不易修复匀称的），高度是否一致；还可以蹲下沿着轮胎和汽车的外表面向下查看汽车的两侧，汽车两侧的前、后车轮应该排成一线，然后走到汽车后面进行同样观察，前轮和后轮仍然应该排成一条直线。如果不是这样，则车架或整体车身弯曲变形，即使左侧前、后轮和右侧前、后轮互相成一条直线，但一侧车轮比另一侧车轮更突出车身，则表明汽车曾发生过碰撞。

2）车轮与车轮罩的空间位置检查。蹲在前车轮附近，检查车轮后面的空间，即车轮后面与车轮罩后缘之间的距离，用金属直尺测量这段距离；再转到另一前轮，测量车轮后面和车轮罩后缘之间的距离，如图2-15所示。该距离应该和另一前轮大致相同，再到后轮进行相同的测量。如果发现左前轮或左后轮和它们的轮罩之间的距离与右前轮或右后轮的相应距离相差很大，则表明车架或整体车身弯曲变形。

2. 车头的检查

(1) 各板件间的缝隙检查。以发动机盖板为主体，要仔细查看发动机盖板与翼子板的密合度或发动机盖板与左右翼子板间的缝隙是否一致，发动机盖板与前照灯是否平整切齐，发动机盖板与挡风玻璃之间的间隙是否一致或留有原车的胶漆等；同时检查翼子板与保险杠之间的间隙是否均匀，左右是否一致。

如果钣金件的对称部位缝隙有明显差别或腰线明显不协调，则可判定该车有过碰撞或剐蹭，需要进一步检查相关部位，判断是否为事故车。

(2) 各覆盖件的检查。车头的覆盖件主要有发动机盖板、前挡风玻璃、左右翼子板、前保险杠等，对这些覆盖件的检查主要是检查其是否有变形、钣金修复痕迹、更换，漆面是否有开裂脱落等异常情况。这些覆盖件都是通过螺栓和车身结构件相连接的，如果发生严重变形，可能会拆卸修复或者更换，因此可以通过观察连接螺栓是否有被拧过的痕迹来进行检查。

图 2-15 车轮后面和车轮罩后缘之间的距离

如果检查出保险杠进行了更换或修复，需要进一步检查车身的纵梁、横梁是否有异常情况。对于前挡风玻璃的检查，主要是检查前挡风玻璃是否更换过。可以通过前挡风玻璃生产日期来判断其是否更换过，因为原车玻璃生产日期要早于整车生产日期。

(3) 前车灯的检查。前车灯主要有前照灯、转向指示灯、前雾灯。前车灯的检查，主要是检查各车灯、灯罩是否完好，是否被更换过。一般灯罩的检查都是看生产日期，可以从生产日期来判断其是否被更换过，因为原车灯罩生产日期要早于整车生产日期。当然也有少数情况可能是车主改装过车灯，这种情况是很容易辨认的。

如果发现车灯被更换过，则要重点注意前保险杠、翼子板和散热器框架是否进行过修复。如果发现更换过车灯，那就应该仔细检查与车灯相邻的部件是否有损伤。打开发动机机舱盖，如果发现车灯周围构件的固定螺栓没有拆装过的痕迹，尤其是固定散热器的框架螺栓没有拆装过，散热器框架没有敲击和焊接等修复痕迹，则可以肯定车灯周围的构件没有受过损伤。

3. 车辆两侧及车顶的检查

(1) 车门缝隙的检查。如果车门被撞后没有更换新门，是很难将旧门完全修复的，若将车门竖线对正，上部与车顶的门框横线就会倾斜；若将上面的横线对正，车门B柱和另一扇门的竖线又会有一定的偏差。

(2) A柱、B柱、C柱及门框的检查。A柱、B柱、C柱的检查，主要是检查车辆的A柱、B柱、C柱（见图2-16）是否有钣金修复的痕迹、是否有不规则的焊点、是否有喷漆留下的漆雾等。经过焊接的车辆，在A柱、B柱、C柱的根部，一定会留下焊接及刮灰的痕迹。

对于门框的检查，主要是扯下或扒下镶嵌在门框四周的橡胶密封条，查看门框封边。原装门框的边沿都有分布均匀的凹陷点，形状、大小及各个凹陷点之间的距离都是相同的。如果门框上有不均匀的焊点或者有锈蚀，则可推测门框可能进行了切割和重新焊接，这就说明车辆可能发生过重大事故。

(3) 车门、车窗玻璃及车顶等的检查。对于车门、车窗玻璃及车顶等部件，主要是检查这些部件是否有变形、钣金修复痕迹、更换，漆面是否有开裂脱落等异常情况。

1) 对于车门的检查，主要是查看车门的铰链是否有锈蚀、修复痕迹，连接铰链的螺栓是

43

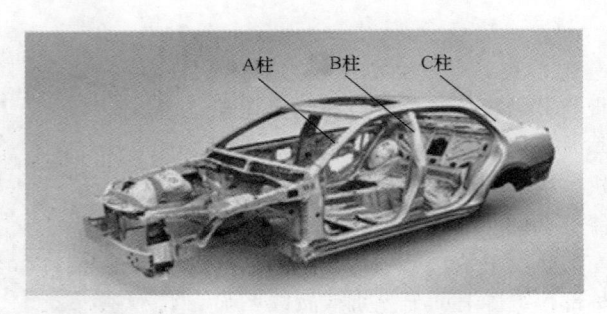

图 2-16 车身的三个立柱

否有扭动的痕迹。

2）对于车窗玻璃的检查，主要是查看车窗玻璃是否能正常地升降，车窗玻璃的生产日期是否一致。车窗玻璃生产日期的检查和前挡风玻璃生产日期的检查是一样的。在车辆检查时如果发现更换过玻璃，则要注意区分是单纯的玻璃损坏而更换的还是由于事故使玻璃损坏而更换的。原厂的前挡风玻璃会使 VIN 标牌刚好从玻璃的透明处露出，而更换过的玻璃，VIN 标牌一般难以正好出现在透明位置。

3）对于车顶的检查，主要是检查车顶表面是否平整，漆面是否有损伤和补漆，是否翻新过等。如果翻新过，那么一般情况都比较严重，有可能是严重泡水造成车顶内饰更换或翻车造成车顶变形更换。如果车顶很脏，但是车内其他地方却非常干净，那很可能就是翻新过了。

4. 车尾的检查

汽车轻微追尾的事故会伤及后保险杠、后围、行李箱盖，严重的事故会伤及行李箱底板、后翼子板。

（1）车尾各板件间的间隙检查。要仔细查看左右后翼子板与保险杠、行李箱盖的密合度，所留缝隙的左右是否一致、是否均匀对称，后尾灯缝隙是否平整切齐，后挡风玻璃是否留有原车的胶漆等，如图 2-17 所示。如果密合度差、不均匀、不对称，则说明此车的后行李箱或许因发生过碰撞而出现移位，或者是修复过。

图 2-17 后保险杠与后翼子板及车灯的间隙

（2）车尾部各覆盖件、后车灯等的检查。车尾的覆盖件主要有行李箱盖、后挡风玻璃、左右后翼子板、后保险杠等。对这些覆盖件的检查，主要是检查其是否有变形、钣金修复痕迹、更换，漆面是否有开裂脱落等异常情况。其中后翼子板一般和门槛梁是连接成一体的，不能单独更换，如果发生严重的碰撞，就只能进行切割焊接修复。前车灯、后挡风玻璃的检查和前车灯、前挡风玻璃的检查一样，这里不再赘述。

三、发动机机舱检查

发动机机舱一般由左右纵梁、左右前轮罩、大灯支架、散热器框架、前围板、前减振器安装座等组成。而汽车最容易发生碰撞的部位就是发动机机舱（即常说的车头）。对发动机机舱的检查可分为两部分：一部分是钣金件的检查，主要检查发动机机舱盖、前防撞梁、散热器框架（俗称龙门架）、前围板、左右翼子板内缘、减振器及其安装座、前纵梁等，重点在于检查车辆是否发生过事故;另一部分是发动机机舱内的检查,重点在于检查发动机的工作状况。

1. 钣金件的检查

(1) 发动机机舱盖的检查。对发动机机舱盖的检查,主要是检查其外观、内衬板及发动机机舱盖与其相邻部件的间隙。

1) 发动机机舱盖的外观检查。对发动机机舱盖的外观检查,主要是检查发动机机舱盖与翼子板之间的缝隙(见图2-18)大小是否符合要求,间隙是否平整对称;发动机机舱盖与前挡风玻璃之间的间隙是否一致,是否为原车的密封胶。若不是,则该车就很可能是修复过的或更换过发动机机舱盖和翼子板,说明车辆前部发生过事故。

2) 发动机机舱盖内衬板检查。打开发动机机舱盖,用手指触摸发动机机舱盖边缘,检查发动机

图2-18 发动机机舱盖与翼子板之间的缝隙

机舱盖的边缘线条是否自然平直、顺畅不粗糙和变形;检查发动机机舱盖边框的密封胶条是否完好、整齐,是否为原厂密封胶条;观察发动机机舱盖内衬板上面的开孔是否均匀、有无变形;检查发动机机舱盖是否变形错位;检查发动机机舱盖锁止机构和液压撑杆是否变形错位,工作是否正常。如果上述检查有问题则表明该车曾经发生过碰撞。

检查焊点是否完整,若发现焊点呈凸出状,有失圆或大小不一的焊点,焊点粗糙不光滑,排列不规则、不均匀,则表明此为重新烧焊的痕迹,说明车辆进行过事故维修。

通过检查发动机机舱盖铰链螺栓有无拆装过的痕迹,可以判断发动机机舱盖是否拆装过。

检查发动机机舱盖内衬板上的原厂不干胶,如果经过维修,则该不干胶一般会损坏或不复存在。

3) 发动机机舱盖修复喷漆的检查。打开发动机机舱盖,双手提起发动机机舱盖,掂量一下发动机机舱盖的质量,如果感觉比较重,就要怀疑发动机机舱盖是否修复喷漆过。用发动机机舱盖撑杆撑起发动机机舱盖,观察发动机机舱盖内部是否有修补或喷漆的痕迹,判断车辆是否发生过碰撞事故。使用漆膜测厚仪检查发动机机舱盖漆面的厚度,判断发动机机舱盖是否补过漆。

4) 发动机机舱盖是否更新的检查。一是观察发动机机舱盖内的标签是否存在(当然并不是所有车型都贴在发动机机舱盖上,有些车型将此标签贴在散热器框架上),修复喷漆过或更换过发动机机舱盖后标签就不复存在了;二是观察发动机机舱盖铰链上的螺栓是否拆装过,如果发动机机舱盖铰链上的螺栓拧动过,发动机机舱盖又没有修复过的痕迹,那么发动机机舱盖就有可能更换过。

(2) 前防撞梁的检查。观察前防撞梁、吸能盒有无钣金、焊接、褶皱、补漆(若是铝合金的则一般没有油漆)等修复痕迹,判断车头部分是否受损和受损的程度,判断固定螺栓是否拆卸过。检查钣金胶涂抹是否平滑也是判断是否进行过修复的依据。

(3) 散热器框架的检查。发动机前面的框架是非常重要的,该框架不仅用于固定散热器和冷凝器,同时还是前大灯定位和调整的基准。

通过检查散热器框架是否完好,有无切割、焊接等修理痕迹,可判断其受损程度。如果有轻微钣金痕迹则无大碍。

检查散热器框架正面是否有原厂标签(如果车辆发生过碰撞事故并经过修复,零件表面这

45

种原厂的不干胶标签一般是不会存在的），标签的生产日期和车辆的出厂日期是否一致。

检查散热器框架表面是否有修复痕迹，是否整体平整，有无褶皱、变形和喷漆等修复痕迹；检查框架圆孔是否对称分布。

(4) 前围板的检查。检查前围板是否有变形、褶皱或切割痕迹。如有上述问题，则可判断该车发生过重大事故。

(5) 翼子板内缘的检查。从前围板开始，分别检查两边翼子板内缘的情况，可以用手捋着，分别检查左右翼子板内缘是否规整，是否有褶皱、修复和重新喷漆等痕迹，翼子板的螺栓是否有移位、拧动痕迹或重新喷过漆。

检查是否为原厂密封胶条，胶条的纹理是否左右对称；检查翼子板内衬有无变形。

(6) 减振器及其安装座的检查。检查减振器是否存在碰撞变形，减振器是否漏油；检查减振器安装座是否有褶皱，是否有修复痕迹；检查减振器安装座钣金胶涂抹纹理是否整齐一致。若不是，则说明有修复嫌疑。

(7) 前纵梁的检查。检查前纵梁时最好举升车辆，如果没有条件举升车辆，可以打开发动机机舱盖，向下方观察，可以看到前纵梁的一部分（后纵梁在车辆的行李箱下面）。对前纵梁的检查，主要是检查前纵梁是否规整、有没有褶皱（有褶皱只是证明了车辆发生过碰撞而并不能直接分辨出事故的严重程度）、有没有变形痕迹、有没有修复痕迹，检查漆面有没有脱落或者漆面状况是否一致。前纵梁如果因碰撞而变形，那么车辆的散热器等部件会损坏。

2. 发动机机舱内的检查

对发动机机舱内的检查，主要是检查车头部位的结构件是否受损，发动机机舱内线束是否整齐，机舱布置是否凌乱，发动机等主要部件状况是否完好，有无漏油、漏水迹象，皮带的磨损是否均匀等，如图 2-19 所示。

图 2-19 发动机机舱内的检查

(1) 检查车头部位结构件。通过检查是否有焊接和重新喷漆等修复痕迹、发动机机舱覆盖件的质量，以及翼子板内缘和散热器框架等地方是否有修复痕迹，可以判断车头部位结构件是否受损。

(2) 检查发动机是否漏油、漏水。查看发动机外观，检查是否有润滑油泄漏的痕迹；检查冷却液管管夹处、水泵和散热器等接合处是否有泄漏的痕迹；检查制动液管、制动总泵下部是否有制动液泄漏的痕迹。

1) 检查冷却系统。应仔细检查发动机冷却系统相关零部件，主要检查冷却液、散热器、水管、冷却风扇、风扇皮带等。

对于冷却液的检查，可从冷却液罐处观察，如果液面低于下限则说明冷却液有损耗，要查明损耗原因。例如，车辆在放置一段时间后，如果地面上有油水泄漏的痕迹，则说明车辆存在油水泄漏情况。

打开水箱盖后，注意观察冷却水面上是否有其他的异物漂浮，如锈蚀的粉屑、不明的油污等。如果发现有油污浮起，则表示可能有机油渗入冷却水内；如果发现浮起的异物是锈蚀的粉屑，则表示水箱内的锈蚀情况已经很严重。一旦发现存在上述情况，则表示该车的发动机状况不是很好，需特别注意。

2) 检查润滑系统。检查发动机润滑油是否处于正常状态，判断润滑油存量和油质是否正常；检查橡胶件是否老化；查看各部件的连接是否干净，涂有密封胶的接合处是否有密封胶溢出。

拧下加油盖，将它翻过来观察底部，这样可以在加油盖底部看到旧油甚至脏油的痕迹。如果加油盖底部有一层具有黏稠度的深色乳状物，还有与油污混合的小水滴，就表明有异常情况，这可能是缸垫、缸盖或缸体有损坏，导致防冻液渗入机油中造成的。如果有这种情况发生，被污染的机油有可能会对发动机内部造成损害，发动机可能是需要大修的。

（3）检查发动机机舱布置是否凌乱。检查发动机机舱内的线路是否整齐，各导线的插接器等处连接是否正常；管路等布置是否有条理，发动机及其他零部件是否有拆装过的痕迹，是否有无用的零部件等。

（4）检查零部件的状况。检查各零部件的新旧程度是否一致，如果发现有些零部件比较干净、成色较新，就应怀疑其可能更换过。

（5）检查蓄电池的状况。检查蓄电池上是否连接有凌乱的导线；检查蓄电池检视孔（见图2-20）所显示的颜色，以判断蓄电池的技术状态。颜色显示为绿色表示蓄电池电量充足；颜色显示为黑色表示蓄电池电量不足，需要充电；颜色显示为无色或黄色则表示蓄电池需要更换。

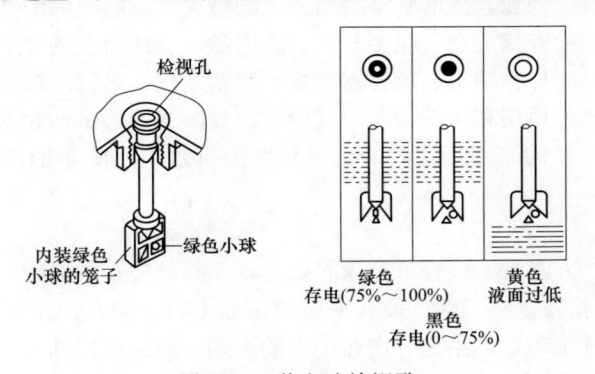

图 2-20 蓄电池检视孔

（6）检查螺栓是否有拆卸痕迹。仔细检查发动机机舱构件的主要连接螺栓和发动机的螺栓是否有拆卸的痕迹。如果某处的螺栓有拧动的痕迹，则要检查该处及相关的构件是否修复或更换过，是否有结构件损伤。

四、汽车内部装饰件检查

汽车内部装饰件主要包括仪表系统、副仪表系统、车门内护板系统、顶棚系统、座椅系统、立柱护板系统、其余驾驶室内装件系统、驾驶室空气循环系统、行李箱内装件系统、发动机机舱内装件系统、地毯、安全带、安全气囊、方向盘，以及车内照明、车内声学系统等，如图2-21所示。

车辆内饰的成色在一定程度上反映了车主对车辆使用保养的态度和该车的车况。如果车辆的行驶里程较长，一般在内饰上会有明显的磨损痕迹。如果几乎没有磨损，而且与周边区域的新旧程度反差太大，就说明该处被翻新了或被更换了，就应该注意检查是否发生过事故。

1. 内饰检查方法

（1）闻气味。刚进入车内，如果闻到一股很浓的油漆味或内饰材料发出的味道，那就要判断是否刚做过油漆或翻新了内饰，弄清楚为什么要重新油漆或翻新内饰。

如果车辆内饰被翻新过，就无法由内饰来断定车辆原来的使用情况。一般来说，内饰进行

图 2-21　汽车内部装饰件

过翻新的车辆很有可能出现过重大问题。

(2) 观整体。观察内饰的整体情况，看内饰是否有明显的松垮、新旧不一、过度磨损；内饰使用的真皮、桃木和金属装饰条是否完好无损，是否得到了有效的保养，软化内饰板是否装卡到位。

(3) 看细节。检查内饰和其他的容易磨损部位的情况，判断车辆的使用状态，帮助确定车辆存在的问题。例如，检查仪表台、控制开关、方向盘、变速器手柄和手柄下方的防尘套、安全带，以及主驾驶座椅、加速踏板、离合器踏板、制动踏板、车门内饰板和门把手等处的整洁和磨损情况，判断车辆的使用和保养情况。其中方向盘、变速器手柄和安全带等部件是驾驶者每次驾驶车辆都需要接触的东西，它们的磨损程度能有效地反映车辆的实际使用状况和使用频率。

2. 相关部件检查

(1) 方向盘检查。方向盘的检查可分为静态检查和路试检查两部分。

1) 方向盘的静态检查。将车辆停放在平坦的路面上，方向盘上下不应有间隙，自由行程不应过大（不应该超过 15°），如果是方向盘助力的车辆，最好在启动发动机后做检查。如果转动方向盘时比较松旷，说明转向转承、横拉杆和直拉杆等处的间隙过大。

如果方向盘表面变得光滑发亮、表面的磨损印迹较深或开始脱落，这也说明该车使用年限长或者使用者不爱惜车辆。需要注意的是，如果安装有方向盘套，那就要通过观察座椅、踏板等部位的磨损情况来判断车辆的使用情况。

2) 方向盘的路试检查。路试时做几次转弯测试，检查转动方向盘时是否沉重。如果转向沉重，则可能是横拉杆、前车轴、车架等弯曲变形，或转向系统润滑不好或助力转向有故障。

路试时如果发现前轮摆动、方向盘抖动，则有可能是转向系统的轴承过松、横拉杆球头磨损松旷、轮毂轴承松旷、车架变形或者是前束过大造成的。

检查方向盘的功能键操作灵敏性和功能是否正常。

(2) 仪表板检查。仪表板（见图 2-22）的检查主要包括仪表板外围的检查和仪表、指示灯及开关的检查。

1) 仪表板外围的检查。观察前围板，查看发动机机舱与驾驶室间隔板的前围板上缘是否平直。如前围板上缘有明显修复痕迹，则可判断该车发生过重大事故。

检查仪表板，查看各接缝处的缝隙是否均匀，有无拆装的痕迹，底部电线有无改动。

如果车辆的行驶里程较长，一般在中控台的各种功能键容易出现不同程度的磨损或油光。

2) 仪表、指示灯及开关的检查。逐一检查仪表板、转向盘及转向柱等处的各个开关及指示灯是否完好，主电源线是否完好，线束里面的导线有无老化，尤其要注意有无自行搭线（即

图 2-22 仪表板

"飞线"),如有搭线则很可能是线束里面的原有导线出现断路或短路故障所致。

转动点火开关到点火挡让车辆自检,观察仪表板指示灯的显示是否正常,有无缺少的显示项,如发动机转速表、车速表、里程表、燃油表、水温表、百千米油耗,以及安全气囊灯、车门灯、充电指示灯、制动防抱死系统(ABS)灯、安全带指示灯和各种故障指示灯等。

如果有的指示灯没亮,很有可能是该指示灯反映的故障没有排除,故意拆掉仪表板指示灯的灯泡,以混淆视听。在看到所有的指示灯都亮了以后,启动发动机,指示灯应该熄灭。

检查所有的开关,包括前后灯总成、车内照明灯、空调、音响和车门开关等。

(3)安全气囊检查。检查安全气囊指示灯指示是否正常,安全气囊是否起爆过。一般来说,如果安全气囊没有起爆过,其颜色、新旧程度应和方向盘(仪表台)的是一致的,否则就是更换过安全气囊。如果安全气囊起爆过,则说明发生过严重的撞击事故。如果安全气囊指示灯一直亮着,则说明安全气囊有故障。

(4)座椅检查。座椅表面应整洁、完好,无破损、划伤;前排座椅能够正常调整,可以前后自由移动,并有多个位置可固定。

如果座椅脏污、破损,则意味着汽车已驶过了相当长的里程,或车主不爱惜车辆。

长时间乘坐的座椅,一般会在其边缘部分出现一定程度的磨损。如果装有座套,也可以从座椅的塌陷程度来判断车辆的使用时间。如果坐上去感觉座椅塌陷比较严重,则该车有可能行驶里程较长。如果座椅与该车的车龄不相符(座椅状态明显好于其他部位的状态),则要注意检查是否更换过座椅。

另外,扶手箱的磨损程度,并不能完全反映车辆的行驶里程和车龄。因为扶手箱的磨损主要看车主的使用习惯。

(5)变速器手柄检查。长期使用的车辆,一般在变速器手柄和下方的防尘套处都会出现不同程度的磨损或油光。

(6)踏板检查。按驾驶时的姿势坐好,手扶在方向盘上,左脚踩离合器踏板,应感觉轻松自如,并有合适的自由行程;右脚踩下制动踏板不放,其应保持一定高度,若其缓慢下移,则表示制动系统有泄漏现象;踩动加速踏板时不应有卡滞和不回位的现象。

可以通过离合器踏板的磨损程度断定车辆的使用情况(加速踏板和制动踏板也可以按此方法检查),磨损越多,表明行驶时间越久。

五、汽车底盘检查

汽车底盘包括制动系统、转向系统、传动系统和行驶系统,同时还布置有结构件和加强件等，如图 2-23 所示。

图 2-23 汽车底盘结构

1. 底盘检查方法

汽车底盘检查分为静态检查和动态检查两种。静态检查主要检查车辆的纵梁等结构件是否有焊接或开裂、变形等痕迹；检查底盘各处是否有漏洞；检查发动机、变速器、制动系统、减振器和排气管等部位。动态检查主要检查车辆驾驶的平顺性、操控性等方面，如车辆是否跑偏、悬挂有无异响、方向盘的反应情况等，由此评价车辆的实际使用情况。

汽车底盘检查的方法也可分为感官判断和设备检测两种。使用设备检测可以更全面、更客观地得到检测数据，为二手车鉴定评估的规范化操作及数据的可比性提供重要的保证。

有条件的话应该将车辆举升起来进行检查。对于汽车底盘，主要检查纵梁、横梁、前副车架、前后防撞梁、底板和其他构件是否有修理、锈蚀、托底等迹象。具体检查表面是否平整，纹理是否统一；是否有钣金和焊接痕迹；是否有褶皱变形和断裂等现象；是否有不正常的锈迹和新旧程度不同的螺栓等现象。检查时要注意整个底盘的脏污程度应该大致相同，一般不应有特别干净或者特别脏的部分。

由于汽车底盘有不易更换的特点，一般是损伤后进行修复。所以只要用心，就能找出修复的痕迹。因此，要着重检查刮碰痕迹、修复痕迹和轮胎的不正常磨损。

2. 相关部件检查

（1）制动系统检查。检查制动系统是否漏油、是否变形等；检查制动盘和制动片的磨损情况。制动总泵、分泵、制动管路不应有漏气、漏油现象，软管不应有老化开裂、磨损异常等现象。

一般情况下，正常使用的刹车盘寿命可以达到 10 万 km 甚至更多，因此可以通过刹车盘的磨损程度判断车辆的行驶里程。

用手指触摸刹车盘，感觉是否有沟槽。如果有较深的沟槽，说明车辆制动系统存在安全隐患，需要更换。如果刹车盘磨损严重，说明该车的行驶里程比较长。

（2）转向系统检查。主要检查转向机和转向传动部件是否漏油、是否受到撞击变形，部件是否有维修、拆装的痕迹。

对于动力转向系统，还应该检查动力转向泵驱动带是否松动，转向油泵安装螺栓是否松动，动力转向系统油管及油管接头处是否存在损伤或松动等。

（3）传动系统检查。主要检查变速器、传动轴等部位是否漏油、是否有变形，连接处是否松旷等，传动系统部件是否有维修、拆装的痕迹。

对于后轮驱动的汽车，还应检查传动轴、中间轴及万向节等处有无裂纹和松动；传动轴是否弯曲，传动轴轴管是否凹陷；万向节轴承是否因磨损而松旷，万向节凸缘盘连接螺栓是否松动等。

（4）车架检查。检查车架是否有裂纹和影响车辆正常行驶的变形，螺栓和铆钉不应缺少和松动，车架不应进行焊接加工。

车辆前部的车身构件主要有前防撞梁、吸能盒、前纵梁。对于车辆前部，主要检查前纵梁是否有褶皱、变形痕迹，如果前纵梁表面处理较粗糙，且有焊接或拉直痕迹，油漆颜色很鲜艳，则说明前纵梁受过严重撞击。

检查后保险杠、防撞钢梁、后纵梁和行李箱底板的损伤情况。

（5）车轮与轮胎检查。轮胎既影响着车辆的行驶安全，也可反映车辆的使用情况，所以在二手车技术状况鉴定时要对轮胎进行检查，结合车轮的状况对车辆进行评估。车轮与轮胎如图2-24所示。

1）检查车轮轮毂轴承是否松旷。用手晃动车轮，感觉是否有旷动，如果有，则说明

图2-24 车轮与轮胎

轮毂轴承松旷，车轮轴承磨损严重，需要更换车轮轴承。

2）检查轮胎的磨损程度（见图2-25）。轿车轮胎胎冠上的花纹深度不应小于1.6mm；其他车辆转向轮的胎冠花纹深度不应小于3.2mm，其余轮胎胎冠花纹深度不应小于1.6mm。轮胎的胎面和胎壁上不应有长度超过25mm、深度足以暴露轮胎帘布层的破裂和割伤。从轮胎的磨损情况可以判断车辆存在的故障。特别要注意检查轮胎内侧的磨损情况。

图2-25 轮胎的磨损检查

若轮胎的外侧边缘有较大磨损，说明轮胎经常处于充气不足的状态，即压力不够；如果轮胎着地部分的中心面积磨损较为严重，则表明轮胎经常处于充气过满的状态。若轮胎内侧磨损，且外层边缘呈毛刺状，则表明轮胎变形、两个轮胎的对称性已经受到影响。如果轮胎着地部分的两侧呈现出凸状磨损，而且周边磨损呈波纹状，则说明减振器、轴承及球形联轴器等部件的磨损程度较为严重。

（6）电器线路检查。检查电器线路，所有电器导线均应捆扎成束、布置整齐、固定卡紧、接头牢固并有绝缘套，在导线穿越孔洞时需装设绝缘套管。

（7）发动机底部检查。主要检查发动机是否有漏油、漏水现象，是否有磕碰，排气总成是否有锈蚀、破损和修复的情况。

如果安装有发动机护板则要拆除护板进行检查。根据护板上的磕碰痕迹，去检查发动机相应的部分是否有损伤。

检查底盘的构件是否平整，是否有托底现象，是否有严重的剐碰痕迹和锈蚀。

需要注意的是，如果底盘有的部分特别干净或者特别脏，某些部件特别新，与其他部分不

协调，或者螺栓有拆卸痕迹，则需仔细检查该车是否为事故车。

为了防锈，底盘一般涂有防水密封胶，可以通过有无密封胶、是否为原厂密封胶等检查，判断该处是否进行过修复。

（8）油水渗漏检查。举升车辆，检查是否有油水泄漏现象。如果有漏油，则会在渗漏处有一些泥沙杂物等污渍，很容易看出来。具体检查发动机、变速器、分动器、差速器有无漏油、漏水的痕迹；检查制动系统、减振器等是否漏油；检查排气管是否有锈蚀。

（9）悬架与减振器检查。悬架的部分构件距离地面较近，容易被碰撞，所以应该重点检查悬架部件（减振器、支臂、拉杆、橡胶衬套等）是否有损伤、更换及磨损情况。悬架系统碰撞比较严重的车辆也属于事故车。

可用手将汽车前后左右四个角分别用力下压，如放松后汽车车身能回弹，并能自由跳动2~3次，说明减振器或悬架系统正常；如出现异响或不能自由跳动，则说明该减振器或悬架系统的弹簧等部件工作不良，舒适性自然就会变差。检查钢板弹簧有无裂纹、断片和缺片现象，中心螺栓和U型螺栓是否紧固，减振器是否漏油，车架与悬架之间的各拉杆和导杆应无松旷和移位现象。

六、汽车尾部检查

汽车尾部检查，主要是检查行李箱及其相关联的部件，具体来说就是检查行李箱盖、行李箱底板、后保险杠、后围、后翼子板、后减振器安装座内衬板和内部接缝线条是否平坦、顺滑，有无焊接痕迹，是否有事故修复的痕迹，是否有锈蚀及破损；检查是否为原装的密封胶条；检查后翼子板、尾灯、后尾板、备胎箱是否有事故修复痕迹；检查随车工具是否齐全，查看备胎成色。

具体检查内容和要求如下：

（1）检查行李箱盖。打开行李箱盖，首先观察行李箱盖内侧有无敲打、喷漆过的痕迹。如果行李箱箱盖锁螺栓有明显拧动过的痕迹，而且已经锈蚀，就可以判断行李箱箱盖锁被拆卸过，此时就应该考虑该车是否发生过追尾事故。通过车尾其他钣金件的检查，可以判断该车是否发生过追尾，以及追尾事故的严重性。

（2）检查行李箱开口处。打开行李箱盖，查看行李箱两侧的金属框架是否有变形或者有钣金修复的迹象。如果发现框架有钣金修复和焊接的迹象，那么很有可能该车受到过来自后方的撞击，也有可能伤及C柱。

（3）检查行李箱箱盖铰链。如果行李箱箱盖铰链有明显的拆装痕迹，或重新做过油漆，应该考虑该车是否发生过追尾事故，是否更换过行李箱箱盖。

（4）检查左右翼子板内衬板。检查左右翼子板内衬板是否经过钣金修复，观察表面是否平整，密封胶涂抹是否均匀完整，有无龟裂。如果发现密封胶质量不好或者有重新涂抹的痕迹，那么就要检查行李箱具体的损伤，同时也要检查C柱是否损伤。

（5）检查行李箱底板和后尾板。把行李箱盖板取下，观察底板有无敲打、喷漆过的痕迹。

（6）检查尾灯。如果两个尾灯外观上有差异（新旧、色差），则说明更换了尾灯。如果更换了尾灯，就要根据这个异常情况进一步检查相关部件，判断尾灯更换是不是由于碰撞事故引起的。

（7）检查随车工具和物品。检查随车工具和物品的放置布局是否规范，工具和物品的质量是否有差异。如果有，则应该怀疑该车发生过追尾事故，从而造成随车工具和物品受损和遗失较多，因为维修后补齐的工具和物品与原车所配的不相符。

第四节 二手车技术状况动态检查

一、二手车技术状况动态检查概述

1. 二手车技术状况动态检查的定义

在二手车技术状况静态检查完成后，还要进行动态检查，即路试检查。二手车技术状况动态检查就是通过对发动机进行启动、怠速、起步、加速、匀速、滑行、强制减速、紧急制动，以及从低挡位到高挡位，再从高挡位到低挡位等操作，检查车辆的动力性能、操控性能、制动性能、滑行性能、舒适性能及排放情况等。

动态检查时，还要评估车辆的密封性和隔音效果，评价车辆噪声，找出原因并确定对车辆影响的大小。为安全起见，动态检查前要确定汽车的制动有效性和转向操纵有效性。

2. 二手车技术状况动态检查的内容

动态检查就是汽车发动机启动后进行的相关检查，其检查内容主要依据《二手车鉴定评估技术规范》（GB/T 30323—2013）规定的动态项目而定，具体包括路试前的准备工作、发动机工作性能检查、汽车路试检查、自动变速器路试检查和路试后的检查五大项，如图 2-26 所示。

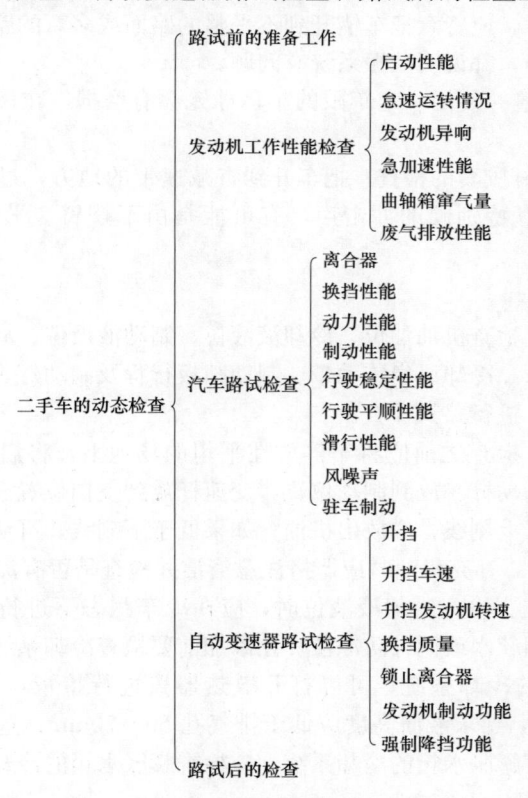

图 2-26 二手车的动态检查

3. 二手车技术状况动态检查的要点

（1）路试时间最好为 10～15min。因为路试时间长，可以反映出车辆在不同行驶状态的性能。

（2）原地起步加速行驶，猛踩加速踏板看提速是否敏感。在坡路上检查车辆提速是否有劲。如果表现不佳，则说明发动机功率不足。车辆使用时间较长、磨损严重，都会损失功率，这是不可避免的。路试时，最好检查高速行驶时最高车速和车辆基本参数的差别，差距不应过大。

（3）手动挡汽车离合器应该接合平稳，分离彻底。离合器常出现的故障是打滑和分离不彻底，这些会造成挂挡困难、行驶无力、爬坡无力、变速器齿轮发出撞击声、起步抖动等。

（4）在宽敞路面上，以15km/h速度行驶，查看转向盘向左、右转动是否灵活，能否自动回正。放开转向盘后不应有跑偏迹象。

（5）以20km/h速度行驶，急踩制动踏板然后松开，不应出现跑偏迹象。在50km/h车速时紧急制动，车辆应能立即减速，不应有跑偏迹象；同时检查驻车制动器。

（6）以30km/h速度行驶，挂空挡后，检查滑行距离，一般轿车不应少于150m。

（7）以40km/h速度行驶，突然松开加速踏板，接着猛踩加速踏板，看主减速器是否发出较大的声响。

（8）以50km/h速度行驶，挂空挡滑行，根据滑行距离估计车辆的传动效率，不应有明显的阻滞情况。

（9）检查减振系统时，应特意把车辆开到不平整的路面或多弯的路面，如果有强烈的颠簸感，甚至发出沉闷的响声，都说明减振系统有问题。

（10）半轴球笼的检查。使用一定年限的车辆球笼会有磨损，在过弯时注意倾听底盘有无异响。

（11）下摆臂、平衡杆胶套的检查。把车开到有减速带的地方，过减速带时注意倾听底盘的上下冲击声音，如果有特别硬的冲击声，有可能是由下摆臂、平衡杆胶套磨损、破裂引起的。

二、路试前的准备

在进行路试之前，要检查机油油位、冷却液液位、制动液液位、离合器液压油液位、转向液压油液位、燃油箱油量、冷却风扇传动带、制动踏板行程及制动灯、轮胎胎压等，各个项目正常后方可启动发动机，进行路试检查。

（1）检查机油油位。检查之前应将车停放在平坦的场地上，将启动开关钥匙拧到关闭位置，把驻车制动杆（手制动杆）放到制动位置，变速杆放到空挡位置。机油油位在上、下刻线之间即为合适。如果超出上刻线，应放出机油；如果低于下刻线，可从加油口处添加机油。待10min后，再次检查油位。补充机油时应严格注意清洁并检查是否有渗漏现象。

（2）检查冷却液液位。检查冷却液液位时，应在冷车状态下进行，检查后应扣紧散热器盖。补充冷却液，应使用软水或同种防冻液。在添加前要检查冷却系统是否有渗漏现象。

对于没有膨胀水箱的冷却系统，可以打开散热器盖进行检视，要求液面不低于排气孔10mm。如果使用防冻液，要求液面高度应低于排气孔50~70mm，这是为了防止防冻液因温度增高而溢出。对于装有膨胀水箱的冷却系统，应检查膨胀水箱的冷却液量，液面应在规定刻线的上限（max）和下限（min）之间。

（3）检查制动液液位。正常制动液液面位置应在储液罐刻线的上限（max）与下限（min）之间或标定位置处。当液位低于标定刻线或下限位置时，应补充新的制动液直到标定刻线或上限位置。

在添加或更换制动液时，要严格执行厂方的有关规定，否则制动液的效能将会改变，制动件会被损坏。如发现制动液量显著减少，应注意查找渗漏部位，及时修复并加注制动液，防止制动失灵。

（4）检查离合器液压油液位。检查离合器液压油液位高度的方法与检查制动液液位的方法相同。

（5）检查动力转向液压油液位。首先，将动力转向储油罐的外表擦干净，然后再将加油口盖从储油罐上取下，用干净的布块将油标尺上的油擦干净，重新将油标尺装上（检查时不要拧紧加油口盖）。然后，取下油标尺，检查油平面，油标尺所示的刻度和意义与机油尺的应该相同。如果油平面高度低于油标尺下限刻度，则需要添加同种转向液压油，直到油平面达到上限刻度为止。在添加之前应检查动力管路是否有渗漏现象。

（6）检查燃油箱油量。打开点火开关钥匙，观察燃油表，了解燃油箱大致储油量；也可打开燃油箱盖，观察或用清洁量尺测量储油量。但要注意燃油箱盖的清洁，避免尘土脏物落入。

（7）检查冷却风扇传动带。检查冷却风扇传动带的紧度，用拇指以 90～100N 的力按压传动带中间部位时，挠度应为 10～15mm。如果不符合要求，则按需要调节发动机支架固定螺栓的位置来调整传动带。

（8）检查制动踏板行程并确保制动灯工作。路试二手车前，一定要检查制动系统并确保制动灯工作良好。检查制动踏板的感觉，踩下制动踏板 25～50mm，就应感到坚实而没有松软感，即使踩下半分钟也是如此。如果制动踏板有松软感，则制动管路可能有空气，这意味着制动系统的某处可能有泄漏。

另外，还要检验驻车制动是否工作，是否能将汽车稳固地停住。

（9）检查轮胎气压。轮胎的气压应符合轮胎的规定，气压不足时，应进行充气；气压过高时，应放出部分气体。轮胎气压过高或过低，均不宜进行路试，因为这样既不能正确判断汽车的性能状态，也可能发生意想不到的事故。

拧开轮胎气嘴的防尘帽，用轮胎气压表测量气压，轮胎的气压应符合轮胎的规定。

三、发动机工作性能检查

检查发动机工作性能，主要是对发动机启动性能、急速运转情况、发动机异响、急加速性能、曲轴箱窜气量、废气排放等方面的性能进行检查。

1. 检查发动机启动性能

正常情况下，用启动机启动发动机时，应在三次内启动成功。启动时，每次时间不超过 5～10s，再次启动时间要间隔 15s 以上。若发动机不能正常启动，则说明发动机的启动性能不好。

启动时，要注意发动机启动是否正常。如果发动机启动的声音很沉重，就说明发动机的启动机、蓄电池或相关机械有问题。除低温因素外，发动机启动性能反映了车辆的磨损和老化情况。启动困难说明车辆出现了故障或磨损严重。

2. 检查急速运转情况

启动后，检查发动机急速是否抖动、是否有异响，加速响应性、窜油窜气、排气是否正常；观察各仪表显示是否正常。

检查加速踏板和制动踏板是否有卡滞或松动，加速和制动响应是否迅速。

踩下离合器踏板，检查手动变速器各挡换挡的平顺性、准确性。

3. 检查发动机异响

让发动机急速运转，倾听发动机有无异响及响声大小。然后，用手拨动节气门，适当增加发动机转速，倾听发动机的异响是否加大，或者是否有新的异响出现。

若发动机发出敲击声、咔嗒声、爆燃声、咯咯声、尖叫声等均是不正常的。如果有来自发动机底部的低频隆隆声或爆燃声，则说明发动机严重损坏，需要对发动机进行大修。

4. 检查发动机急加速性

待发动机运转正常后，发动机温度达到80℃以上，用手拨动节气门，发动机从怠速转到急加速，观察发动机的急加速性能，然后迅速松开节气门，注意发动机怠速是否熄火或工作不稳。通常急加速时，发动机发出强劲且有节奏的轰鸣声。

5. 检查发动机曲轴箱窜气量

若曲轴箱窜气量大于600L/min，则曲轴箱通风系统不能保证曲轴箱的气体完全被排出，通风系统可能结胶堵塞，曲轴箱气体压力将增大，曲轴箱前后油封可能漏油，这表明该发动机需要大修。

6. 检查废气排放

正常的汽油发动机排出的气体是无色的，在严寒的冬季可见白色的水汽；柴油发动机带负荷运转时，发动机排出的气体一般是灰色的，负荷加重时，排气颜色会深一些。

汽车排气通常有冒黑烟、冒蓝烟和冒白烟三种不正常的情况。

（1）冒黑烟。冒黑烟意味着燃油系统输出的燃油太多。

（2）冒蓝烟。冒蓝烟意味着发动机烧机油，即机油窜入燃烧室。若机油油面不高，最常见的原因是气门油封失效，还可能是气缸与活塞的密封出现问题，即活塞、活塞环因磨损而导致与气缸的间隙过大或活塞环断裂等故障，这表明该发动机需要大修。

（3）冒白烟。冒白烟意味着发动机燃烧自身冷却系统中的冷却液（防冻液和水）。这可能是气缸垫烧坏，使冷却液从冷却液通道渗到燃烧室中；也可能是缸体有裂纹，冷却液进入气缸内。这种发动机的价值要大打折扣。

如果汽车是自动挡的，其行驶时排出大量白烟的原因可能是自动变速器有问题而不是冷却液。许多自动变速器有一根通向发动机的真空管，如果这根真空管末端的密封垫或薄膜泄漏，自动变速器油液可能被吸入发动机中，造成排气冒白烟。

四、汽车路试检查

汽车路试检查，即通过一定里程的路试，检查汽车的工况。路试一般行驶20km左右。汽车路试检查主要是检查离合器、换挡性能、动力性能、制动性能、行驶稳定性能、行驶平顺性能、滑行性能、风噪声、驻车制动等。

1. 检查离合器

踏板自由行程要符合汽车技术条件的有关规定，一般为30～45mm。自由行程太小，说明离合器摩擦片磨损严重。离合器踏板力应与该型号汽车的踏板力相适应，汽车离合器踏板力不应大于300N。

正常情况下，离合器应该接合平稳、分离彻底，工作时无异响、抖动和不正常打滑等现象。如果离合器发抖或有异响，说明离合器内部有零件损坏，应立即结束路试。

2. 检查换挡性能

从起步加速到高速挡，再由高速挡减至低速挡，检查变速器换挡是否轻便灵活、是否有异响，互锁自锁装置是否有效、是否有乱挡现象，加速时是否有掉挡现象，换挡时变速杆不得与其他部件干涉。

3. 检查动力性能

汽车动力性能最常见的指标是从静态加速至 100km/h 所需的时间和最高车速，其中前者是最具意义的动力性能指标和国际流行的小客车动力性能指标。

检查汽车的加速性能时，汽车起步后，加速行驶，猛踩加速踏板。通常急加速时，发动机发出强劲的轰鸣声，车速迅速提升。一般发动机排量越大，加速性能就越好。

检查汽车的爬坡性能时，观察汽车在相应坡道上使用相应挡位时的动力性能是否与经验值相近，感觉是否正常。

若汽车提速慢，最高车速与原车设计值差距较大，上坡无力，则说明车辆动力性能差。

4. 检查制动性能

汽车起步后，先点一下制动，检查是否有制动；将汽车加速至 20km/h，做一次紧急制动，检查制动是否可靠，有无跑偏、甩尾现象；再将汽车加速至 50km/h，先用点刹的方法检查汽车是否立即减速，有无跑偏现象，后用紧急制动的方法检查制动距离和跑偏量。

当踩下制动踏板时，若制动踏板或制动鼓发出冲击或尖叫声，则表明制动摩擦片可能磨损，路试结束后应检查制动摩擦片的厚度。若踩下制动踏板时有海绵感，则说明制动管路进入空气，或制动系统某处有泄漏，应立即停止路试。

5. 检查行驶稳定性能

（1）车辆以 50km/h 左右中速直线行驶，双手松开转向盘，观察汽车行驶状况。此时，汽车应该仍然直线行驶并且不会明显地转到另一边。否则，说明汽车的转向轮定位不准或车身、悬架有变形。

（2）车辆以 90km/h 以上高速行驶，观察转向盘有无摆振现象，即所谓的"汽车摆头"。若汽车有高速摆头现象，通常意味着该车存在严重的车轮不平衡或不对中问题。

（3）选择宽敞的路面，左右转动转向盘，检查转向是否灵活、轻便。若转向沉重，说明汽车转向机构各球头缺油或轮胎气压过低。对于带助力转向的汽车，转向沉重的原因可能是动力转向泵和齿轮齿条磨损严重，需要修理或更换转向齿条。动力转向问题有时还靠转向盘转动时的"嘎吱"声来识别，发出这种声音可能仅仅是因为转向油液面过低。

（4）对于最高设计车速不小于 100km/h 的机动车，其转向盘最大自由转动量不允许大于 15°。若方向盘的自由转动量过大，则意味着转向机构磨损严重，使方向盘的游动间隙过大，导致转向不灵。

6. 检查行驶平顺性能

当汽车转弯或通过不平的路面时，倾听是否有从汽车前端发出的忽大忽小的"嘎吱"声或低沉噪声。若有，则可能是滑柱或减振器紧固装置松了，或轴承磨损严重。汽车转弯时，若车身侧倾过大，则可能是横向稳定杆衬套或减振器磨损严重。将汽车开到粗糙、有凸起的路面行驶，或通过铁轨、有伸缩接缝的公路，感觉汽车的平顺性和乘坐舒适性。通常汽车排量越大，行驶越平顺，但燃油消耗也越多。

7. 检查滑行性能

在平坦的路面上，做汽车滑行试验。将汽车加速至 30km/h 左右，踏下离合器踏板，将变速器挂入空挡滑行，其滑行距离应不小于 220m。

8. 检查风噪声

逐渐提高车速，使汽车高速行驶，听车外风噪声。风噪声过大，说明车门或车窗密封条变质、损坏，或车门变形导致密封不严。整形后的事故车一般风噪声很大。

9. 检查驻车制动

如果在坡路上拉紧手刹后出现溜车，说明驻车制动有故障，原因可能是手制动器拉杆调整过长，或者是摩擦片与制动鼓（盘）间隙过大或有油污，摩擦片磨损严重或打滑，制动鼓（盘）与摩擦片接触不良等。这些故障是需要在修理厂解决的。

通常驻车制动力不应小于整体重量的20%。驻车制动力、施加于驻车制动操纵装置上的力和操纵装置的储备行程均应符合《机动车运行安全技术条件》（GB 7258—2017）的要求。

五、自动变速器的路试检查

对自动变速器的路试检查，主要是检查升挡、升挡车速、升挡发动机转速、换挡质量、锁止离合器、发动机制动功能、强制降挡功能等。需要注意的是，在路试前应预做准备，即应先让汽车以中低速行驶5~10min，让发动机和自动变速器都达到正常工作温度。

1. 检查升挡

自动变速器在升挡时，发动机会有瞬时的转速下降，同时车身有轻微的闯动感。正常情况下，随着车速的升高，试车者应能感觉到自动变速器能顺利地由1挡升入2挡，随后再由2挡升入3挡，最后升入超速挡。若自动变速器不能升入高挡（3挡或超速挡），则说明控制系统或换挡执行元件有故障。

2. 检查升挡车速

升挡车速太低一般是控制系统故障所致；升挡车速太高则可能是控制系统的故障所致，也可能是换挡执行元件的故障所致。

3. 检查升挡发动机转速

有发动机转速表的汽车在进行自动变速器路试时，应注意观察汽车行驶中发动机转速变化的情况。它是判断自动变速器工作是否正常的重要依据之一。

4. 检查换挡质量

检查换挡质量主要是检查有无换挡冲击。正常的自动变速器只能有不太明显的换挡冲击，特别是电子控制的自动变速器的换挡冲击十分微弱。若换挡冲击太大，说明自动变速器的控制系统或换挡执行元件有故障，其原因可能是油路油压过高或换挡执行元件打滑，自动变速器有故障需要维修。

5. 检查锁止离合器

自动变速器变矩器中的锁止离合器工作是否正常也可以采用路试的方法进行检查。让汽车加速至超速挡，以80km/h的车速行驶，并让节气门开度保持在低于1/2的位置，使变矩器进入锁止状态。此时，快速将节气门踏板踩下至2/3开度，同时检查发动机转速的变化情况。若发动机转速升高很多，则表明锁止离合器正常分离；反之，若发动机转速没有太大变化，则说明锁止离合器仍然处于接合状态，其原因通常是锁止控制系统有故障。

6. 检查发动机制动功能

在检查自动变速器有无发动机制动功能时，应将操纵手柄拨至前进低挡（S、1或2、L）位置，在汽车以2挡或1挡行驶时，突然松开油门踏板，检查是否有发动机制动功能。若松开油门踏板后车速立即下降，则说明有发动机制动功能；否则，说明控制系统或前进强制离合器有故障。

7. 检查强制降挡功能

在检查自动变速器强制降挡功能时，应将操纵手柄拨至前进挡（D）位置，保持节气门开度在1/3左右，在汽车以2挡、3挡或超速挡行驶时突然将油门踏板完全踩到底，检查自动变速器是否被强制降低一个挡位。在强制降挡时，发动机转速会突然上升至4000r/min左右，并随着加速升挡，转速逐渐下降。若踩下油门踏板后没有出现强制降挡，则说明强制降挡功能失效。若在强制降挡时发动机转速上升过高，达5000~6000r/min，并在升挡时出现换挡冲击，则说明换挡执行元件打滑，自动变速器需要拆修。

六、路试后的检查

路试后的检查，主要是检查汽车路试后各部件的温度，以及各部件的漏水、漏油、漏气、漏电等现象。

1. 检查各部件温度

（1）检查冷却液、油温度。正常冷却液温度不应超过90℃，机油温度不应高于95℃，齿轮油温不应高于85℃。

（2）检查运动机件过热情况。查看制动鼓、轮毂、变速器壳、传动轴、中间轴轴承和驱动桥壳（特别是减速器壳）等，它们不应有过热现象。

2. 检查各部件渗漏现象

（1）在发动机运转及停车时，散热器、水泵、气缸、气缸盖、暖风装置及所有连接部位均无明显漏水现象。

（2）机动车连续行驶距离不小于10km，停车5min后，不应有明显漏油现象。

（3）检查机油、变速器油、主减速器油、转向液压油、制动液、离合器油、液压悬架油等相关处有无泄漏。

（4）检查汽车的进气系统、排气系统有无漏气现象。

（5）检查发动机点火系统有无漏电现象。

（6）对于气压制动的汽车，在气压升至600kPa且不使用制动的情况下，停止空气压缩机3min后，气压的降低值不应大于10kPa；在气压为600kPa的情况下，将制动踏板踩到底，待气压稳定后观察3min，气压的降低值不应大于20kPa。对于液压制动的汽车，保持踏板力700N，1min以内不允许有缓慢向前移动的现象。

第五节 二手车技术状况仪器检查

一、二手车技术状况仪器检查概述

1. 二手车技术状况仪器检查的定义

通过静态检查和动态检查后，可以对二手车的技术状况进行定性的判断，即初步判定车辆的运行情况是否基本正常，车辆各部件有无故障及导致故障的可能原因，车辆各总成及部件的新旧程度等。但在要求对二手车进行某些项目的严格鉴定（如司法鉴定）时，仅有定性判断是不够的，这就需要借助某些专用仪器或设备对车辆各项技术性能及各总成、部件的技术状况进行定量、客观的评价，即二手车技术状况仪器检查。

2. 二手车技术状况仪器检查的内容

（1）整车性能中的动力性能、燃油经济性能、制动性能、转向操作性能、前照灯、排放污染物、喇叭声级、车辆防雨密封性和车辆表示值误差等的检测。

（2）发动机部分的发动机功率、气缸密封性、启动系统、点火系统、燃油系统、润滑系统和异响等指标的检测。

（3）底盘部分的离合器打滑和传动系游动角度等的检测。

(4) 行驶系统的车轮定位和车轮动平衡的检测。
(5) 空调系统的系统压力和空调密封性的检测。
(6) 电子电器设备性能的检测。

3. 二手车技术状况仪器检查的设备及指标

二手车技术状况仪器检查的设备有底盘测功机、制动检验台、油耗仪、侧滑试验台、前照灯检测仪、车速表试验台、发动机综合测试仪、示波器、四轮定位仪、车轮平衡仪等设备。这些设备一般在汽车综合性能检测中心（站）或资质较高的汽车修理厂都有采用，操作难度较大，不要求二手车鉴定评估人员一定要掌握这些设备的使用。但对于常规的小型检测设备，如气缸压力表、真空表、万用表、正时枪、燃油压力表、废气分析仪、烟度计、声级计、微电脑故障诊断仪（俗称解码仪）等应熟练掌握，以便能够迅捷判断二手车技术状况。

对二手车技术状况进行综合检测时，需要检测车辆的动力性能、燃油经济性能、转向操作性能、排放污染物、喇叭声级等整车性能指标，以及发动机、底盘、电子电器等各部件的技术状况。

二手车性能检测指标及对应的设备见表2-2。

表 2-2　　　　　　　　　　二手车性能检测指标及对应的设备

检测指标			检测设备
整车性能	动力性能	底盘输出功率	底盘测功机
^	^	汽车直接加速时间	底盘测功机
^	^	滑行性能	底盘测功机
^	燃油经济性能	等速百千米油耗	底盘测功机、油耗仪
^	制动性能	制动力平衡	制动检测台
^	^	制动协调时间	制动检测台
^	^	车轮阻滞力	制动检测台
^	^	驻车制动力	制动检测台
^	^	制动力	制动检测台
^	转向操作性能	转向轮横向侧滑量	侧滑检测台
^	^	转向盘最大自由转动量	转向力-转向角检测仪
^	^	转向操纵力	转向力-转向角检测仪
^	^	悬架特性	悬架检测台
^	前照灯	发光强度	前照明灯检测仪
^	^	光束照射位置	前照明灯检测仪
^	排放污染物	汽油车急速污染物排放	废气分析仪
^	^	汽油车双急速污染物排放	废气分析仪
^	^	柴油车排气可污染物	不透光仪
^	^	柴油车排气自由加速烟度	烟度计
^		喇叭声级	声级仪
^		车辆防雨密封性	淋雨试验台
^		车速表指示误差	车速表试验台

续表

检测指标			检测设备
发动机部分	发动机功率		无负荷测功仪
			发动机综合测试仪
	气缸密封性	气缸压力	气缸压力计
		曲轴箱窜气量	曲轴箱窜气量检测仪
		气缸漏气率	气缸漏气量检测仪
		进气管真空度	真空表
	启动系统	启动电流	发动机综合测试仪
		蓄电池启动电压	汽车电器万能试验台
		启动转速	
	点火系统	点火波形	专用示波器
		点火提前角	发动机综合测试仪
	燃油系统	燃油压力	燃油压力表
	润滑系统	机油压力润滑油品质	机油压力表
			机油品质检测仪
	异响		发动机异响诊断仪
底盘部分	离合器打滑		离合器打滑测定仪
	传动系统游动角度		游动角度检验仪
行驶系统	车轮定位		四轮定位仪
	车轮不平衡		车轮平衡仪
空调系统	系统压力		空调压力表
	空调密封性		卤素检测灯
电子设备			微机故障检测仪

4. 二手车技术状况仪器检查的标准

(1) 车速表检测标准。车速表指示车速 v_1(km/h) 与实际车速 v_2(km/h) 之间应符合以下关系式：

$$0 \leqslant v_1 - v_2 \leqslant (v_2/10) + 4 \qquad (2-1)$$

将被测机动车的车轮驶到车速表检验台的滚筒上，并使之旋转，当该机动车车速表的指示值为 40km/h 时，车速表检验台速度指示仪的指示值 v_1 在 32.8～40.0km/h 时为合格。当车速表检验台速度指示仪的指示值 v_1 为 40km/h 时，读取该机动车车速表的指示值 v_2，当 v_2 的读数在 40.0～48.0km/h 时为合格。

(2) 侧滑检测标准。《机动车运行安全技术条件》(GB 7258—2017) 规定：汽车的车轮定位应符合该车有关的技术条件。车轮定位值应在产品使用说明书中标明。对前轴采用非独立悬架的汽车，其转向轮的横向侧滑量，用侧滑台检测时侧滑量值应在 ±5m/km 之间。规定侧滑量方向为外正内负。

(3) 汽车制动性能检测标准。主要包括：

1) 制动力要求。前轴制动力与前轴荷之比≥60%；制动力总和与整车质量之比，空载时

≥60%，满载时≥50%；乘用车和总质量不大于 3500kg 的货车后轴制动力与后轴荷之比≥20%。

2）制动力平衡要求。在制动力增长的全过程中同时测得的左右轮制动力差的最大值，与全过程中测得的该轴左右轮最大制动力中较大者之比，见表 2-3。

表 2-3　　　　　　　　　　　　制动力平衡要求

	前轴	后轴	
		轴制动力大于等于该轴轴荷的 60%时	轴制动力小于该轴轴荷的 60%时
新注册车	≤20%	≤24%	≤8%
在用车	≤24%	≤30%	≤10%

3）协调时间要求。《机动车运行安全技术条件》(GB 7258—2017)规定：对采用液压制动系统的车辆，协调时间不应大于 0.35s；对采用气压制动系统的车辆，协调时间不应大于 0.60s；铰接客车、铰接式无轨电车的制动协调时间不应大于 0.80s。

4）进行制动力检测时，车辆各轮的阻滞力均不应大于轮荷的 10%。

5）在空载状态下，驻车制动力总和应不小于该车在测试状态下整车质量的 20%，对总质量为整备质量 1.2 倍以下的机动车此值为 15%。

6）汽车制动完全释放时间（从松开制动踏板到制动消除所需要的时间）不应大于 0.80s。

7）进行制动性能检测时的制动踏板力或制动气压应符合以下要求：

满载检验时：①对于气压制动系统，气压表的指示气压≤额定工作气压；②对于液压制动系统，乘用车踏板力≤500N，其他机动车踏板力≤700N。空载检验时：①对于气压制动系统，气压表的指示气压≤750kPa；②对于液压制动系统，乘用车踏板力应≤400N，其他机动车踏板力应≤450N。

(4) 前照灯检测标准。主要包括：

1）前照灯远光灯灯束发光强度检测标准（见表 2-4）。

表 2-4　　　　　　　　　前照灯远光灯灯束发光强度检测标准

机动车类型	检查项目			
	新注册车		在用车	
	两灯制/cd	四灯制/cd	两灯制/cd	四灯制/cd
最高设计车速小于 70km/h 的汽车	10 000	8000	8000	6000
其他汽车	18 000	15 000	15 000	12 000

注　四灯制是指前照灯具有四个远光灯束；采用四灯制的机动车其中两只对称的灯达到两灯制的要求时视为合格。

2）前照灯光束偏移量检测标准。主要包括：

在空载状态下，汽车、摩托车前照灯近光光束照射在距离 10m 的屏幕上，近光光束明暗截止线转角或中点的垂直方向位置，对近光光束透光面中心（基准中心，下同）高度小于等于 1000mm 的机动车，应不高于近光光束透光面中心所在水平面以下 50mm 的直线且不低于近光光束透光面中心所在水平面以下 300mm 的直线；对近光光束透光面中心高度大于 1000mm 的机动车，应不高于近光光束透光面中心所在水平面以下 100mm 的直线且不低于近光光束透光面中心所在水平面以下 350mm 的直线。除装用一只前照灯的三轮汽车和摩托车外，前照灯近光光束明暗截止线转角或中点的水平方向位置，与近光光束透光面中心所在处置面相比，向左偏移应小于等于 170mm，向右偏移应小于等于 350mm。

在空载状态下，轮式拖拉机运输机组前照灯近光光束照射在距离 10m 的屏幕上，近光光束中点的垂直位置应小于等于 $0.7H$（H 为前照灯近光光束透光面中心的高度），水平位置向右偏移应小于等于 350mm 且不应向左偏移。

在空载状态下，对于能单独调整远光光束的汽车、摩托车前照灯，前照灯远光光束照射在距离 10m 的屏幕上，其发光强度最大点的垂直方向位置，应不高于远光光束透光面中心所在水平面（高度值为 H）以上 100mm 的直线且不低于远光光束透光面中心所在水平面以下 $0.2H$ 的直线。除装用一只前照灯的三轮汽车和摩托车外，前照灯远光发光强度最大点的水平位置，与远光光束透光面中心所在垂直面相比，左灯向左偏移应小于等于 170mm 且向右偏移应小于等于 350mm，右灯向左和向右偏移均小于等于 350mm。

(5) 汽车排放污染物的检测标准。根据环境保护部（现生态环境部）2016 年第 79 号公告，《轻型汽车污染物排放限值及测量方法（中国第六阶段）》（GB 18352.6—2016）于 2016 年 12 月 23 日发布生效，从发布之日起可依据该标准进行新车型污染物排放的检验。自 2020 年 7 月 1 日起，所有销售和注册登记的轻型汽车应符合该标准要求。自 2020 年 7 月 1 日起，该标准替代《轻型汽车污染物排放限值及测量方法（中国第五阶段）》（GB 18352.5—2013）。但在 2025 年 7 月 1 日前，第五阶段轻型汽车的"在用符合性检查"仍执行 GB 18352.5—2013 的相关要求。

(6) 噪声检测标准。主要包括：

1) 喇叭声级的检测标准。喇叭声级的检测标准见表 2-5。

表 2-5　　　　　　　　　　喇叭声级的检测标准

车辆类型	喇叭声级/dB(A)
最大功率≤7kW 的摩托车和轻便摩托车	80～112
其他机动车	90～115

2) 客车内噪声的检测标准。客车以 50km/h 的速度均匀行驶时，客车内噪声不应大于 79dB(A)。

3) 驾驶员耳旁噪声的检测标准。汽车（纯电动汽车、燃料电池汽车和低速货车除外）驾驶员耳旁噪声声级不应大于 90dB(A)。

二、汽车动力性能检测

1. 检测设备

汽车动力性能的检测设备通常为底盘测功机，可通过检测驱动轮输出功率来评价汽车的动力性能。

2. 检测方法

通过底盘测功机可以获得驱动轮的输出功率或驱动力，以便评价汽车的动力性能；同时获得的驱动轮输出功率与发动机飞轮输出功率进行对比，求出传动效率，以便判定底盘传动系统的技术状况。根据《汽车动力性台架试验方法和评价指标》（GB/T 18276—2017），采用校正驱动轮输出功率与额定功率的比值或校正驱动轮输出功率与额定转矩功率的比值来表示，汽车动力性能合格的条件就是这两个比值不小于 GB/T 18276—2017 中给出的限值。

3. 检测程序

（1）被检车的型号按 GB/T 18276—2017 的规定，设定检测车速（额定转矩检测工况车速 v_M 或额定功率检测工况车速 v_P）。

（2）将被检车驱动轮置于底盘测功机滚筒上，启动汽车并逐步加速换至直接挡，以最低稳定车速运转。

（3）将加速踏板踩到底，使节气门全开。待检测车速至少稳定 15s 后才读取 v_M 和 v_P 工况下的驱动轮输出功率。测取数据时的实测车速与设定车速误差不应大于±0.5km/h，牵引力变动幅度应不超过±4%，以确保检测数据的准确、可靠。

（4）记录环境状态及检测数据。

三、汽车制动性能的检测

1. 检测设备

由于汽车的制动性能是逐渐变差的，因此它直接影响着汽车行驶的安全性。汽车制动力的检测是汽车安全性能检测中的重要内容。通过制动力的检测不仅可以测得各制动力的大小，还可以了解汽车前、后轴制动力是否分配合理，以及两侧车轮制动力的平衡状况。汽车制动性能的主要检测设备是制动检测台。

检测前需要注意的是，检验台滚筒表面清洁，无异物及油污；车辆轮胎气压、花纹深度符合标准规定，胎面清洁。

2. 检测程序

（1）车辆正直居中驶入检测台，将被测轮停放在制动台前后滚筒之间，变速箱置于空挡。

（2）降下举升器，启动电动机 2s 后，保持一定采样时间（5s）测得阻滞力。

（3）检测员在显示屏提示踩刹车后，缓踩制动踏板到底后松开，测得左、右轮制动增长全过程的数据值；若检验驻车制动，则拉紧该车的制动操纵装置，测得驻车制动力数值。

（4）电动机停转，举升器升起，被测车辆离开检测台，按以上顺序依次测试其他车辆。

3. 注意事项

（1）车辆进入检测台时，轮胎不得夹杂泥、沙等杂物，除驾驶员外不得有其他人进入测试区域。

（2）测试制动时不得打动方向盘。

（3）在制动检测时，车轮如在滚筒上抱死，制动力未达到要求时，可将车辆退出，重新启动检测设备进行重测。

（4）液压制动踏板力应≤450N。

四、气缸压缩压力检测

1. 检测设备

气缸压缩压力的检测设备主要是气缸压力表，如图 2-27 所示。气缸压力表是一种专用压力表，由表头、导管、单向阀和接头等组成。

2. 检测方法

（1）发动机应运转至正常工作温度，水冷发动机水温为 75~95℃，发动机机油温度为 80~90℃。

（2）拆除全部火花塞或喷油器（柴油发动机）。

（3）把气缸压力表的锥形橡胶接头压紧在被测气缸的火花塞孔内，或把螺纹管接头拧在火花塞孔上，如图 2-28 所示。

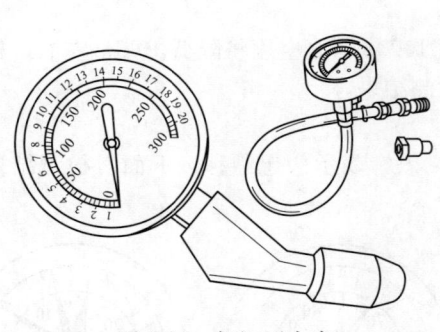

图 2-27　气缸压力表　　　　图 2-28　测量气缸压力

（4）用启动机带动曲轴旋转 3～5s，待指针稳定后读取读数，然后按下单向阀使指针回零。每个气缸的测量次数不应少于 2 次。

（5）按上述方法依次检测各个气缸。

3．检测结果分析

当气缸压缩压力的检测值低于标准值时，根据润滑油具有密封作用的特点，以下述方法确定导致气缸密封性不良的原因。

（1）由火花塞或喷油器孔注入适量（一般为 20～30mL）润滑油后，再次检测气缸压缩压力，并比较两次检测结果。

（2）若第二次检测结果比第一次高，并接近标准值，则表明气缸密封性不良是由于气缸、活塞环、活塞磨损过大或活塞环对口、卡死、断裂及缸壁拉伤等原因而引起的。

（3）若第二次检测结果与第一次近似，则表明气缸密封性不良的原因为进、排气门或气缸衬垫不密封（滴入的润滑油难以达到这些部位）。

（4）两次检测结果均表明某相邻两气缸压缩压力低，其原因可能是两气缸相邻处的气缸衬垫烧损窜气。

4．注意事项

（1）测试发动机气缸压力时，严禁将发动机启动，以防损坏气缸压力表。

（2）测试前，对于汽油发动机，应将分电器中央高压线拔下，或将燃油泵继电器拔下；对于柴油发动机，应旋松喷油器高压油管接头使其断油，即可使发动机不着火工作。

五、进气管真空度检测

1．检测设备

进气管真空度的检测设备是真空表。真空表由表头和软管构成，软管一头固定在真空表上，另一头可方便地连接在进气管的接头上。

2．检测程序

（1）发动机预热至正常工作温度。

（2）把真空表软管与进气歧管上的检测孔连接。

（3）变速器置于空挡，发动机在怠速下稳定运转。

（4）在真空表上读取真空度读数。

3. 检测标准

汽油发动机在怠速时，进气歧管真空度应在 50~70kPa。进气歧管真空度波动：六缸汽油发动机不超过 3kPa，四缸汽油发动机不超过 5kPa。

真空度随海拔高度的升高而降低。海拔每升高 1000m，真空度将降低 10kPa 左右。检测发动机进气管真空度时，应根据当地海拔高度修正检测结果。

4. 检测结果分析

检测结果如图 2-29 所示，其中白针表示稳定，黑针表示假想漂移。下面对检测结果分别进行分析：

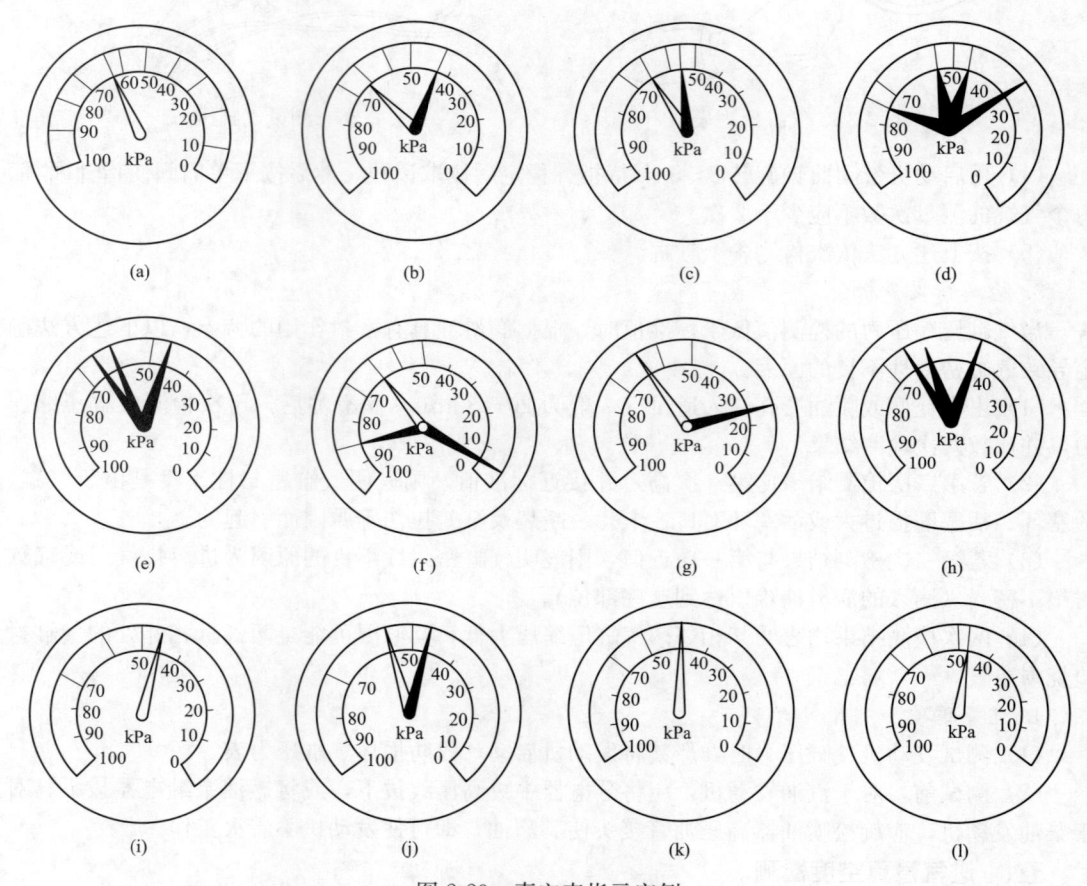

图 2-29 真空表指示实例

(a) 发动机密封性正常；(b) 气门与气门座不密封；(c) 气门与导管卡滞；(d) 气门弹簧折断或弹力不足；(e) 气门导管磨损；(f) 活塞环磨损；(g) 气缸衬垫窜气；(h) 混合气过稀或过浓；(i) 进气歧管衬垫漏气与排气系统堵塞；(j) 点火过迟；(k) 气门开启过迟；(l) 火花塞电极间隙太小，断电器触点接触不良

(1) 发动机密封性正常。真空表指针应稳定在 50~70kPa。当海拔高度每增加 304.8m 时，真空表读数相应降低 3.38kPa。发动机密封性正常时真空表的读数如图 2-29 (a) 所示。

(2) 气门与气门座不密封。当气门处于关闭状态时，真空表指针跌落 3~23kPa，而且指针有规律地波动，如图 2-29 (b) 所示。

(3) 气门与导管卡滞。当气门处于关闭状态时，真空表指针有规律地迅速跌落 10~

16kPa，如图 2-29（c）所示。

（4）气门弹簧折断或弹力不足。发动机在 200r/min 下运转，真空表指针在 33～74kPa 内迅速摆动。当某一只气门弹簧折断时，指针将相应地产生快速波动，如图 2-29（d）所示。

（5）气门导管磨损。真空表读数较正常值低 10～13kPa，且缓慢地在 47～60kPa 内摆动，如图 2-29（e）所示。

（6）活塞环磨损。发动机转速升至 2000r/min 时，突然关闭节气门，真空表指针迅速跌落至 6～16kPa；当节气门关闭时，指针不能恢复到 83kPa，如图 2-29（f）所示。当迅速开启节气门时，若指针不低于 6～16kPa，则活塞环工作良好。

（7）气缸衬垫窜气。真空表读数从正常值突然跌落至 33kPa，当泄漏气缸在工作行程时，指针又恢复正常值，如图 2-29（g）所示。

（8）混合气过稀或过浓。当混合气过稀时，指针不规则跌落；当混合气过浓时，指针缓慢摆动，如图 2-29（h）所示。

（9）进气歧管衬垫漏气与排气系统堵塞。当进气歧管漏气时，真空表指示值比正常值低 10～30kPa；当排气系统堵塞时，发动机转速升至 2000r/min，突然关闭节气门，真空表指针从 83kPa 跌落至 6kPa 以下，并迅速回至正常，如图 2-29（i）所示。

（10）点火过迟。真空表指针稳定地指示在 47～57kPa，如图 2-29（j）所示。

（11）气门开启过迟。真空表指针稳定地指示在 27～50kPa，如图 2-29（k）所示。

（12）火花塞电极间隙太小，断电器触点接触不良。真空表指针缓慢地摆动在 47～54kPa，如图 2-29（l）所示。

六、排放污染物检测

1. 检测设备

（1）废气分析仪。不分光红外线 CO 和 HC 废气分析仪，是一种能从汽车排气管中采集气样，并对其中 CO 和 HC 的含量进行连续测量的仪器。它由废气取样装置、废气含量指示装置和校准装置等组成，如图 2-30 所示。

（2）滤纸式烟度计。对装配压燃式发动机的汽车，我国现行的在用车排放检测方法主要有自由加速试验排气可见污染物测量（用不透光度计）或自由加速试验烟度测量（用滤纸式烟度计）。其中，滤纸式烟度计使用较广。从测量原理上来说，滤纸式烟度计是一种非直接测量的计量仪器，它通过检测测量介质被所测量烟度污染的程度高低来间接得出烟度的大小。

滤纸式烟度计由采样器（采样抽气系统）和检测器（测量系统）两部分组成。其中采样抽气系统由抽气气缸、抽气电动机、取样探头及气路管道系统和控制电路组成；测量系统主要由走纸机构、压纸机构、光电测量探头及测量电路和结果显示电路组成。

2. 检测准备与程序

（1）怠速尾气排放检测。具体如下：

1）检测准备。①装上长度等于 5.0m 的取样软管和长度不小于 600mm 并有插深定位装置的取样探头；②仪器的取样系统不得有泄漏；③受检车辆发动机进入系统应装有空气滤清器，排气系统应装有排气消声器，并不得有泄漏；④测量时，发动机冷却液和润滑油温度应达到汽车使用说明书所规定的热状态。

2）检测程序。①必要时，在发动机上安装转速计；②发动机由怠速工况加速至额定转速的 70%，维持 60s 后降至怠速状态；③发动机降至怠速状态后，将取样探头插入排气管中，深度等于 400mm，并固定于排气管上；④发动机在怠速状态，维持 15s 后开始读数，读取 30s 内

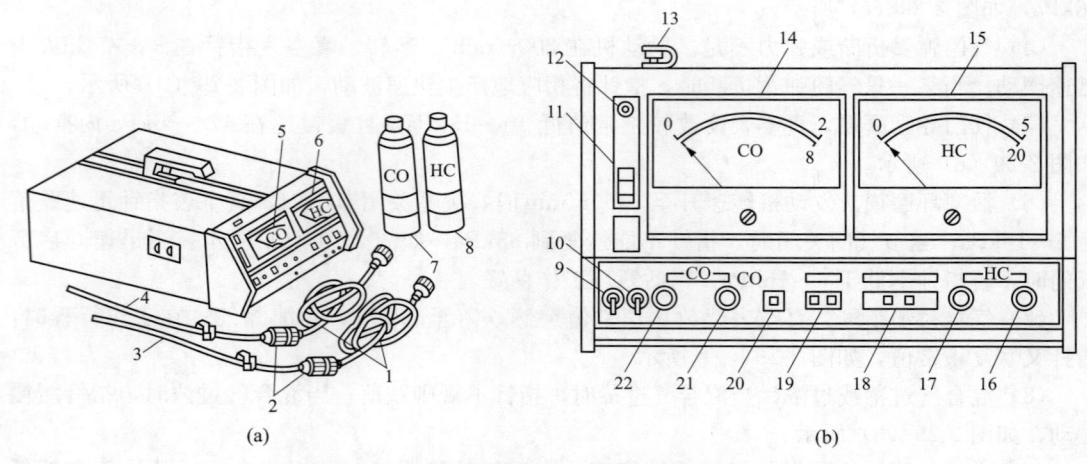

图 2-30　不分光红外线 CO 和 HC 废气分析仪
(a) 外形；(b) 面板

1—导管；2—滤清器；3—低含量取样探头；4—高含量取样探头；5—CO 指示仪表；6—HC 指示仪表；
7—标准 CO 气样瓶；8—标准 HC 气样瓶；9—电源开关；10—泵开关；11—流量计；12—电源指示灯；
13—标准气样注入口；14—CO 指示仪表；15—HC 指示仪表；16—HC 标准调整旋钮；17—HC 零点调整旋钮；
18—HC 读数转换开关；19—CO 读数转换开关；20—简易校准开关；
21—CO 标准调整旋钮；22—CO 零点调整旋钮

的最高值和最低值，其平均值即为测量结果（若为多排气管，则取各排气管测量结果的算术平均值）。

（2）双怠速尾气排放检测。具体如下：

1）检测准备。基本同"怠速尾气排放"的检测准备，但需注意检查取样软管和探头内残留的 HC 含量（体积分数）。

2）检测程序。①必要时，在发动机上安装转速计；②发动机由怠速工况加速至额定转速的 70%，维持 60s 后降至高怠速（一般为额定转速的 50%）；③发动机降至高怠速状态，维持 15s 后开始读数，读取 30s 内的最高值和最低值，其平均值即为高怠速排放测量结果；④发动机从高怠速状态降至怠速状态，在怠速状态维持 15s 后开始读数，读取 30s 内的最高值和最低值，其平均值即为怠速排放测量结果（若为多排气管时，分别取各排气管高、低怠速排放测量结果的平均值）。

（3）柴油发动机烟度检测。具体如下：

1）检测准备。①抽气开关与抽气泵动作应同步，滤纸洁白、均匀、无受潮变质，取样进气管路应畅通；②受检车辆发动机达到规定的热状态，排气系统不得有泄漏现象。

2）检测程序。①吹除积存物：由怠速工况将加速踏板迅速踩到底，4s 后放开，反复 3 次，以清除排气系统中的积存物；②安装取样探头：将取样探头固定于排气管内，插入深度为 300mm，并使其中心线与排气管轴线平行；③将踏板开关固定在加速踏板上方；④测量取样：由怠速工况将踏板开关和加速踏板一并迅速踩到底，保持 4s 后松开，完成第 1 次检测；⑤读取示值（自动）或取样（手动）；⑥相隔 11s 以后，进行第 2 次检验；⑦重复检测 3 次，取 3 次检测的算术平均值作为排气烟度的检测结果。

（4）柴油发动机自由加速试验排气污染物检测。具体如下：

1）检测准备。①车辆进气系统应装配空气滤清器，排气系统应装配消声器并且不得有遗漏；②测量时，发动机的冷却液和润滑油温度应达到汽车使用说明书所规定的热状态；③试验前车辆不应长时间怠速运转，如车辆长时间怠速运转，测试前应增加自由加速工况的操作次数，以便扫尽排气管积存的排放污染物；④燃料应使用柴油，不得加消烟添加剂。

2）检测程序。①车辆在发动机怠速下，插入不透光仪取样探头；②迅速但不猛烈地踩下加速踏板，为喷油泵供给最大油量，在发动机达到调整器允许的最大转速前，保持位置；③一旦达到最大转速，立即松开加速踏板，使发动机恢复至怠速，不透光仪恢复到相应状态；④重复②、③操作过程至少 6 次，记录不透光仪的最大读数值，如果读数值连续 4 次均在（质量分数）的带宽内，并且没有连续下降的趋势，则记录值有效；⑤计算连续 4 次测量结果的算术平均值，并将测量结果记录下来。

3. 检测结果分析

对于柴油发动机自由加速烟度超标的主要问题有：①柴油发动机供油系统调整不当，这种情况可通过喷油泵试验台进行高压油泵调校；②发动机活塞与气缸配合间隙超差，活塞环磨损严重造成气缸压力下降，这种情况只有通过大修或更换活塞环来解决；③柴油品质差也会造成燃烧不完全，进而导致烟度超标。

4. 注意事项

（1）检测时，发动机怠速应符合规定。

（2）检测结束后，抽出取样探头，待废气分析仪回零后再检测下一辆车。

（3）取样探头不用时要吊挂起来，防止污染受损。

（4）左右排烟口的风扇有故障时严禁继续使用，否则将污染废气分析仪的光学器件，给废气分析仪造成更大的损坏。

七、噪声检测

1. 检测设备

噪声检测一般采用声级计，如图 2-31 所示。声级计由传声器、放大器、衰减器、计权网络、检波器和指示装置等组成。

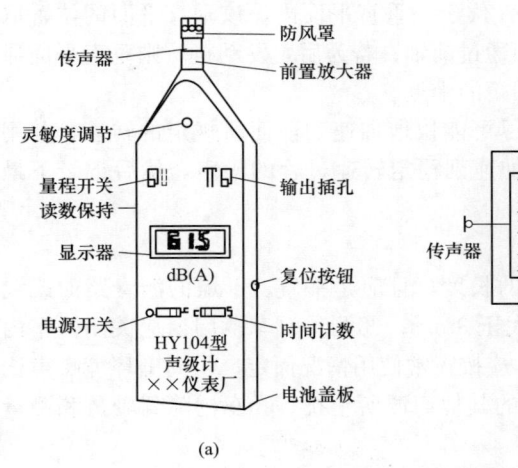

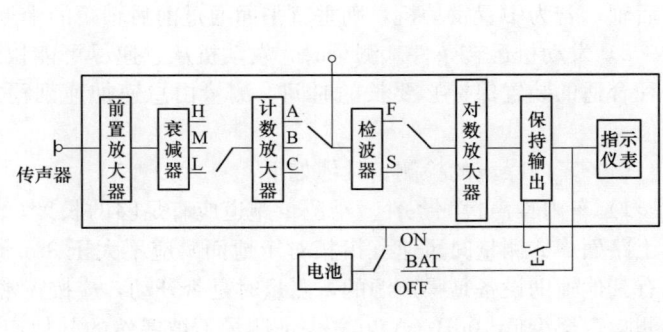

图 2-31 声级计
(a) 外形图；(b) 原理框图

根据《机动车运行安全技术条件》(GB 7258—2017)的规定，机动车喇叭声级在距车前2m、离地高1.2m测量时，发动机最大净功率为7kW以下的摩托车和轻便摩托车的声级值为80～112dB（A），其他机动车的声级值为90～115dB（A）。

2. 检测方法

(1) 喇叭声级的检测。具体如下：

1) 将声级计置于车前2m、离地高1.2m处，且传声器指向被检车辆驾驶员的位置。

2) 按使用说明书要求，调整网络开关到"A"计权和"快"挡位置。

3) 检测环境噪声应<80dB（A）。

4) 按喇叭连续发声3s以上，读取检测数据。

(2) 排气噪声的检测。具体如下：

1) 将声级计的传声器与排气管的排气口端等高。

2) 传声器的参考轴应与地面平行，并和通过排气口气流方向且垂直地面的平面成（45°±10°）的夹角。传声器朝向排气口，距排气口端0.5m，放在车辆外侧。

3) 车辆装有两个或更多排气管，且排气管之间的间隔不大于0.3m。当排气管和一个消声器并联连接时，只需取其中一个排气管进行测量。传声器应选择最靠近车辆外侧的那个排气管。如果两个或两个以上的排气管都在垂直于地面的直线上，则选择离地面最高的那个排气管。

4) 装有多个排气管，并且各排气管之间的间隔大于0.3m时，对每一个排气管都要测量。

5) 对排气管垂直向上的车辆，传声器放置高度应与排气管口等高，传声器朝上，其参考轴应垂直地面。传声器应放在离排气管较近的车辆一侧，并距排气口0.5m。

6) 将发动机转速稳定在 $\left(\dfrac{3n_r}{4}\pm 50\right)$ r/min 范围内（n_r 为发动机额定转速）。

7) 由稳定转速迅速降低至急速转速，测量排气噪声的最高等级。

(3) 发动机噪声的检测。具体如下：

1) 传声器位置。传声器放在距地面0.5m的位置，并朝向车辆、没有驾驶员位置的车辆一侧；距车辆外廓0.5m，传声器参考轴平行地面，位于一垂直平面内，该垂直平面的位置取决于发动机的位置。若为前置发动机，则垂直平面通过前轴；若为后置发动机，则垂直平面通过后轴；若为中置发动机，则垂直平面通过前后轴距的中点。

2) 发动机运转条件。测量时，发动机从急速尽可能快地加速到前面所规定的转速，并用一种合适的装置保持必要长的时间。测量由急速加速到稳定转速过程的噪声，然后记录下最高值。

(4) 车内噪声的检测。具体如下：

1) 车内噪声检测条件。①测量跑道应有足够的长度，且应是平直、干燥的沥青路面或混凝土路面；②测量时风速（指相对于地面）应不大于3m/s；③测量时车辆门窗应关闭，车内带有其他辅助设备是噪声源的，测量时是否开动，应按正常使用情况而定；④周围环境噪声比所测噪声至少低10dB（A），并保证测量不被偶然的其他声源所干扰；⑤车内除驾驶员和测量人员外，不应有其他人员。

2) 车内噪声测点位置。①通常在人耳附近布置测点，话筒朝车辆前进方向；②驾驶室车内噪声测点位置为驾驶员座位上方（750±10）mm，靠背前方（200±50）mm；③载客车室内噪声测点可选在车厢中部及最后排座的中间位置，测点高度为座位上方（750±10）mm。

3) 车内噪声检测方法。①车辆以常用挡位，50km/h 以上不同车速均匀行驶，分别进行测量；②用声级计"慢"挡测量"A""C"计权声级，分别读取表头指针最大读数的平均值；③做车内噪声频谱分析时，应包括中心频率为 31.5Hz、63Hz、125Hz、250Hz、500Hz、1000Hz、2000Hz、4000Hz、8000Hz 的倍频带。

(5) 驾驶员耳旁噪声的检测。具体如下：
1) 汽车空载，处于静止状态且置变速器于空挡，发动机应处于额定转速状态，门窗紧闭。
2) 测量位置应符合《声学 汽车车内噪声测量方法》(GB/T 18697—2002) 的规定。
3) 环境噪声应比被检测噪声至少低 10dB (A)。
4) 声级计置于"A"计权、"快"挡。

3. 注意事项

(1) 声级计使用电池供电时，使用完毕后应立即将电池取出，以免电池漏液而损坏机件。
(2) 声级计应存放于干燥、温暖的场所，如有可能，最好置于干燥皿中。
(3) 在拆装传声器、电池或外接电源时，应事先将电源开关置于"关"。
(4) 不要随意取下传声器的保护罩，以免损坏膜片。当发现膜片脏时，可用脱脂棉蘸少许三氯乙烯或丙酮轻轻擦拭干净。
(5) 不要用手触摸触头，以免因人体静电而损坏声级计。
(6) 液晶是有机化合物，如果长期暴露在强烈的紫外线辐射环境下，将会发生光化学反应，因此在使用中应尽量避免日光直接照射在显示器上。

八、电控发动机燃油压力检测

1. 检测准备

电控发动机燃油压力检测的设备为燃油压力表，因此在检测前必须先安装燃油压力表。

(1) 将燃油系统卸压。启动发动机，在发动机运转中拔下电动汽油泵继电器（或拔下电动汽油泵电源插头），待发动机自行熄灭后，再转动启动开关，启动发动机 2~3 次，燃油压力即可完全释放，然后关闭点火开关，装上电动汽油泵继电器（或插上电动汽油泵电源接线）。
(2) 拆下蓄电池负极搭铁线。
(3) 拆除冷启动喷油器油管接头螺栓，将燃油压力表和油管一起安装在冷启动喷油器油管接头上。
(4) 擦干溅出的燃油。
(5) 重新装上蓄电池负极搭铁线。

2. 检测方法

(1) 燃油系统静态油压的检测。具体如下：
1) 用一根短导线将电动汽油泵的两个检测孔短接。
2) 打开点火开关（但不要启动发动机），让电动汽油泵运转。
3) 测量燃油压力，其正常油压应为 350kPa 左右。
4) 拔掉电动汽油泵检测插孔的短接线，关闭点火开关。
(2) 燃油系统保持油压的检测。静态油压检测结束 5min 后，再观察燃油压力表指示的油压。此时的压力即为燃油系统保持压力，其值应≥147kPa。
(3) 发动机运转时燃油压力的检测。具体如下：
1) 启动发动机。
2) 让发动机怠速运转，测量此时的燃油压力。其正常值为 250kPa 左右。

3)缓慢开大节气门（踩下加速踏板），测量在节气门接近全开时的燃油压力。其正常值为350kPa左右。

4)拔下油压调节器上的真空软管，并用手堵住，让发动机怠速运转，测量此时的燃油压力。该压力应和节气门全开时的燃油压力基本相等。

3. 注意事项

(1) 燃油管道及各部件内始终都保持着一定的油压，为了检测，需要断开系统的连接时，应先卸除压力。

(2) 注意不要让燃油流入气缸，以防侵蚀电气部件。

(3) 测试时严禁作业区附近有明火。

(4) 擦拭时严禁使用掉纤维的抹布。

(5) 拆装燃油喷射和点火系统各线时，必须关断电源或开关。

(6) 不同车型燃油系统的燃油压力各不相同，应查找相应说明书。

(7) 单点喷射（SPI）燃油系统的油压较低，一般低于100kPa。

(8) 若测得油压过高，则说明燃油压力调节器或真空软管有故障。

(9) 若测得油压过低，则说明电动汽油泵或汽油滤清器或燃油压力调节器有故障。

九、故障码读取

1. 检测设备

汽车的电子控制系统都有故障自行诊断功能，可采用故障诊断仪来读取故障码。当前，汽车电子控制系统的控制电路上都设置有一个专用的故障检测插座，通过线路与电子控制元件（ECU，又称车载电脑）连接。只要将汽车制造厂提供的该车型的专用微机故障检测仪或通用型故障检测仪的检测插头与汽车上的故障检测插座连接，然后打开点火开关（ON），就可以很方便地从微机故障检测仪的显示屏上读出所有存储在ECU中的故障码。查阅该车型的维修手册，就可以知道这些故障码所表示的故障内容和可能的故障原因。常见微机故障检测仪如图2-32所示。

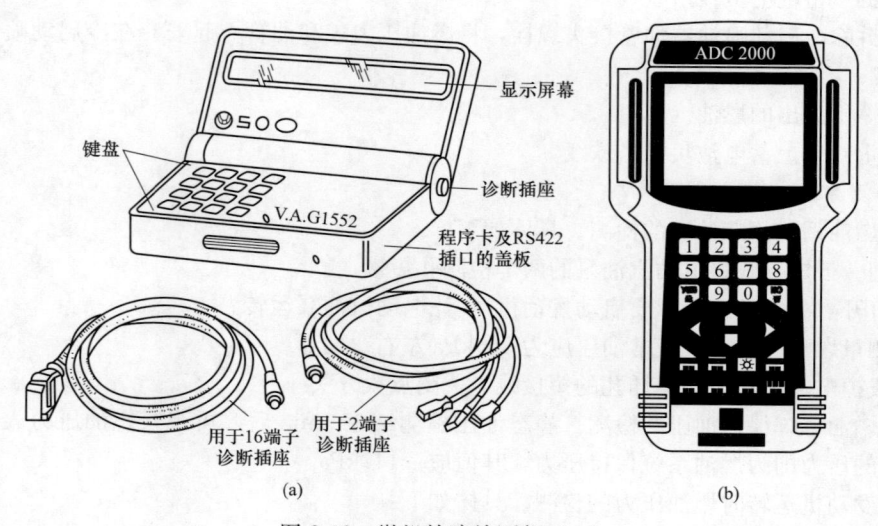

图 2-32 微机故障检测仪（一）
(a) V. A. G1552；(b) ABC2000

(c)

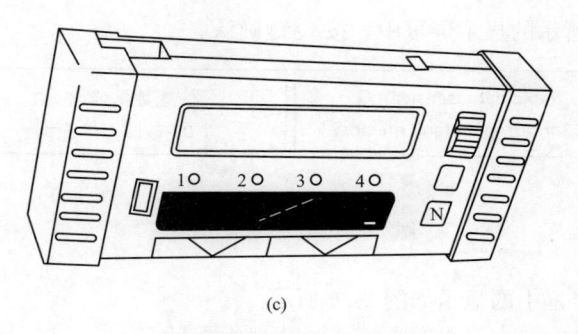

图 2-32 微机故障检测仪（二）
(c) Snap-on 解码仪（红盒子）

2. 读取程序

下面以大众公司的 V.A.G1551 或 1552 为例（其他故障诊断仪的使用方法与之基本相同），说明故障码读取的主要程序。

（1）打开驻车制动手柄右侧的诊断系统插座的盖板，将带导线的故障阅读仪 V.A.G1551 与诊断系统插座连接起来，如图 2-33 所示。

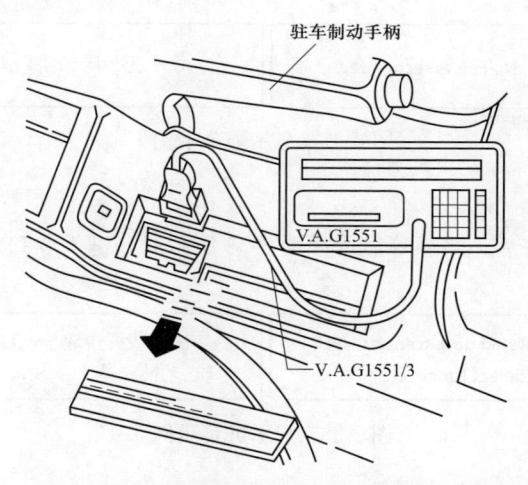

图 2-33 将故障阅读仪与诊断系统插座连接

（2）打开点火开关或启动发动机怠速运转。
（3）打开 V.A.G1551 故障阅读仪上的电源开关。
（4）启动发动机，并使其怠速运转。如果发动机不能启动，则用启动机带动发动机转动至少 5s，不要关闭点火开关。
（5）在如图 2-34 所示的显示屏幕中，键入 0 和 2（输入 02）。

| Rapid data transfer HELP | 快速数据传递　HELP |
| Select function　×× | 功能选择　　　×× |

图 2-34 显示屏幕示例 1

73

(6) 在如图 2-35 所示的显示屏幕中，按 Q 键确认。

| Rapid data transfer　　Q
02-Interrogate fault memory | 快速数据传递　　Q
02-故障存储查询 |

图 2-35　显示屏幕示例 2

(7) 故障码×在屏幕中的显示如图 2-36 所示。

| ×　Faults recognized！ | ×故障识别！ |

图 2-36　显示屏幕示例 3

如果打印机接通，所有存储的故障码将会陆续显示并打印出来；如果未接通打印机，则必须按"→"键显示下一个故障码；如果无故障码存储或故障码显示（打印）完毕，则屏幕显示如图 2-37 所示。

| No Faults recognized！ | 无故障识别！ |

图 2-37　显示屏幕示例 4

3. 故障码清除

(1) 故障码调出结束后，当屏幕显示如图 2-38 所示时，键入 0 和 5（输入 05）。

| Rapid data transfer HELP
Select function　　×× | 快速数据传递　HELP
功能选择　　×× |

图 2-38　显示屏幕示例 5

(2) 当屏幕显示如图 2-39 所示时，按 Q 键确认。

| Rapid data transfer　　Q
05-Erase fault memory | 快速数据传递　Q
05-解除故障存储　×× |

图 2-39　显示屏幕示例 6

(3) 当屏幕显示如图 2-40 所示时，表示故障码已被清除。

| Attention！
Fault memory was not | 注意！
故障存储没有被查询 |

图 2-40　显示屏幕示例 7

4. 注意事项

(1) 安全注意事项。具体包括：

1) 在进行测试操作前，应先将汽车置于空挡（手动排挡）或驻车挡（自动排挡）位置，并拉紧驻车制动，避免启动时发生碰撞事故。

2) 由于汽车的蓄电池电解液中含硫酸，在实测工作中要避免直接接触电解液，防止腐蚀皮肤及衣物，更不能让它溅入眼睛。

3) 动态测试时，应将测试车辆停放在通风良好的场所。因为发动机排出的废气中含有毒性化合物（如碳氢化合物、一氧化碳等），要避免大量吸入。

4) 发动机正常运转时，尽量勿动发动机元件，避免被散热器及排气管的高温所烫伤，或被冷却风扇划伤手指。

5) 测试操作中请不要吸烟，或带任何火源，避免引起火灾。

6) 进行验车工作时，应关闭点火开关并注意对线路及电子元件的保护。

(2) 检测汽车电路元器件的注意事项。具体包括：

1) 利用解码器检测时，所有接线的工作都应在点火开关关闭的状态下进行，避免插接错误引起电路损坏。

2) 点火开关打开时，决不能任意插拔传感器或其他电子装备，因为断开电路时，由于线圈的自感作用，将会产生很高的瞬间高压，这种高压会造成传感器及电脑模块的损坏。

3) 在汽车上靠近电脑或传感器的地方进行修理作业时，应倍加注意，以免损坏电脑和传感器。

4) 不能将带有强磁的磁源放置在靠近电脑或传感器的位置，否则会严重影响电控系统的工作状况。

5) 在对电脑或电脑控制的数字仪表维修、拆卸的过程中，应在手腕处用金属带与车身搭铁，避免身体与车体摩擦产生的高压静电，损坏电脑元件。

6) 操作人员不应在没有提示的情况下随意用连线跨接电脑接脚，或用LED灯直接测试电控系统电路。

7) 在测试程序没有明确说明的情况下，不应用指针式或低阻抗万用表对电控系统电路进行检测，避免损坏电器元件。

8) 注意被更换的电器型号，并需测量新元件的相应电阻值，确保维修准确无误并保证电路正常。

9) 认真检查电控系统线路及接线头，保证无不良搭铁线或修饰的地方，以免元件工作不良。

10) 确保电脑接脚连线插接可靠，否则会由于虚接而损坏电脑元件。

(3) 仪器使用的注意事项。具体包括：

1) 因为该仪器采用精密电子集成系统，所以首先应注意仪器的保管，不要摔碰，避免潮湿。

2) 在测试前选择正确的测试接头及测试卡，并根据说明书中的连线结构图插好测试卡（对于通用诊断器而言）；将主机与接头用主线连接好，并按说明书规定判断该车型需不需要接外接电源，盲目地接通主机外接电源很容易烧损仪器。

3) 测试前应先关闭点火开关，然后将已连接好的仪器的测试接头插入车身自诊断座，再打开点火开关进行测试。

4）动态测试时，启动发动机后，主机显示屏出现闪烁现象是正常的。

5）在检测工作中，当主机显示"电脑诊断帧出现错误"提示时，说明自诊断线路连接不良，电脑不能与主机实现通信，需检查各连线接口的连接是否良好。在特殊情况下要检查车身线路。

6）在使用仪器的过程中，应保证测试卡插到位，不然容易出现花屏、乱码现象。

7）使用仪器时，需保证外接电源线路连接良好，若主机不显示，请检查外接电源线和点烟器插头内的熔丝是否损坏。

8）测试工作结束后，应先关闭点火开关，然后切断外接电源，再拔下测试接头，并从仪器上取下测试卡，将仪器分解装箱。

9）人工故障测试时，应保证试配线（跨接线）与诊断座之间接触良好，避免中断测试信号。

十、四轮定位检测

1. 检测设备

四轮定位检测的设备是四轮定位仪。四轮定位对汽车的正常行驶稳定性起着十分重要的作用。当汽车行驶一段时间后，四轮定位出现异常，可能会造成轮胎异常磨损、零件磨损加快、方向盘发沉、车辆跑偏、油耗增加等现象。在二手车技术状况鉴定中，如有轮胎异常磨损、车辆跑偏等现象，应进行四轮定位检查。

四轮定位包括前轮定位和后轮定位两部分。其中，前轮定位包括主销后倾角、主销内倾角、前轮外倾角和前轮前束四项内容；后轮定位包括车轮外倾角和逐个后轮前束。一般情况下，新车驾驶3个月后，就应做四轮定位；之后每行驶1万km，就应进行轮胎换位；如果发生碰撞，应及时做四轮定位。

2. 检测准备

（1）把汽车开上举升平台，托住车身使车轮能自由转动。

（2）检查轮胎磨损情况，要求各轮胎磨损基本一致。

（3）检查轮胎气压，使其符合标准值。

（4）保证车轮动平衡。

（5）检查车身高度，保证车身四个角的高度和减振器性能良好，保证转向系统和悬架无松旷现象。

3. 检测程序

（1）把传感器支架安装在轮辋上，再把传感器（定位校正头）安装到支架上，并按使用说明书的规定调整。

（2）打开电脑主机进入测试程序，输入被测汽车的车型和生产年份。

（3）进行轮辋变形补偿，转向盘位于直驶位置，使每个车轮旋转一周，即可把轮辋变形误差输入电脑。

（4）降下第二次举升量，使车轮落到平台上，把汽车前部和后部向下压动4~5次，使各部位落到实处。

（5）用制动锁压下制动踏板，使汽车处于制动状态。

（6）将转向盘左转至电脑显示"OK"，输入左转角度数；然后将转向盘右转至电脑显示"OK"，输入右转角度数。

（7）将转向盘回正，电脑显示出后轮的前束及外倾角数值。

(8) 调正转向盘，并用转向盘锁锁止转向盘，使之不能转动。

(9) 将安装在四个车轮上的定位校正头的水平仪调到水平线上，此时电脑显示出转向轮主销后倾角、主销内倾角、转向轮外倾角和前束的数值。电脑将比较各测量数值，得出"无偏差""在允许范围内"或"超出允许范围"的结论。

(10) 若显示"超出允许范围"，则按电脑提示的调整方法进行针对性调整。调整后仍不能解决问题，则应更换有关零部件。

(11) 再次压试汽车，将转向轮左右转动，看屏幕上的数值有无变化，若有变化应重新调整。

(12) 拆下定位校正头和支架，进行路试，检查四轮定位调整的效果。

十一、车轮动平衡的检测

1. 检测设备

汽车正常使用一定时间后，尤其是在对轮胎、轮辋进行了修补、修复或更换新轮胎后，一定要对轮胎进行动平衡检测，测定不平衡质量的大小和相位，并进行校正。对二手车进行车轮动平衡校正是非常必要的，通常使用离心式车轮动平衡仪（见图2-41）进行车轮动平衡的检测。

2. 检测程序

(1) 轮胎固定。清除被测车轮上的泥土、石子和旧平衡块；检查轮胎气压，其必须符合原厂的规定；根据轮辋中心孔的大小选择好锥体，仔细装好车轮，用快速螺母予以紧固。

图2-41 离心式车轮动平衡仪

(2) 输入参数。打开电源开关，检查指示装置与控制装置的面板是否指示正确。按要求将相关参数输入指示装置与控制装置。

(3) 开始检测。放下车轮防护罩，按下启动键，车轮旋转，平衡测试开始，自动采集数据；车轮自动停转或听到"嘀"声，按下停止键并操纵制动装置使车轮停转后，从指示装置读取车轮内外侧的不平衡量和不平衡位置。

(4) 校正动平衡。抬起车轮防护罩，用手慢慢转动车轮，当指示装置发出指示（音响、指示灯亮、显示检测数据等）时停止转动，在轮辋的内侧或外侧的上部（12点位置）加装指示装置显示该侧的平衡块质量。内、外侧要分别进行，平衡块装卡要牢固。

(5) 重新检测。安装平衡块后有可能产生新的不平衡，应重新进行平衡检测，直至不平衡量小于5g（0.3盎司），指示装置显示"00"或"OK"时为止。测试结束，关闭电源开关。

需要注意的是，若不平衡量小于该车型的规定值，则不必对车轮进行平衡校正。

(6) 检测标准。不平衡量小于5g时指示装置会显示"00"或"OK"，虽然这种平衡结果最为理想，但是完全做到较难。一般检测评定的办法是：小型车不平衡质量不大于10g，重型车不平衡质量不大于20g，且每侧轮辋边缘所加平衡块以不超过3块为宜。

第三章 事故车鉴定

第一节 事故车鉴定概述

一、事故车的定义

事故车是指经严重撞击、泡水、火烧等即使修复但仍存在安全隐患的车辆总称。由于正面或侧面受到撞击造成车辆前部结构件（如纵梁）弯曲变形、出现裂纹等的车辆；车辆中段的防火墙、A柱、B柱、C柱、后翼子板、行李箱由于撞击、严重颠簸、挤压，受外力影响造成车身主体结构损伤，采用整体切割替换的方式维修的车辆；车辆后部的后翼子板、后纵梁等结构件变形校正的车辆；水损车辆；过火车辆等均被定义为事故车。

事故车主要有三种形式：一是碰撞事故车，这种事故车在二手车市场上最为常见；二是火烧车，这种事故车在二手车市场上流通的相对较少，因为一般来说火烧车损失比较严重，没有修复价值；三是水泡车，由于恶劣的天气，一些低洼地方容易被水淹，从而导致水泡车相对较多，而由于水泡车的发动机及电路系统被水浸泡过，会严重影响日后的用车安全，因此在技术状况鉴定中要仔细予以鉴别。此外，还有一种人为导致的调表车。

在二手车鉴定评估中，难免会遇到事故车。事故车的技术性能一般较差，这会对汽车的行驶安全产生严重的影响，进而也会使事故车的价值受到很大的影响。因此，在进行二手车技术状况鉴定中，首先应鉴别被评估的二手车是否为事故车。

目前国家还没有专门针对事故车价值技术评估的标准，对于事故车的价值技术评估，主要是依据经验而进行的。

二、事故车的认定与汽车构件

汽车的三大构件是指结构件、加强件和覆盖件，其重要性为结构件＞加强件＞覆盖件。汽车的三大构件关系着汽车的行使安全，下面分别分析不同构件与事故车的定性。

（1）汽车结构件与事故车的定性。汽车结构件是指车体框架，是支撑车体的基础构件，一般包括前后纵梁、前后减振器安装座（轮旋）和A柱、B柱、C柱，如图3-1所示。结构件是承载汽车重量的重要零部件，关系着汽车的主动安全和被动安全。

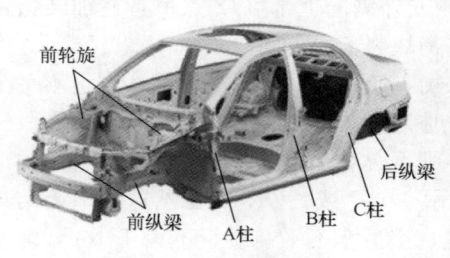

图 3-1 汽车结构件

汽车结构件一般是整体结构，只要车辆的结构件受到损伤，一般要通过拉伸、敲打或者切割、焊接等方法进行修复，但是无法恢复其刚性，从而使得汽车的安全性下降，甚至存在严重的安全隐患，这种汽车可定性为事故车。

（2）汽车加强件与事故车的定性。汽车加强件是指汽车结构件的一系列强化保护结构，车辆碰撞时一般是由加强件先对碰撞力量进行缓冲吸能。

汽车加强件主要包括前后防撞梁、散热器框架（散热器框架如果是塑料构成的就不属于加强件）和翼子板内缘，如图3-2所示。

图3-2 汽车加强件

汽车加强件的损伤程度是判断事故车的依据之一。如果发现汽车加强件损伤，有修复或更换的痕迹，特别是加强件损伤严重，就要通过对汽车结构件的检查，确定该车是否为事故车。

（3）汽车覆盖件与事故车的定性。汽车覆盖件是指汽车表面的蒙皮，如车门、翼子板、发动机机舱盖、行李箱盖和前后保险杠等，如图3-3所示。

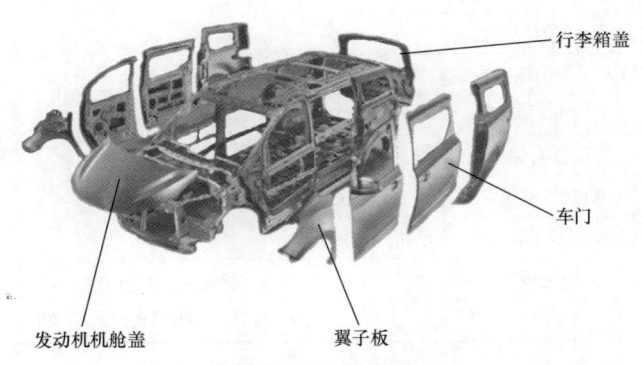

图3-3 汽车覆盖件

汽车在行驶过程中，难免会发生剐蹭或者轻微碰撞等事故，造成汽车覆盖件损伤，只要没有伤及汽车结构件，通过钣金油漆修复即可，对车辆的使用安全性能和整体价值影响不大，一般不属于事故车。

但是，如果在二手车技术状况鉴定中，发现汽车覆盖件有过修复和更换，则应该怀疑该处是否发生过严重的碰撞事故，此时就需要进一步检查覆盖件内部的结构件，确定是否发生过严重碰撞事故。例如，若车门更换，就需要检查车门安装螺栓是否拆卸过，车门对应的框架是否修复过等，从而确定是否为事故车。

三、事故车的判断标准

事故车的判断标准见表3-1，其中的任何一个检查项目存在变形、扭曲、更换、烧焊或褶皱等缺陷时，则可确定该车为事故车。

四、事故车的鉴定方法

车辆检查时应该遵循由外到内、由表及里的原则，通过车身各个部分的异常情况去查找

表 3-1　　　　　　　　　　　　事故车判断标准

序号	部位	故障描述
1	左A柱	发生变形、扭曲、更换、烧焊或褶皱
2	左B柱	
3	左C柱	
4	右A柱	
5	右B柱	
6	右C柱	
7	左前纵梁	
8	右前纵梁	
9	左前减振器支撑顶	
10	右前减振器支撑顶	
11	左后减振器支撑顶	
12	右后减振器支撑顶	
13	左前翼子板内板（内缘）	
14	左后翼子板内板（内缘）	
15	右前翼子板内板（内缘）	
16	右后翼子板内板（内缘）	
17	后底板左纵梁	
18	后底板右纵梁	
19	后底板横梁	
20	前围板（发动机机舱隔板）、后围板	
21	中底板	有破损（超过直径5cm）、出现严重变形（凹陷直径大于20cm）或有更换
22	后底板	

骨架部分的损伤，根据损伤情况评价整车状况和估算价值。

事故车鉴定方法见表 3-2。

表 3-2　　　　　　　　　　　　事故车鉴定方法

检查部位	检查目的	检查重点及技巧	事故车认定
发动机机舱盖	检查是否曾钣金或更换过	检查边缘线条是否平直	
翼子板与散热器连接处	检查翼子板及散热器框架是否曾修复或更换过	1）检查前翼子板内缘与散热器框架连接处的焊点是否有重新烧焊的现象； 2）连接处是否平整。 注意：翼子板与散热器框架连接处应平整，焊点应呈正圆及略微凹陷，若焊点凸出则可能重新烧焊，若钣金胶不平整则可能更换过框架	散热器框架是否曾修复或更换过

续表

检查部位	检查目的	检查重点及技巧	事故车认定
发动机机舱隔板	检查隔板是否完整	隔板上缘是否平整，有无断裂或烧焊痕迹。注意：若隔板有修复痕迹，或中间有断裂，或有烧焊痕迹，则该车发生过事故的可能性极大	隔板是否曾钣金或更换过
底盘	检查纵梁、横梁是否有烧焊痕迹	1) 检查油底壳是否有变形；2) 检查纵梁、横梁是否有变形开裂或烧焊的痕迹	纵梁、横梁是否变形或曾烧焊拉直
车门	检查是否更换过车门或车门总成	1) 检查车门内侧的原厂封条是否完整且平直；2) 检查车门门框的铰链是否完整、未拆过。注意：车门框条若有异常则要特别注意门框及门柱	
行李箱盖	检查行李箱盖是否曾钣金或更换过	行李箱盖边缘是否平直	
行李箱内部与后翼子板上缘	检查行李箱是否受损及后翼子板是否曾钣金或切割更换过	1) 后翼子板上缘与车身接合处的焊点是否有重新烧焊的痕迹；2) 行李箱后侧的牌照架和行李箱底板接合处线条是否平整，是否有烧焊痕迹。注意：后翼子板与车厢及车体的连接处应平整，焊点应正常	后翼子板是否曾切割更换过
行李箱底板及备胎箱	检查行李箱是否曾受追尾撞击	1) 行李箱底板是否平整，有无烧焊痕迹；2) 行李箱内部接缝线条是否平顺。注意：行李箱底板应平整，不应有点焊痕迹，各接缝线条应平直、自然	行李箱底板是否曾烧焊及备胎箱是否完整
A柱、B柱、C柱	检查A柱、B柱、C柱是否受损	1) A柱、B柱、C柱及由车顶延伸至门槛的线条是否平直且呈自然弧线；2) A柱、B柱、C柱与车体接合处是否有焊点；3) 检查车侧烤漆是否有不同之色	A柱、B柱、C柱是否曾钣金或切割更换过

续表

检查部位	检查目的	检查重点及技巧	事故车认定
车门侧面	检查车门侧面是否受过碰撞	1）车门侧面及边缘是否平整及平直； 2）原厂封条是否完整	
全车内外	检查是否为水泡车	1）打开发动机机舱盖查看散热器及其框架是否留有污泥； 2）查看发动机旁边小零件、发电机、启动机、电线插座、左右轮轨接缝处是否留有污泥； 3）查看前后座椅（倒翻）弹簧及内套绒布是否残留污泥； 4）查看行李箱（备胎箱）接缝处是否残留污泥； 5）仪表板座内的构件、电线、插座接头是否残留污泥； 6）若为水泡车，车辆B柱的塑料饰板内能显示泡水高度； 7）拉开前后挡风玻璃橡胶圈，有污泥则为水泡车	

五、事故车的检查流程

在实际工作中，事故车的检查一般遵循以下流程：

(1) 检查车体左右对称。将汽车停置于水平地面上，检查车体外缘左右对称部位，其高度差不得大于40mm。首先是目测检查，如发现有严重的横向或纵向歪斜等现象，再用高度尺（或钢卷尺）检查是否超过规定值。汽车车体倾斜会引起安全性下降、操作稳定性下降、行驶跑偏、轮胎磨损加剧等危害。

(2) 检查车辆左A柱、左B柱。检查车辆左A柱、左B柱有无变形、切割更换、钣金修复及喷涂现象。具体检查车门铰链螺栓有无拆卸痕迹；检查密封胶条状况，是否有焊接痕迹；检查漆面质量；同时检查与之相连的底板、横梁有无钣金修复和焊接痕迹。

(3) 车头部分检查。检查前纵梁、前减振器及悬架。检查前纵梁有无变形、切割，吸能盒是否变形；减振器及悬架螺栓有无拆卸痕迹；散热器和散热器框架是否有钣金修复或更换过的痕迹。散热器框架被碰撞损坏后，有可能殃及发动机或前纵梁等结构件，因此要特别注意有关零部件的检查。

(4) 检查右A柱、右B柱。与"(2) 检查车辆左A柱、左B柱"的方法相同。

(5) 检查右B柱、右C柱。若车后部被严重碰撞，则后翼子板肯定会有损伤，要检查后翼子板是否被切割更换过。后翼子板与车厢及车体的连接处应平整，其上的焊点应略呈圆形及微凹陷，若焊点是凸出状，则为重新烧焊的痕迹。

(6) 车辆后部检查。除上述检查要点外，可打开行李箱盖，查看其内部是否有钣金修复和焊接的痕迹。

(7) 检查左B柱、左C柱。与"(5) 检查右B柱、右C柱"的检查方法相同。

(8) 检查汽车底盘。检查底盘的脏污程度是否大致相同，若发现有的部分特别干净，该处有可能被修理过或更换过。检查底盘是否受损，其中主要观察纵梁、横梁是否受损。若发现有敲打或焊接的痕迹，则可以确定纵梁、横梁发生过弯曲变形，甚至断裂。

（9）路试。目前大部分轿车采用"承载式车身"结构，车架受到撞击变形后其在行驶过程中会出现一些不良反应（如转向不均与不稳定、车轮异响、轮胎有偏磨痕迹、制动时跑偏等现象），可以通过路试来判断。

经过上述检查，通过车身各个部分的异常情况可以发现骨架部分的损伤情况，对骨架部分做出全面评价，进而确认是否为事故车。

第二节　碰撞事故车的鉴定

碰撞事故车的判断，主要采用静态检查（外观检查）和动态检查的方法，遵循从外到内、从前到后的顺序进行检查。而碰撞事故车的鉴定，则主要通过专业的检测设备和目测的方法进行检查，通常以车体左右对称性、底盘、前后防撞梁、车体结构等项目的综合检测结果为判定依据。

一、修复痕迹的查找方法

事故车无论修得多么完美，在修复的部位还是会留有一些痕迹，只要从细节检查着手，还是会发现这些修复痕迹的。通过观察车辆的修复痕迹，可以分析得到车辆的撞击部位、撞击程度和撞击造成的损伤。

1. 螺栓拆卸痕迹

固定螺栓一旦被拆卸过或者更换过，基本上都会留下痕迹。通过观察车辆关键部位固定螺栓的情况，可以帮助判断车辆是否发生过事故。如果发现螺栓被拧动过，就需要结合车漆、边缝及车身骨架和车辆的实际行驶状况，综合判断该车是否为事故车。

确定螺栓是否被拆卸过的方法如下：

（1）检查螺栓的表面情况。固定螺栓（包括发动机螺栓、底盘螺栓等）上面点有油漆标记。对螺栓表面情况的检查，主要是检查螺栓上的油漆标记是否损坏、错位，螺栓表面是否有扳手拧动过的痕迹。在使用套筒或者扳手进行螺栓拆卸时，在拆卸的过程中由于拧动力矩不均等原因，必然导致螺栓头部的棱角磨损。

（2）检查螺栓表面是否重新油漆过。螺栓表面重新油漆过，表示此螺栓附近的钣金件被重新油漆过，应该检查这些钣金件是否进行过修复。发动机机舱盖的螺栓有被拧动的痕迹，并且被喷漆，但发动机机舱盖没有钣金修复痕迹，可以判断发动机机舱盖是整体更换过的。

（3）判断螺栓是否移位。螺栓下面一般都会有垫片，在螺栓拆卸后重新拧紧时，垫片一般会与螺栓不同心，即螺栓拧动后，螺栓与垫片之间、垫片与车体之间都会发生位置改变，会出现明显的痕迹。

（4）检查漆层是否断裂。可以通过观察螺栓与被紧固件之间的漆层是否脱落或裂开来判断螺栓是否被拧动过。右前翼子板的固定螺栓有明显被拧动的痕迹，而且翼子板有明显的修复痕迹，表示此螺栓被拧动过并且重新油漆过；但是没有发现发动机机舱盖有钣金油漆的痕迹，说明此发动机机舱盖可能是后期整体更换过的。

（5）检查油漆颜色及喷涂形状。如果螺栓被更换过，螺栓的油漆颜色及喷涂形状也会和原厂配件的有明显的差异。

2. 维修焊接痕迹

原厂焊点是有规则、平整、圆滑和排列均匀并且略微带凹陷的圆形焊点。如果发现焊点呈凸出状、失圆或大小不一，且焊点粗糙、不光滑，焊点排列不规则，则表示其维修焊接过，说明车辆发生过比较严重的碰撞。

3. 钣金胶痕迹

钣金胶具有固化快、弹性好、附着牢固且固化后可以上漆的特点，因此被广泛地应用于车门内外、车体结构的密封。它可以使汽车碰撞修复后的性能得到充分保障。

在搭接缝处均匀灌注钣金胶，不仅美观，还能够防腐、抗振、防锈和减少噪声等。因为钣金胶涂抹比较粗糙、质地比较柔软（用指甲戳感觉较软，会有戳痕），与原厂钣金胶有明显的差别，所以能很容易发现钣金胶是否为维修时人工涂抹的。

通过查看重新涂抹钣金胶的位置，可以帮助判断钣金修补的位置，进而判断是否有"深层次"的损伤。

二、碰撞事故车的鉴定方法

1. 车身的检查

车身的检查主要是检查车身是否平正，左右两侧的前后车轮是否成直线，每个车轮与轮罩的间隙是否大致相同等，否则就说明车身变形。如果发现覆盖件有更换或修复嫌疑时，就需要进一步确定覆盖件内部的情况，确认是否发生过碰撞事故，并确定事故的损伤程度。

（1）检查车身外观。观察车辆整体感，特别要留意各种接缝是否均匀对称。事故车中受损的车身结构件、加强件和覆盖件会进行修复或者更换，那么就会留下修复和更换的痕迹，通过检查可以发现这些痕迹，特别是漆面质量和钣金修复的痕迹。

1）检查漆面质量。应在适当的角度观察车辆漆面情况，一般可以站在车辆四个角外约1m的地方，让视线与车辆腰线齐平且与车身表面约成45°，观察车身油漆颜色和光泽是否均匀，检查漆面是否有色差，光泽度是否一致。检查车门、翼子板、进气格栅和密封胶条等部件的接合处是否有漆雾（"飞漆"）。如果发现有上述状况，则可以判定车身进行过油漆修复。也可以使用漆面测厚仪对漆面厚度进行检查，以确定是否重新做过油漆。

2）检查钣金件质量。检查车身各钣金件是否对称，过渡是否圆润，衔接是否紧密，缝隙是否均匀、顺滑，运动是否自如等。例如，检查发动机机舱盖与左右翼子板位置有无偏移，是否有错位；车门与相邻的部件是否在同一平面或过渡圆润；车门与门框之间的衔接部件位置是否对称；车门在开关时不与周边部件发生接触等。

（2）检查腰线部位是否正常。腰线要连续、顺畅。如果以上检查结果正常，则可判定此车的车身外部结构无碰撞，或者经过修复后可以正常使用。

2. 车辆头部的检查

车辆头部是容易发生碰撞的部位，而且结构复杂、修复困难，所以检查时要注意以下几方面：

（1）检查车辆头部的外部。详见第二章第三节"二、汽车车身检查"中的相关内容。

（2）检查发动机机舱内部。主要检查散热器框架是否有修复痕迹或螺栓被拆卸的痕迹；检查前纵梁是否有修复的痕迹；检查翼子板内侧和减振器安装座是否有修复的痕迹；检查防火墙是否有修复痕迹；检查前围板上缘是否平直，是否有修复痕迹。

（3）检查发动机机舱盖。以手指触摸发动机机舱盖边缘，其应该是平直、滑顺、不粗糙且一体成形的。检查发动机机舱盖边缘胶条是否平整、有弹性；检查发动机机舱盖锁止机构是否变形错位，液压撑杆工作是否正常。

(4) 检查发动机机舱内的各种固定螺栓是否有位移、拆卸和更换等痕迹；检查钣金胶是否涂抹均匀。

(5) 检查散热器框架是否损伤。

(6) 检查前围板上缘是否平直，是否有修复痕迹。

3. A柱、B柱、C柱的检查

检查汽车重要的骨架（A柱、B柱、C柱）是鉴别一辆车是否为事故车的重要依据。其实A柱、B柱、C柱不仅起着支撑车顶的作用，更重要的是在车辆翻滚或者倾覆时对车内人员起着保护作用。A柱、B柱、C柱一旦在事故中受伤变形，那么这辆车就属于大事故车范畴了，与报废车辆几乎没有区别。

可以通过检查是否有油漆缺陷，是否有钣金修复痕迹，车门及发动机机舱盖、行李箱盖等是否异常，螺栓是否被拆装过，玻璃生产日期是否相差太大和密封胶条是否异常等情况，判断A柱、B柱、C柱是否受过损伤。如果有上述情况，就要在这些部位附近查找是否有修复痕迹，根据修复的部位和程度，判断该车是否为事故车。

如果发现车门有修复和更换痕迹，就要注意检查与车门相邻的A柱、B柱、C柱，判断该车是否为事故车。

如果用整体更换部件的方式进行修复，就不可能大面积地观察到钣金和油漆修复痕迹。因为整体更换时只有少量的焊接点和螺栓紧固作业，而焊接点一般是在比较隐蔽的地方（如在密封胶条的包裹中），所以不容易被发现。

4. 车辆侧面的检查

一般来说，如果车辆的侧面没有受到过碰撞，在关门时车门会很顺畅地关闭。如果车门修复过的话，在车门自然关闭的过程中会发现有关门不顺畅或者关不严的情况，有时还会出现车门关上了，但是车门和门框却存在落差的情况，因此可以通过开关车门的顺畅情况、关门声音的厚重情况来判断车门是否维修过。如果车门更换过的话，也可以在车门边缘及门框部分找到喷漆修补的痕迹。

通过观察开关车门时是否顺畅，可以判断车辆的侧面是否受到过碰撞。如果在开关车门时感觉比较费劲，或者需要很大拉力才能拉开，关门时感觉很涩，则车门很有可能维修过。

5. 底大边的检查

现在的小轿车都采用全承载式车身，底大边指的就是汽车的左、右底边梁。底边梁的作用很简单，就是保证在车辆遭受侧方撞击时也能给乘客挤出生存空间。同时，它也承载着整车的重量，让车辆行驶起来更加稳定和安全。汽车底大边及其擦伤如图3-4所示。

在查看底大边时，主要是检查焊点，因为在进行钣金修复时肯定会触及这些焊点。如果焊点不是原厂焊点，或者底大边有明显的钣金修复痕迹，那么就说明这辆车的底大边肯定进行过钣金修复，甚至进行过切割更换。

6. 缝隙的检查

缝隙的检查，主要是对后翼子板与后保险杠、后翼子板与行李箱盖、行李箱盖与后保险杠缝隙的检查。缝隙应左右对称、均匀、流畅、无留漆。发生过追尾事故的车辆，如果缝隙调整不好，就会出现大小不一的现象。

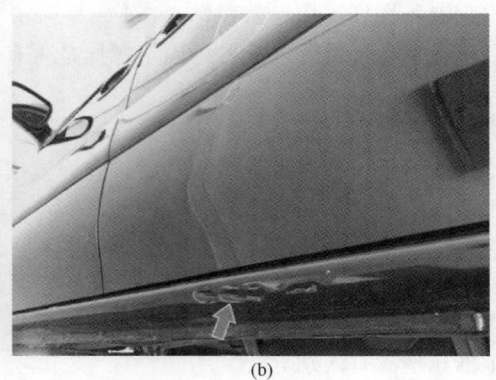

图 3-4　汽车底大边及其擦伤
(a) 底大边；(b) 左底大边擦伤凹陷

第三节　水泡车的鉴定

一、水泡车的定义

水泡车是指那些被水淹没，水淹高度超过车轮的 1/3，车身底部部件与水长时间接触的机动车。水泡车也属于事故车。

一般而言，水泡车分为微泡车（即水刚淹到地毯及座椅底部）、半泡车（即水位超过机油尺）和全泡车（即水位超过发动机机舱盖、仪表盘）三类。水泡车一般指后两种情况，这两种情况就比较严重了。车辆在水淹后外观上没有太大变化，但水淹后因操作或维修不当致使发动机损坏、电控系统损坏的情况很常见。这样会使得车辆的性能下降很多，以后发动机出故障的概率也要高得多。如果车辆的水淹高度超过了仪表盘，车身部件会严重腐蚀，电路和线缆也会遭受较大损害，即使修复之后也是隐患重重。

二、水泡车的认定

水的种类、水淹时间、水淹高度，都是确定水淹损失程度的重要参数。不同的水质（海水会损坏漆面）、水淹时间、水淹高度对汽车的损伤各不相同，鉴别事故车时应仔细检查，并考虑相关因素。是否为水泡车一般用目测检查，符合以下任意两条或两条以上描述的车辆即为水泡车。

（1）座椅底部的金属支架和滑轨有非自然锈蚀，座椅底座的弹簧及内套海绵内有泥污和霉味。

（2）安全带抽到底，有水迹或霉斑。

（3）车底板地胶或地毯有拆卸痕迹并有水迹、污渍、霉点或泥沙。

（4）内饰件变色、变形或较脏。

（5）散热器散热片上、发动机机舱各个角落残留有污泥。

（6）备胎箱里有水渍或污泥。

（7）悬架组件的固定螺栓、副车架、排气管等部位有明显的大面积泥沙和非自然锈蚀。

（8）仪表台内部铁架、接头插座处有污泥。

如果能够通过保险公司查询该车的理赔信息，则可以很方便地知道该车是不是水泡车。

三、水泡车的鉴定方法

一般水泡车的鉴定方法是一闻、二查和三试验。闻味,即进入车内闻一下有没有发霉的异味;检查,主要是检查发动机机舱、内饰和行李箱三个地方;试验,即转动点火钥匙,确保各相关配件、警告灯和仪表工作正常,并确保安全气囊和 ABS 灯工作正常。

1. 发动机机舱的检查

(1) 检查灯具。如果灯具生产时间与车辆年限不符合且全部更换,就应该仔细检查该车是否为水泡车。因为大部分水泡车都是淹没到轮毂上方靠近大灯的位置,所以要检查大灯是否发黄或特别新,如果是则有可能因为泡水而全部更换了。

(2) 检查发动机机舱特定区域。在发动机机舱内的特定区域(如熔丝盒、继电器盒、线束等)如果藏有泥沙,一般难以清洁,除非更换新件。

(3) 检查发动机缸体。雨水,尤其是海水多少都会腐蚀金属,所以检查车内及发动机机舱便能看出车辆是否泡过水。发动机泡水之后表面会产生一层白蒙蒙的霉点,发动机机舱内的螺栓也会生锈,即便把铁锈清洗之后,螺栓上面也自然会留有一层油渍,以防生锈。

2. 内饰的检查

(1) 闻气味。汽车经过长时间泡水,车内会有一股水腥味,短时间的晾晒也无法完全清除这些水腥味。线路遇水浸泡会发出异味,因此闻到汽车有异味时就要注意了。打开车门,闻闻汽车内部是否有浓烈的香水味,如果车内闻到浓烈的香水味或霉味就得小心,因为香水味经常被用来掩盖发霉的气味。

(2) 检查空调出风口。空调出风口是难以清洗干净的地方,应仔细检查边角的缝隙有无泥垢残留;而且由于内部管线容易发霉,应闻闻有无霉味吹出。

(3) 检查车内装饰。具体包括:

1) 检查内饰和地板是否匹配。如果内饰和地板有不匹配或松动,则内饰很可能是被更换过。变色、染色或褪色材料通常会有水损坏的痕迹。水泡车的地毯晒干后可以看到毛粒耸起,且用手摸上去会显得比较粗糙,而没有泡水的地毯摸上去感觉会更为柔软。

2) 检查地毯是否发霉。如果泡水后地毯已经霉烂,地板上留下霉斑,并有霉味,为了掩盖痕迹而加盖了地毯,则割开地毯后就可以发现发霉痕迹,很明显这样的车即为水泡车。

3) 检查地板是否残留有泥沙。泡水后,若室内地板残留有泥沙,非常明显这就是一辆水泡车。

4) 检查门槛板是否藏沙。门槛板最容易藏沙。若门槛板藏有泥沙,要结合室内检查情况判断该车是否为水泡车。

(4) 检查车门饰板。如果车门采用布艺或真皮包裹,要注意查看细节。车门的布艺或真皮材质经过泡水后,是很难修复的,只有通过后期重新包裹才能弥补。这也是很多商家喜欢使用的方法,不容易看出来,而且费用并不高。

(5) 检查座椅。查看车内座椅,无论是织布还是真皮材质的座椅,如果进水,肯定会产生一些泛黄的水迹,即使清理后,座椅的表面也会有不同程度的色差。真皮座椅泡水晒干后皮质及座椅柔软程度都会偏硬(海水泡的会更加硬)。另外,由于汽车座椅大部分采用发泡海绵材质,进水后材质会相对偏硬而且软硬不均,大力按压边缘的话可以发现软硬度区别。

同时还应查看座椅轨道是否有锈迹。由于座椅下前后滑动的轨道是铁质结构,水淹过的车子其座椅轨道上往往会产生锈迹,而这个部位经常会被忽略修复。所以把座椅拉到最后,看看轨道上是否有锈迹。如果有大面积的锈迹,则能以此判定该车为水泡车。

(6) 检查安全带。将安全带拉到头，闻闻有没有霉味，仔细查看是否有水渍、泥污和霉斑。安全带在水泡车清洗时是一个比较容易被忽略的地方。经过污水浸泡后的安全带，上面会留有较明显的水迹，而且不容易被清除，会产生霉斑。泡水后清洗过的安全带，霉斑依然会存在。可以通过观察安全带泡水痕迹，来判断该车的泡水深度。

将安全带抽到底查看平时没暴露出来的那一段是否有浸水痕迹。虽然可以通过一些处理来掩盖浸水痕迹，不过安全带下端往往容易被忽视，由此可以推断该车是否被水淹过。

(7) 检查仪表板、操控面板。查看仪表板、操控面板是否有拆装痕迹。查看各项操控按钮是否正常，翻开工具箱查看仪表板固定支架是否有拆装及生锈痕迹（适用于半泡车与全泡车）。查看仪表板下边的电线是否有龟裂。经水泡过数日的电线一旦干燥后，表层的塑料皮会比较脆，同时有稍许变色。

(8) 检查音响。经水浸泡后，音响液晶面板字体会出现断字情形。如果车内音响是全新的或改装品，尤其是新装产品比出厂所标配的等级还低，则该车有可能是水泡车，因为音响通常只会升级而很少会降级。

(9) 检查中控台。需要仔细检查中控台，因为这里是水泡车损伤程度的分界点。检查中控台最好的办法就是查看空调、音响的各功能按键是否正常，手感是否有差异。如果是水泡车，按键时会有发涩感。如果车内有液晶显示屏，可以观察一下液晶显示屏是否明暗不一。

如果积水超过中控台，则属于严重泡水，这样的车辆不建议购买。水面超过中控台的水泡车，大部分电器、内饰都已泡水，隐患很多。这种水泡车不仅座椅内的水分很难清除，而且电器元件里的水分也会长期积聚，后期用车隐患很多。

(10) 检查前后挡风玻璃胶皮缝隙。由车内查看前后挡风玻璃胶皮缝隙，如果有污泥则该车就是全泡车。

3. 检查行李箱

行李箱是检查水泡车的一个重要内容。行李箱的检查主要是检查行李箱中有无水渍、泥沙，底板是否生锈，随车工具是否生锈。因为行李箱是修复水泡车时容易被忽略的部分，所以如果备胎箱内有锈迹和泥沙等污物，行李箱箱盖上有水迹等可说明该车可能是水泡车。

具体做法是：

(1) 打开行李箱箱盖，闻闻内部是否有发霉味。

(2) 检查行李箱两侧缝隙是否有泥污，备胎轮毂是否有霉斑，随车工具（扳手、螺丝刀等）是否有锈蚀。

(3) 掀开行李箱隔板，检查行李箱底板是否有锈蚀。

4. 检查底盘

车辆底盘一般都有防锈涂层，可以防止锈蚀，水泡车底盘部件一般不会出现问题，所以大多不会特别修复。正常车辆除了排气管容易出现锈迹之外，其余底盘部件不应该有明显的锈迹。如果发现底盘螺栓和制动盘挡板等部分有严重锈蚀情况，发动机、变速箱底壳等部分有水渍或霉斑，则可以判定该车曾在水中浸泡过一段时间。

升起车辆检查底盘可以非常直观地查看各零件的锈蚀程度。与普通车被水侵蚀不同，水泡车的底盘由于长时间被水淹没，锈蚀会更为明显，而且排气管等处会有明显的锈蚀出现。

四、水泡车的风险规避

车辆的电路部分，特别是各个控制电脑板浸水后，容易短路、烧坏、腐烂，在日后的使用中往往会出现各种故障，严重的甚至会导致发动机大修。因此，车辆浸水后价值会大打折扣，购买二手车时要慎防买到水泡车。为此，购买或收购二手车时应注意以下事项，以规避买到水泡车的风险。

1. 仔细检查合同及条款

目前部分省份的工商部门推荐使用的二手车买卖合同上，有明确披露是否为事故车一项，包括泡水、严重撞击、火烧、发动机改动都属必须申报之列。合同还规定了违约责任，如果经销商隐瞒车辆为事故车的事实，消费者不但有权终止买卖，还可以要求经销商赔偿相关损失。如果合同未涉及该条款，应附加相应条款。

2. 选择品牌二手车商家

目前二手车市场上活跃着大量的汽车经纪人，这些经纪人在二手车市场临时租赁小摊位，当车主发现车辆出现质量问题、想要索赔时，对方可能早已人去楼空。因此，购买二手车时，要选择有规模的商家，以降低购买问题车的风险。

3. 慎重选择特价二手车

准备购买二手车的车主，普遍在二手车车行留有联系方式。消费者对于车行主动推荐的特价车，应多加警惕，以避免买到问题车。

第四节 火烧车的鉴定

一、火烧车的定义与认定

火烧车就是因为汽车火灾而造成了一定的价值损耗的车辆。由于火烧车的使用安全性变差，因此火烧车也属于事故车。过火与否是二手车鉴定的重点内容。由于火烧车的车身强度有很大下降，故障率很高，所以选购二手车时要特别注意规避买到火烧车。

仔细观察物品被火烧后的特点，可以判断一辆车是否为火烧车。符合以下任意一条描述的车辆即为火烧车：

（1）发动机线束和车身线束大量更换新件或局部有火烧痕迹。

（2）车身各夹层内有火烧熏黑的痕迹。

（3）发动机机舱、乘员舱内或行李箱内有烧黑痕迹。

二、汽车火灾的类型

导致汽车起火的因素可分为两方面：外部环境因素和车辆内部因素。外部环境因素大致有人为纵火、自然火灾、底盘卷入易燃物和交通事故等；车辆内部因素一般有因故障导致的线路短路和电器短路、车辆可燃油液泄漏和机械摩擦产生高温等。按照起火因素，汽车火灾可以分为自燃、引燃、碰撞起火、雷击和爆炸五种类型。

1. 自燃

自燃是指在没有外界火源的情况下，由本车供油系统、电气系统、机械系统等车辆自身故障或所载货物起火引发的车辆燃烧。汽车自燃的可能原因有以下几种：

（1）供油系统。严重的汽车自燃一般都是因燃油系统出现问题所导致的。燃油的泄漏可以说是引发严重汽车自燃的罪魁祸首，油箱中泄漏出来的汽油是汽车最可怕的助燃物。漏油点大多集中在管件接头处、油管与车身易摩擦处、油管固定部位与非固定部位的接合处等薄弱地方。无论是行进还是停驶，汽车上都可能存在火源，如点火系统产生的高压电火花、蓄电池外部短路时产生的高温电弧、排气管排出的高温废气或喷出的积炭火星等，当泄漏的燃油遇到火花时，就会造成火灾。

(2) 电气系统。具体包括：

1) 高压漏电。发动机工作时，点火线圈自身温度很高，有可能使高压线绝缘老化、龟裂，从而导致高压漏电。另外，高压线脱落引起跳火也是高压漏电的一种常见形式。由于高压漏电是对准某一特定部件持续进行的，必然会引发漏电处的温度升高，这样在遭遇油泥等可燃物时就会引发火灾。因此，定期清洁发动机可有效预防此类火灾事故的发生。

2) 低压短路。低压线路老化、过载或磨损搭铁漏电是引发汽车自燃事故的另一主要原因。由于搭铁处会产生大量的热能，如果与易燃物接触，会导致走火。另外，私自改装会导致个别线路用电负荷加大。若加装高档音响、增加通信设备、加装电动门窗、添加空调等，如未对整车线路布置进行分析及功率复核，很容易导致火灾事故的发生。

3) 接触电阻过大。线路接点不牢或触点式开关接触电阻过大等会使局部电阻加大，进而产生热能使导线接点发热，引发可燃材料起火。电瓶火线与启动机的连接螺栓松动也极易引发发动机火灾。

4) 点火顺序错乱。点火过早、过晚或者点火顺序错乱会造成车辆加速无力，如急剧加油则会出现回火、放炮现象，造成汽车火灾隐患。

5) 加大熔丝容量。在汽车电路维修时，有随意加大熔丝容量，甚至用铜丝代替熔丝的现象。这种看似简单的现象，有时会酿成大祸。由于熔丝无法起到应有的作用，线路短路引发火灾也就在所难免了。

(3) 机械系统。汽车的相关部件会因汽车超载而处于过度疲劳和过热状态，一旦超过疲劳极限，就有可能引发汽车自燃。制动系统工作时，制动蹄片上的摩擦片与制动鼓或制动盘之间的摩擦会产生大量的热量。如果汽车超载行驶，频繁的制动会使产生的热量更多，聚集的热量就可能将黄甘油或刹车油点燃。另外，长时间高强度的制动也会造成制动鼓过热，制动鼓随之又将热量传导到附近的可燃物（轮胎），从而增加自燃的可能性。

(4) 其他。排气管上的三元催化反应器温度很高，且安装位置较低，如果停车时恰巧将其停在麦秆等易燃物附近，就有可能引燃可燃物。如果驾驶员在夏季将汽车长时间停放在太阳下暴晒，就会将车内习惯性放置在前窗玻璃下的一次性打火机晒爆，如果车内恰巧有火花（如正在工作的电气设备产生的电火花、爆炸打破的仪表火线等），就会引燃车内的饰品。

2. 引燃

引燃是指汽车被其自身以外的火源引发的燃烧。建筑物起火引燃、周边可燃物起火引燃、其他车辆起火引燃、被人为纵火烧毁等，都属于汽车被引燃的范畴。

3. 碰撞起火

当汽车发生追尾或迎面撞击时，由于基本不具备起火的条件，一般情况下汽车不会起火。只有当撞击导致易燃物（如汽油）泄漏且与火源接触时，才会导致起火。如果一辆发动机前置的汽车发生了较为严重的正面碰撞，水箱的后移有可能使油管破裂，由于此时发动机尚处于运转状态，一旦高压线因脱落或漏电引起跳火，发生火灾的可能性就很大。当汽车因碰撞或其他原因导致翻滚倾覆时，极易导致油箱泄漏，一旦遇上电火花或摩擦产生的火花，就会起火爆炸。

4. 雷击

在雷雨天气里，露天停放的汽车有可能遭遇雷击。由于雷击的电压非常高，完全可以在流着雨水的车体与地面之间构成回路，从而将汽车上的某些电气电子设备击穿（如车载电脑），严重者可以引发汽车起火。

5. 爆炸

车内违规搭载的爆炸物品（如雷管、炸药、鞭炮）极易引发火灾甚至爆炸。

三、火烧车的鉴定方法

在二手车的鉴定过程中，由于二手车都会经过翻新和修整，因此辨认一辆车是否为火烧车通常是很困难的。但是被火烧后，车体上必然还会残留火焰灼烧的痕迹。因此，根据火烧车的特点和检查流程，仔细检查几个关键的部位，就可以确定一辆车是否为火烧车。火烧车的检查项目主要有：

（1）闻气味。即使对火烧车做一次大修，车内的气味一时也是清除不掉的，所以闻气味是有效的鉴定火烧车的方法。通过确定车内是否有刺鼻气味，是否有烧焦的味道，可以去寻找车辆被火烧的痕迹。

（2）检查内饰。查看乘员舱、行李箱内饰及车顶篷是否有整体或大量更换迹象，线束是否有更换迹象。假如车辆内饰及车顶篷有更换和拆装的痕迹，则需要怀疑该车是否为火烧车。

（3）检查外观漆面。绕车一周，检查车身油篷是否完好，是否有全车重新喷漆的痕迹。如果有，那就要拆开地毯压条、备胎箱盖板、行李箱毛毡，检查是否有火烧的痕迹。

（4）检查发动机机舱。检查发动机机舱死角是否有熏黑的迹象，检查发动机机舱、乘员舱和行李箱是否有火烧痕迹，检查发动机机舱内外是否有重新喷漆的痕迹。

（5）检查发动机电器件。检查发动机电器件是否有大量更换的迹象，如果有就要注意该车是否为火烧车。检查保险盒、继电器盒和继电器是否有大量更换或火烧的痕迹。

（6）检查车身线束。检查线束是否更换过，线束如果没有更换，检查局部地方是否有火烧痕迹，用手摸是否有被火烤过的瘤状痕迹；线束如有更换，检查线束接口是否与新线束一致，有无瘤状、熏黑痕迹。检查线束及电子元件新旧程度是否与车辆的年限相符。

（7）检查发动机机舱盖。检查发动机机舱盖是否有大面积的烧蚀痕迹，隔音棉是否有烧蚀痕迹或是否为新换的。

（8）检查防火墙。检查防火墙是否有火烧痕迹，观察防火墙的隔火材料的新旧程度，然后拨开隔火材料看看里面的金属有无烧过的痕迹，如果有则基本就可以判断这是一辆火烧车了。

（9）检查其他关键部位。检查发动机排气歧管表面是否有烧蚀痕迹等。

第五节　调表车的鉴定

有些车主或者二手车商为了让车辆卖个好价钱，可能会私自调低里程数，让消费者了解不到车辆的真实状况。因此，在购买二手车时，里程数只能作为参考，不能将其作为衡量二手车技术状况的唯一指标。当然，学会辨别二手车的真实里程数也是非常重要的。调表车的鉴定，主要从以下几个方面着手。

一、通过4S店查询准确里程数

同一品牌的汽车4S店，数据库现在都联网了，因此汽车的维修和保养记录，可以在任一同品牌的4S店查到。但这通常只适用于那些在4S店进行维修和保养的汽车，部分车主不去4S店进行汽车维修和保养，那么4S店就不会有维修和保养的记录。

二、检查转向盘的磨损情况

正常情况下，更换转向盘的可能性很小。转向盘在每天的转动中，不知不觉就会留下很深的印记，所以它最能反映用车的频率。不过有些车主会用转向盘套，这会增加一些判断的难度。还有就是每个人的驾驶习惯不一样，手握的位置也不一样，并不一定都是3点、9点钟位置握得最多，检查时要找准位置。

三、检查驾驶员座椅磨损情况

对于驾驶员座椅，主要检查靠近车门的一侧。用了一定年限、行驶一定里程的车辆，其座椅会留下印痕及破损；行驶里程在10万km以上的车辆，其座椅还伴有一定程度的塌陷。

四、检查车门饰板的磨损情况

对于车门饰板，首先要检查扶手位置。行驶了一定里程的车辆，在其扶手位置会看到磨损及油光，车门上经常使用的地方会留下磨损的痕迹。然后，检查车门上开关键的磨损情况。车门上的开关键在使用一定年限后会出现油光或掉字。如果出现掉字，一般车辆的行驶里程在20万km以上。

五、检查变速杆的磨损情况

只要开车，肯定会用到变速杆，使用多了变速杆头部就会留下磨损的痕迹，行驶里程越多，磨损就越明显。另外，使用一定年限的汽车，其变速杆防尘套会老化掉皮，有些汽车会更换新的。

只要对变速杆进行仔细检查，无论如何，很多磨损的痕迹是掩盖不掉的。如果车辆的行驶里程较长，一般来说变速杆下方的防尘套都会出现不同程度的磨损或油光，这是很正常的，但如果它与周边区域反差明显，则很可能是被翻新或更换过了。

六、检查制动盘的磨损情况

制动盘的磨损情况反映了一辆车的行驶里程。正常情况下行驶里程不超过10万km的汽车无须更换制动盘。检查时要特别注意，一般情况下制动盘内侧磨损要比外侧磨损大。如果一辆使用了5年以上的车辆制动盘却很新，那就说明这辆车更换过制动盘，其行驶里程肯定超过了10万km。

如果正常行驶的话，制动盘的寿命会达到10万km或更多。检查制动盘，主要是检查制动盘边缘的磨损程度，如果制动盘边缘与中心差异过大，那就说明该车行驶里程较长了。

七、检查轮胎的磨损情况

轮胎在行驶3万～4万km时磨损一般不太明显。另外，通过对比轮胎的生产日期是否在整车出厂之后，就可以判断轮胎是否被更换过。更换轮胎的次数也是判断车辆行驶里程的依据之一。

在城市正常驾驶情况下，如果车辆行驶里程没有超过4万km，那么轮胎的磨损程度并不会太明显；如果出现胎面较平的情况，那就说明车辆行驶里程要多几万千米。

第四章

二手车评估

第一节　二手车成新率及其估算

一、二手车成新率的定义

所谓二手车的成新率,就是二手车的功能或使用价值占全新机动车的功能或使用价值的比率。它是反映二手车新旧程度的指标,因此也可以理解为二手车的现时状态与机动车全新状态的比率。

机动车的有形损耗率与机动车的成新率一起反映了同一车辆的两方面,它们的关系为:

$$成新率 = 1 - 有形损耗率 \tag{4-1}$$

贬值率与成新率的关系是:

$$C = 1 - \lambda \tag{4-2}$$

式中　C——成新率;

　　　λ——贬值率,是实体性贬值率、功能性贬值率和经济性贬值率之和。

在二手车评估的实践中,要想较为准确地评估车辆的价值,成新率的确定是关键。成新率的确定不仅需要一定的客观资料和检测手段,而且在很大程度上还需要评估人员的学识和评估经验。成新率估算方法的选择应该根据二手车的新旧程度、技术状况和价值高低等因素而定。

目前,在二手车的评估中,常用的成新率估算方法有使用年限法、行驶里程法、部件鉴定法、整车观测法、综合分析法五种。在实际的二手车评估过程中,可根据被评估车辆的客观情况灵活选用不同的成新率估算方法。不同的成新率估算方法,具有不同的特点和使用范围。

二、使用年限法估算成新率

1. 使用年限法

在成新率的估算方法中,使用年限法是比较简单的。根据不同的二手车折旧计算方法,通过使用年限法估算二手车成新率的方法可分为两种,即等速折旧法和加速折旧法。

(1) 等速折旧法估算成新率。等速折旧法也称年限平均折旧法,是指二手车的转移价值平均分摊于其使用年限中。其计算公式为:

$$C_Y = \left(1 - \frac{Y}{Y_g}\right) \times 100\% \tag{4-3}$$

式中　C_Y——使用年限法成新率;

　　　Y_g——规定使用年限,指《机动车强制报废标准规定》中的机动车使用寿命,不考虑延期报废的延长使用年限(机动车使用年限起始日期按照注册登记日期计算,但自出厂之日起超过2年未办理注册登记手续的,则按照出厂日期计算),各类汽车规定使用年限见表4-1。

　　　Y——已使用年限,指机动车从登记日期开始到评估基准日所经历的时间(进口车辆登记日期为其出厂日期）。

表 4-1　　各类汽车规定使用年限

汽车类别	规定使用年限/年
小、微型出租客运汽车	8
中型出租客运汽车	10
大型出租客运汽车	12
租赁载客汽车	15
小、微型营运载客汽车	10
大、中型营运载客汽车	15
大、中型非营运载客汽车（大型轿车除外）	20
载货汽车（包括半挂牵引车和全挂牵引车）	15
小、微型非营运载客汽车、大型非营运轿车	无使用年限限制

等速折旧法估算成新率的特点是方法简单、容易操作。采用等速折旧法估算成新率时通常将已使用年限和规定使用年限换算成月数。等速折旧法无法反映汽车的使用强度（行驶里程、技术状况等），故一般仅用于价值不高的二手车价格的评估。机动车的规定使用年限，即机动车的使用寿命分为技术使用寿命、经济使用寿命和合理使用寿命，这里所指的是机动车的合理使用寿命。已使用年限就是从注册登记日起到评估基准日止车辆所使用的时间。

（2）加速折旧法估算成新率。加速折旧法又分为年份数求和法与双倍余额递减法两种。

1）年份数求和法估算成新率。年份数求和法是指每年的汽车折旧额（实体性贬值）可用车辆现值减去残值的差额，乘以一个逐年变化的递减系数来确定成新率的一种方法。

采用年份数求和法估算二手车成新率的计算公式为：

$$C_Y = \left[1 - \frac{2}{Y_g(Y_g+1)} \sum_{n=1}^{Y} (Y_g+1-n)\right] \times 100\% \quad (4-4)$$

式中　C_Y——年份数求和法成新率；

n——在使用期限内某一确定年度；

Y_g——规定使用年限；

Y——已使用年限。

其中，递减系数的分母是一个年数等差数列的求和，即车辆使用年限历年数字的累计之和（定值），即 $Y_g(Y_g+1)$；分子是一个递减的等差数列的求和，即到当年时已经使用的年数 (Y_g+1-n) 之和。

2）双倍余额递减法估算成新率。双倍余额递减法是在不考虑汽车残值的情况下，用直线法折旧率的两倍作为汽车的折旧率乘以逐年递减的汽车年初净值，得出各年应提折旧额的方法。

直线法折旧率是规定使用年限（总折旧年限）的倒数，即 1/规定使用年限，它表示汽车在整个使用期内具有相同的折旧比率。直线法折旧率的两倍，即 2×(1/规定使用年限)，充分体现了在汽车使用早期车辆贬值较多的趋势。

余额递减是指任何年的折旧额用现有车辆重置成本乘以在车辆整个寿命期内恒定的折旧率，接着用车辆重置成本减去该年折旧额作为新的重置成本，下一年重复这一做法，直到折旧总额分摊完毕。

双倍余额递减法计算二手车成新率的计算公式为：

$$C_Y = \left[1 - \frac{2}{Y_g} \sum_{n=1}^{Y} \left(1 - \frac{2}{Y_g}\right)^{n-1}\right] \times 100\% \quad (4-5)$$

式中　C_Y——双倍余额递减法成新率；
　　　n——在使用期限内某一确定年度；
　　　Y——已使用年限；
　　　Y_g——规定使用年限。

为使车辆累计折旧额在规定年限内分摊完毕，在汽车使用的最后两年中，折旧计算方法改为平均（等速）年限法。即在汽车规定使用年限的最后两年，将汽车的账面余额减去残值后的余额除以2作为最后两年的平均折旧，这是双倍余额法的补充变通处理。

2. 使用年限法的应用

在二手车评估的实际计算中，通常在使用等速折旧法时，将已使用年限和规定使用年限换算成月数；在使用加速折旧法时，将已使用年限和规定使用年限按年数计算，不足1年部分按十二分之几折算。例如，3年9个月，前三年按年计算，后9个月按第四年折旧的9/12计算。二手车评估实务中通常不计算不足1个月的天数的折旧。

二手车按年限折旧时不宜采用等速折旧法，宜采取加速折旧法。采用等速折旧法时，经常由于未考虑经济性贬值而造成新车和准新车评估价值偏高，而使报废车评估价值偏低。因此，在用等速折旧法估算成新率时往往要考虑市场波动系数。正常使用5年内的轿车变现系数见表4-2。

表4-2　　　　　　　　　　正常使用5年内的轿车变现系数

已使用时间/月	1～6	7～12	13～18	19～24	25～30	31～36	37～42	43～48	49～54	55～60
变现系数	0.80	0.84	0.86	0.88	0.90	0.92	0.94	0.96	0.98	1.00

通过使用年限法计算得到的成新率实际上反映的是车辆的时间损耗及时间折旧率，与车辆的日常使用强度和车况无关。因此，通过使用年限法计算成新率的前提条件是车辆在正常使用条件下，按正常使用强度（年平均行驶里程）使用。我国各类汽车年平均行驶里程见表4-3。

在二手车的实际评估中，应用已使用年限指标时，应特别注意车辆的实际使用情况，而不是简单的日历天数。如果车辆的日常使用强度较大，在应用已使用年限指标时，应适当乘以一定的系数。

表4-3　　　　　　　　　　我国各类汽车年平均行驶里程

汽车类别	年平均行驶里程/万 km	汽车类别	年平均行驶里程/万 km
微型、轻型货车	3～5	租赁车	5～8
中型、重型货车	6～10	旅游车	6～10
私家车	1～3	中、低档长途客运车	8～12
出租车	10～15	高档长途客运车	15～25
公务、商务用车	3～6		

二手车的市场价格呈加速折旧的态势。通常来说，估算成新率时，25万元以上的汽车采用年份数求和法较好，25万元以下的汽车采用双倍余额递减法较好。

为了便于在二手车评估中应用不同的使用年限法估算成新率，根据以上数学模型，现将以上三种方法针对常见的三种规定使用年限给出成新率速查表作为参考，见表4-4。

表 4-4　　　　　　　　　　　　不同使用年限车辆成新率　　　　　　　　　　　　　　　%

已使用年限（年末）	规定使用年限为 15 年			规定使用年限为 10 年			规定使用年限为 8 年		
	等速折旧法	加速折旧法		等速折旧法	加速折旧法		等速折旧法	加速折旧法	
		年份数求和法	双倍余额递减法		年份数求和法	双倍余额递减法		年份数求和法	双倍余额递减法
1	93.33	87.50	86.67	90.00	81.82	80.00	87.50	77.78	75.00
2	86.67	75.83	75.11	80.00	65.46	64.00	75.00	58.34	56.25
3	80.00	65.00	65.10	70.00	50.91	51.20	62.50	41.67	42.19
4	73.33	55.00	56.42	60.00	38.18	40.96	50.00	27.78	31.64
5	66.67	45.83	49.90	50.00	27.27	32.77	37.50	16.67	23.73
6	60.00	37.50	44.25	40.00	18.18	26.21	25.00	8.34	17.80
7	53.33	30.00	39.35	30.00	10.91	20.97	12.50	2.78	8.90
8	46.67	23.33	35.11	20.00	5.46	16.78			
9	40.00	17.50	31.43	10.00	1.82	8.39			
10	33.33	12.50	28.24						
11	26.67	8.33	25.48						
12	20.00	5.00	23.09						
13	13.33	2.50	21.01						
14	6.67	0.83	10.51						

注　表 4-4 双倍余额递减法中，在最后两年均采用 50% 的年折旧率进行等速折旧，以保证车辆累计折旧额在规定年限内分摊完毕。

例 4-1：林某购买私家车，初次登记日期是 2000 年 2 月，评估基准日是 2005 年 2 月，试用使用年限法的三种方法计算成新率。

已知：该车已经使用年限为 $Y=5$（年），其规定使用年限（按家用轿车）为 $G=15$ 年。

解法 1：用等速折旧法计算成新率

$$C_Y = \left(1 - \frac{Y}{Y_g}\right) \times 100\% = \left(1 - \frac{5}{15}\right) \times 100\% = 66.7\%$$

解法 2：用年份数求和法计算成新率

$$C_Y = \left[1 - \frac{2}{Y_g(Y_g+1)} \sum_{n=1}^{Y}(Y_g+1-n)\right] \times 100\%$$

$$= \left[1 - \frac{2}{15 \times (15+1)} \sum_{n=1}^{Y}(15+1-n)\right] \times 100\%$$

$$= \left\{1 - \frac{2}{15 \times (15+1)}\left[(15+1-1)+(15+1-2)+(15+1-3)+(15+1-4)+(15+1-5)\right]\right\} \times 100\%$$

$$= 45.8\%$$

解法 3：用双倍余额递减法计算成新率

$$C_Y = \left[1 - \frac{2}{Y_g} \sum_{n=1}^{Y}\left(1 - \frac{2}{Y_g}\right)^{n-1}\right] \times 100\%$$

$$= \left[1 - \frac{2}{15} \sum_{n=1}^{Y}\left(1 - \frac{2}{15}\right)^{n-1}\right] \times 100\%$$

$$= \left\{1 - \frac{2}{15}\left[\left(1-\frac{2}{15}\right)^{1-1} + \left(1-\frac{2}{15}\right)^{2-1} + \left(1-\frac{2}{15}\right)^{3-1} + \left(1-\frac{2}{15}\right)^{4-1} + \left(1-\frac{2}{15}\right)^{5-1}\right]\right\} \times 100\%$$

$$= 48.9\%$$

三、行驶里程法估算成新率

1. 行驶里程法

汽车行驶里程的长短，可以较为准确地反映汽车的使用情况，间接地指出二手车成新率的高低。行驶里程法是通过确定被评估二手车的尚可行驶里程与规定行驶里程的比值来确定二手车成新率的一种方法。使用行驶里程法估算成新率主要有等速折旧法和54321法两种计算方法。

（1）等速折旧法估算成新率。使用等速折旧法估算成新率的公式为：

$$C_L = \frac{L_g - L}{L_g} \times 100\% = \left(1 - \frac{L}{L_g}\right) \times 100\% \tag{4-6}$$

式中　C_L——行驶里程法成新率；

　　　L——二手车实际累计行驶里程，km；

　　　L_g——车辆规定的行驶里程，km。

（2）54321法估算成新率。假设一辆车的有效寿命为30万km，将其分为5段，每段6万km，每段价值依序为新车价值的5/15、4/15、3/15、2/15和1/15。

若新车价值为20万元，已行驶12万km，那么该车的价值计算如下：

$$20 \times (3 + 2 + 1) \div 15 = 8（万元）$$

2. 行驶里程法的应用

采用行驶里程法确定的成新率，仅仅反映了二手车使用强度及使用过程中实际的物理损耗，考虑了二手车使用强度对其成新率的影响。采用行驶里程法估算成新率的前提是车辆里程表的记录必须是原始的，不能被人为地更改或更换。由于车辆里程表容易被人为变更，因此在实际的二手车评估过程中，较少直接采用此方法。

二手车实际累计行驶里程是指被评估二手车从开始使用到评估基准时点所行驶的总里程。车辆规定的行驶里程是指《机动车强制报废标准规定》中该车型的行驶里程。各类汽车规定行驶里程见表4-5。

表4-5　　　　　　　　各类汽车规定行驶里程

车辆类型与用途			行驶里程参考值/万 km
载客汽车	营运	出租客运 小、微型	60
^	^	出租客运 中型	50
^	^	出租客运 大型	60
^	^	租赁	60
^	^	教练 小型	50
^	^	教练 中型	50
^	^	教练 大型	60
^	^	公交客运	40
^	^	其他 小、微型	60
^	^	其他 中型	50
^	^	其他 大型	80
^	^	专用校车	40
^	非营运	小、微型客车，大型轿车	60
^	^	中型客车	50
^	^	大型客车	60

四、部件鉴定法估算成新率

1. 部件鉴定法

部件鉴定法是技术鉴定法的一种。部件鉴定法是指评估人员在确定二手车各组成部分技术状况的基础上，按其各组成部分对整车的重要性和价值量的大小加权评分，最后确定成新率的一种方法。

使用部件鉴定法估算成新率的计算公式为：

$$C_B = \sum_{i=1}^{n}(C_i \times \beta_i) \tag{4-7}$$

式中　C_B——部件鉴定法成新率；

C_i——二手车第 i 项部件的成新率，由评估人员鉴定评估；

β_i——二手车第 i 项部件的价值权重。

使用部件鉴定法估算成新率的基本步骤如下：

(1) 先确定二手车各主要总成、部件，再根据各部分的制造成本占整车制造成本的比重，确定其价值权重 β_i($i=1, 2, \cdots, n$)。表 4-6 为汽车各主要总成、部件的价值权重值参考表。

表 4-6　　　　汽车各主要总成、部件的价值权重值

部件名称	价值权重值		
	轿车	客车	货车
发动机及离合器总成	0.26	0.27	0.25
变速器及万向传动装置	0.11	0.10	0.15
前桥、前悬架及转向系统总成	0.10	0.10	0.15
后桥及后悬架总成	0.08	0.11	0.15
制动系统	0.06	0.06	0.05
车架	0.02	0.06	0.06
车身	0.26	0.20	0.09
汽车电器	0.07	0.06	0.05
轮胎	0.04	0.04	0.05
合计	1.00	1.00	1.00

需要注意的是，在不同种类、档次的车辆上，各组成部分对整车的重要性及其价值占整车的比重各不相同，在有些类型车辆之间相差还很大。因此，表 4-6 只能供评估人员参考，不能作为唯一的标准。在实际评估时，评估人员应根据被评估车辆各部分价值量占整车价值的比重，调整各部分的权重值。

(2) 以全新车辆对应的各总成、部件功能为满分（100 分），功能完全丧失为 0 分，再根据被评估二手车各相应总成、部件的技术状态估算出其成新率 C_i($i=1, 2, \cdots, n$)。

(3) 分别将各总成、部件估算出的成新率与价值权重相乘，得到各总成、部件的权重成新率（$C_i \times \beta_i$）（$i=1, 2, \cdots, n$）。

(4) 最后将各总成、部件的权重成新率相加，即得出被评估车辆的部件鉴定法成新率。

2. 部件鉴定法的应用

使用部件鉴定法来确定成新率，既考虑了二手车的实体性损耗，也考虑了二手车维修或换件等追加投资使车辆价值发生的变化。所以，这种方法虽然比较费时费力，但评估价值更接近实际值，可信度高。这种方法一般用于价值较高的二手车的评估。

五、整车观测法估算成新率

1. 整车观测法

整车观测法也是技术鉴定法的一种。整车观测法是指评估人员采用人工观察的方法，或借助简单的仪器检测，对二手车技术状况进行鉴定、分级，以确定成新率的一种方法。

整车观测法观察和检测的技术指标主要包括二手车的现时技术状态、使用年限及行驶里程、大修情况、整车外观和完整性等。

对二手车技术状况分级的办法是先确定两头，即先确定刚投入使用不久的车辆和将报废处理的车辆，然后再根据车辆评估的精细程度要求在刚投入使用不久的车辆与报废车辆之间划分若干等级，以确定成新率。二手车技术状况等级及成新率见表4-7。

表 4-7　　　　　　　　二手车技术状况等级及成新率

车况等级	新旧情况	技术状况描述	成新率/%
1	使用不久，行驶里程在3万~5万km	使用状况良好，能按设计要求正常使用	90~100
2	使用1~3年，行驶里程在15万km左右	一般没有经过大修，在用状况良好，故障率低，可随时出车使用	65~89
3	使用4~5年，发动机或整车经过一次大修	大修过的总成性能良好，在用状况良好，外观出现过中度损伤，但修复较好	40~64
4	使用5~8年，发动机或整车经过两次大修	车辆的动力性、经济性、工作可靠性都有所下降，车身漆出现脱落受损，金属件出现锈蚀，故障率较高，维修费用明显上升，但车辆仍符合《机动车安全技术条件》（GB 7258—2017）的规定，使用状况一般或较差	15~39
5	基本达到或到达使用年限，待报废处理	车辆不能正常使用，动力性、经济性、可靠性大大降低，燃料费、维修费等明显增高，且排放和噪声污染已达到极限	0~14

提示：表4-7中所示数据都是经验数据，只供评估人员参考，不能将其作为唯一标准。

2. 整车观测法的应用

使用整车观测法确定成新率，主要是凭借二手车鉴定评估人员的职业经验，靠感觉（视觉、听觉、触觉和嗅觉等）或借助检测工具，对被鉴定车辆的状态和损耗程度做出判断和分级，这就要求鉴定评估人员必须具有一定的专业水平和相当的评估经验。使用整车观测法估算成新率的主观判断成分较多。

整车观测法简单易行，但评估价值没有部件鉴定法的准确，一般用于中、低等价值的二手车的评估，或作为综合分析法的主要参考依据之一。

六、综合分析法估算成新率

由使用年限法、行驶里程法、部件鉴定法、整车观测法四种方法确定的成新率，只考虑了机动车的部分因素，不能很好地反映机动车的整体状态。而综合分析法是以使用年限法为基础，再综合考虑对二手车价值有影响的多种因素（如二手车的实际技术状况、维护保养情况、原车制造质量、二手车用途、使用条件及工作性质等），以调整系数的形式确定成新率的一种方法。

1. 综合分析法

（1）计算方法。综合分析法是以使用年限法为基础，综合考虑多种因素对二手车价值的影响，来确定二手车的成新率的。使用综合分析法估算成新率的计算公式为：

$$C_F = C_Y \times K \times 100\% \tag{4-8}$$

式中　C_F——综合分析法成新率；

　　　C_Y——使用年限成新率；

　　　K——综合调整系数。

影响二手车成新率的主要因素有二手车技术状况、维护保养、原始制造质量、用途和使用条件等，可参考表4-8推荐的综合调整系数，用加权平均法进行调整。

表 4-8　二手车成新率综合调整系数

影响因素		调整系数		系数权重/%
技术状况	K_1	良好	1.0	30
		较好	0.9	
		一般	0.8	
		较差	0.7	
		很差	0.6	
维护保养	K_2	良好	1.0	25
		较好	0.9	
		一般	0.8	
		较差	0.7	
原始制造质量	K_3	进口车	1.0	20
		国产名牌车（或走私罚没车）	0.9	
		国产普通车	0.8	
用途	K_4	私用	1.0	15
		公务、商务	0.9	
		营运	0.7	

续表

影响因素		调整系数		系数权重/%
使用条件	K_5	良好	1.0	10
		一般	0.9	
		较差	0.8	

注 表4-8中因素分级和调整系数只作为参考，评估时应根据实际情况进行适当调整，但各因素的调整系数取值不得超过1，综合调整系数计算结果也不能超过1。

根据被评估二手车是否需要进行项目修理或换件维修，综合调整系数有以下两种确定方法：

1）二手车无须进行项目修理或换件时，可直接采用表4-8所推荐的调整系数。

2）二手车需要进行项目修理或换件，或需要进行大修时，可综合考虑修理后对二手车成新率估算值的影响，直接确定一个合理的综合调整系数来进行价值评估。

综合调整系数的计算公式为：

$$K = K_1 \times 30\% + K_2 \times 25\% + K_3 \times 20\% + K_4 \times 15\% + K_5 \times 10\% \tag{4-9}$$

式中 K——综合调整系数；

K_1——二手车技术状况调整系数；

K_2——二手车维护保养调整系数；

K_3——二手车原始制造质量调整系数；

K_4——二手车用途调整系数；

K_5——二手车使用条件调整系数。

（2）调整系数的选取。具体如下：

1）二手车技术状况调整系数K_1。二手车技术状况调整系数是基于车辆技术状况鉴定对车辆进行的分级，用以修正车辆的成新率。技术状况调整系数的取值范围为0.6～1.0，技术状况好的取上限，反之取下限。

2）二手车维护保养调整系数K_2。二手车维护保养调整系数反映了使用者对车辆使用、维护和保养的水平。不同的使用者对车辆使用、维护和保养的实际执行情况差别较大，会直接影响车辆的使用寿命和成新率。维护保养调整系数的取值范围为0.7～1.0，维护保养好的取上限，反之取下限。

3）二手车原始制造质量调整系数K_3。确定二手车原始制造质量调整系数时，应了解被评估的二手车是国产车还是进口车及进口国别，是国产的应了解是品牌车型还是一般车型。一般来说，国家正规手续进口的车辆质量优于国产车辆，品牌车型优于一般车型，但也有较多例外，故在确定此系数时应慎重。对依法没收领取牌证的走私车辆，其原始制造质量系数建议视同国产品牌车型考虑。原始制造质量系数的取值范围为0.8～1.0。

4）二手车用途调整系数K_4。二手车用途（或使用性质）不同，其繁忙程度不同，使用强度也不相同。一般车辆用途可分为私人工作和生活用车；机关企事业单位的公务和商务用车；从事旅客、货运、城市出租的营运车辆。以普通轿车为例，一般来说，私人工作和生活用车每年最多行驶约3万km；公务、商务用车每年不超过6万km；而营运出租车每年行驶里程有些高达15万km。可见二手车用途不同，其使用强度差异很大。二手车用途调整系数的取值范围为 0.7～1.0，使用强度小的取上限，反之取下限。

5）二手车使用条件调整系数K_5。我国地域辽阔，各地自然条件差别很大，车辆的使用条件对其成新率影响很大。使用条件可分为道路使用条件和特殊使用条件。

道路使用条件可分为好路、中等路和差路三类。其中好路指国家道路等级中的高速公路，一、二、三级道路；中等路指符合国家道路等级四级的道路；差路指国家等级以外的路。

特殊环境使用条件主要指特殊自然条件，包括寒冷、沿海、风沙和山区等地区。

车辆使用条件调整系数的取值范围为 0.8～1.0。取值时，应根据二手车实际使用条件适当取值。如果二手车长期在好路和中等路上行驶，调整系数分别取 1.0 和 0.9；如果二手车长期在差路或特殊环境使用条件下工作，调整系数取 0.8。

2. 综合分析法的应用

综合分析法较为全面地考虑了影响二手车价值的各种因素，并用一个综合调整系数来调整二手车成新率，评估价值准确度较高，因而适用于中等价值的二手车的评估。这是目前二手车鉴定评估中常用的方法之一。

例 4-2：李先生于 2000 年花 13.5 万元购置了一辆普通桑塔纳轿车作为个人使用，并于 2004 年 2 月在某省二手车交易市场交易。评估人员检查发现，该发动机排量为 1.8L，初次登记日期为 2000 年 8 月，基本作为个人市内交通使用，累计行驶里程超过 7 万 km，维护保养较好，路试车况良好。2003 年 12 月，该车市场新车价为 11.0 万元，请用综合分析法估算成新率。综合调整系数采用加权平均的方法确定，计算综合评估价值。

解法：

已使用年限：3 年 6 个月即为 42 个月，即 $Y=42$；

规定使用年限：$Y_g=15$ 年，即 180 个月，则 $Y_g=180$；

该车路试车况良好，取车辆技术状况调整系数为 $K_1=1.0$；

维护保养较好，取车辆维护保养调整系数为 $K_2=0.9$；

桑塔纳轿车为国产名牌车，取车辆原始制造质量调整系数为 $K_3=0.9$；

该车为私人用车，取车辆用途调整系数为 $K_4=1.0$；

该车为个人市内交通使用，取车辆使用条件调整系数为 $K_5=0.9$。

则综合调整系数为

$$K=K_1\times 30\% + K_2\times 25\% + K_3\times 20\% + K_4\times 15\% + K_5\times 10\%$$
$$=1.0\times 30\% + 0.9\times 25\% + 0.9\times 20\% + 1.0\times 15\% + 0.9\times 10\%$$
$$=95.5\%$$

因此，该车的成新率为

$$C_F=C_Y\times K\times 100\% = \left(1-\frac{Y}{Y_g}\right)\times 95.5\%\times 100\% = 73.22\%$$

七、综合成新率法估算成新率

所谓综合成新率法就是采用定性和定量分析的方法，综合多种单一因素对二手车成新率估算结果的影响，并分别赋予不同的权重，计算加权平均成新率。采用综合成新率法确定成新率，可以反映二手车的新旧程度，尽量减少使用单一因素成新率估算方法给评估结果所带来的影响，因而是一种较为科学的方法。

下面介绍综合使用年限法、行驶里程法、部件鉴定法和整车观测法四种方法来估算二手车成新率的方法。使用综合成新率法估算成新率的公式为：

$$C_Z = C_1\alpha_1 + C_2\alpha_2 \qquad (4\text{-}10)$$

式中　C_Z——综合成新率法成新率；
　　　C_1——理论成新率；
　　　C_2——二手车现场查勘成新率；
　　　α_1，α_2——权重系数，$\alpha_1 + \alpha_2 = 1$。

权重系数的取值要求评估人员根据被评估二手车的实际情况而定。

（1）理论成新率。二手车理论成新率包括通过使用年限法和行驶里程法计算的成新率。它是根据二手车实际使用年限和行驶里程计算而得的，是一种对二手车成新率的定量计算，其结果一般不能人为改变。在实际计算中，可将使用年限法成新率和行驶里程法成新率加权平均得到二手车理论成新率，计算公式为：

$$C_1 = C_Y \times 50\% + C_L \times 50\% \qquad (4\text{-}11)$$

式中　C_1——二手车理论成新率；
　　　C_Y——使用年限法成新率；
　　　C_L——行驶里程法成新率。

（2）二手车现场查勘成新率。评估人员先对二手车做技术状况现场查勘（包括静态检查、动态检查、仪器检查），得出鉴定评估意见，然后根据《二手车鉴定评估技术规范》（GB/T 30323—2013）对整车和重要部件做定性分析并以评分形式给予量化，累加评分就是车辆技术状况分值（满分为100分）。二手车现场查勘成新率计算公式为：

$$C_2 = 车辆技术状况分值 / 100 \qquad (4\text{-}12)$$

二手车技术状况现场查勘的主要内容如下：

1）车身外观。主要包括车身是否被碰撞过，车灯是否齐全，前后保险杠是否完整，车身颜色、光泽、锈蚀情况等。

2）车内装饰。主要包括装潢程度、颜色、清洁程度，仪表及座位是否完整，以及其他有关装饰情况等。

3）发动机工作状况。主要包括动力状况，有无更换部件（或替代部件）和修复现象，是否有泄漏现象等。

4）底盘。主要包括底盘是否变形，是否有异响，变速箱状况是否正常，前后桥状况是否正常，传动系统工作状况是否正常，是否有漏油现象，转向系统情况是否工作正常、制动系统工作状况是否正常等。

5）电气系统。主要包括发动机点火器是否工作正常，电源系统是否工作正常，空调及音响系统是否工作正常等。

以上查勘情况，一般应由评估委托方或车辆所有单位技术人员签名，以确认查勘情况是客观的、真实的，保证与实际车况相符。确定查勘情况后，评估人员必须对被评估车辆做出查勘鉴定结论。上述资料经过整理，就可以编制成二手车技术状况调查表，见表4-9。

表 4-9 二手车技术状况调查表

评估委托方：　　　　　　　　　　　　　　　　　　　　　　　评估基准日期：　　年　　月　　日

明细表序号		车辆牌号		厂牌型号	
车辆基本情况	生产厂家		已行驶里程		km
	购置日期		登记日期		
	大修情况		规定行驶里程		km
	改装情况		规定使用年限		年（个月）
	耗油量				
车辆实际技术状况		是否达到环保要求		事故次数及情况	
		现场查勘情况			
	外形、车身部分	颜色	光泽	退色	锈蚀
		有无被碰撞	严重程度	修复	车灯是否齐全
		前、后保险杠是否完整	其他：		
	车内装饰部分	装璜程度	颜色	清洁	仪表是否齐全
		座位是否完整	其他：		
	发动机总成	动力状况评分		有无修补现象	有无替代部件
		漏油现象		严重□　一般□　轻微□　无□	
	底盘各部分	有无变形	有无异响	变速箱状况	后桥状况
		前桥状况	传动状况	漏油现象	严重□　一般□　轻微□　无□
		转向系是否工作正常		制动系统情况	
	电气系统	电源系统是否工作正常	发动机点火系是否工作正常	空调系统是否工作正常	音响系统是否工作正常
		其他：			
鉴定意见：					

资产占有单位技术人员签字：×××　　　　　　　　　　　　　评估人员签字：×××

在对二手车做技术状况现场查勘的基础上，可以对整车和重要部件做定性分析并以评分形式给予量化。表 4-10 为二手车成新率评定表，计算总分就是二手车技术状况现场查勘成新率。

表 4-10　　　　　　　　　　　二手车成新率评定表

序号	项目名称	达标程度	参考标准分	评分
1	整车（满分 20 分）	全新	20	
		良好	15	
		较差	5	
2	车架（满分 15 分）	全新	15	
		一般	7	
3	前后桥（满分 15 分）	全新	15	
		一般	7	
4	发动机（满分 30 分）	全新	30	
		轻度磨损	25	
		中度磨损	17	
		重度磨损	5	
5	变速器（满分 10 分）	全新	10	
		轻度磨损	8	
		中度磨损	6	
		重度磨损	2	
6	转向及制动系统（满分 10 分）	全新	10	
		轻度磨损	8	
		中度磨损	6	
		重度磨损	2	
总分（现场查勘成新率/%）			100	

（3）权重系数。被评估二手车理论成新率和现场查勘成新率的权重分配、使用年限法成新率和行驶里程法成新率的权重分配，要根据被评估二手车类型、使用状况、维修保养状况综合分析，科学、合理地确定。这与二手车鉴定评估人员的专业判断能力和实践工作经验有很大的关系，因此需要评估人员在实践中不断地学习和总结。

第二节　二手车评估的基本方法

二手车评估以机动车的技术状况鉴定为基础，资产评估理论为依据，根据不同的评估目的、价值标准和业务条件，按照重置成本法、收益现值法、现行市价法和清算价格法四种方法进行。在二手车收购环节，除可根据重置成本法、收益现值法、现行市价法和清算价格法的思想方法简单确定收购价格外，还可利用折旧法科学地评估计算拟收购二手车的价格。

一、重置成本法

重置成本法是指将在现时条件下重新购置一辆全新状态的被评估车辆所需的全部成本（即

完全重置成本，简称重置成本），减去该被评估车辆的各种陈旧性贬值后的差额作为被评估车辆现时价格的一种评估方法。被评估车辆的陈旧性贬值包括实体性贬值（有形损耗）、功能性贬值（功能性损耗）、经济性贬值（经济性损耗）。

重置成本法要最大限度地参考被评估车辆对应的新车价格，如果同款式新车停产，则要参考同品牌相近车型的新车价格，然后再结合使用年限、使用情况、车辆手续情况等因素应用折算公式折算出现时价格。

1. 重置成本法的基本要素

重置成本法的四个基本要素是：二手车的重置成本、二手车实体性贬值、二手车功能性贬值和二手车经济性贬值。

（1）二手车的重置成本。二手车重置成本是指在现行市场条件下重新购置一辆全新车辆所需支付的全部货币总额。简单地说，二手车重置成本就是当前再取得该车的成本。重置成本又分为复原重置成本和更新重置成本两种。

1）复原重置成本。复原重置成本是指用与被评估车辆相同的材料、制造标准、结构设计及技术水平等要求，以现时市场价格重新购置与被评估车辆相同的全新车辆所发生的全部成本。汽车不同于一般机器设备，技术性很强，又有很强的法规限制，一般用户是很难复原一辆已经停产很久的汽车的。

2）更新重置成本。更新重置成本是指利用新材料、新技术、新标准和新设计等，以现时市场价格购置具有相同或相似功能的全新车辆所支付的全部成本。

应该注意的是，无论是复原重置成本还是更新重置成本，车辆本身的功能应该不变。一般情况下，在选择重置成本时，如果同时能够取得复原重置成本和更新重置成本，应该优先选择更新重置成本。在不存在更新重置成本的情况下，再考虑选择复原重置成本。重置成本法主要立足于车辆的现行市价，与二手车的原购置价并无多大的关系。现行市价越高，重置成本也越高。

（2）二手车实体性贬值。二手车实体性贬值也叫有形损耗，是指机动车在存放和使用过程中，由于物理和化学原因而导致的车辆实体发生的价值损耗，即由于自然力的作用而发生的损耗。

（3）二手车功能性贬值。二手车功能性贬值是由于科学技术的发展所导致的车辆贬值，即无形损耗。这类贬值又可细分为一次性功能贬值和营运性功能贬值。其中一次性功能贬值是由于技术进步引起劳动生产效率提高，现在再生产制造与原功能相同的车辆的社会必要劳动时间减少，成本降低而造成原车辆的价值贬值；营运性功能贬值是由于技术进步，出现了新的、性能更优的车辆，致使原有车辆的功能相对新车型已经落后而造成的价值贬值。

（4）二手车经济性贬值。二手车经济性贬值是指由于外部经济环境变化所造成的车辆贬值。所谓外部经济环境，包括宏观经济政策、市场需求、通货膨胀、环境保护等。经济性贬值是由于外部环境而不是车辆本身或内部因素所引起的达不到原有设计的获利能力而造成的贬值。外界因素对车辆价值的影响不仅是客观存在的，而且对车辆价值影响还相当大，所以在二手车评估中不可忽视。

2. 重置成本法的评估价值计算

根据《二手车鉴定评估技术规范》（GB/T 30323—2013），利用重置成本法评估二手车价值时，被评估的二手车的价值可通过以下两个公式进行计算：

（1）被评估车辆的评估价值＝重置成本－实体性贬值－功能性贬值－经济性贬值，即

$$P = B - (D_S + D_G + D_J) \qquad (4\text{-}13)$$

式中 P——被评估车辆的评估价值；

      B——重置成本；

      D_S——实体性贬值；

      D_G——功能性贬值；

      D_J——经济性贬值；

      C——成新率。

该公式是利用重置成本法评估二手车价格的最基本模型。它综合考虑了二手车的现行市场价格和各种影响二手车价值量变化（贬值）的因素，因此最让人信服和易于接受。但造成这些贬值的影响因素较多且有一定的不确定性，从而使得难以准确地确定二手车的贬值，所以该方法可操作性较差，使用困难。

（2）被评估车辆的评估价值＝重置成本×成新率，即：

$$P = BC \qquad (4\text{-}14)$$

式中 P——被评估车辆的评估价值；

      B——重置成本；

      C——成新率。

该公式适合利用整车观测法和部件鉴定法来估算二手车价格。它是基于成新率的评估法，综合考虑了各种贬值对二手车价值的影响，是一种定性和定量相结合的评估方法，也是目前二手车市场上应用最广的一种评估方法。

3. 重置成本法的评估步骤

利用重置成本法评估二手车价格可按下列步骤进行：

（1）确定重置成本。重置成本的计算方法有很多，对于二手车评估定价而言一般采用重置核算法和物价指数法（车价指数法）。

1）重置核算法。重置核算法又称直接法或细节分析法，它是以现行市价来核算被评估车辆的重置成本。

当市场上有与待评估车品牌、型号和配置完全相同的新车出售时：

$$\text{重置成本} = \text{新车净车价} + \text{车辆购置价格以外一次性缴纳的税费} \qquad (4\text{-}15)$$

其中，新车净车价是汽车销售店的新车报价，倘若当地各销售店有最新的优惠或降价，也应把优惠折算成相应金额，计入新车净车价内。这样做的原因很简单，就是重置成本不应超过最低新车购置价。

当待评估车已停产，市场上有与之类似的车辆出售时：

$$\text{重置成本} = \text{新车售价} - \text{单车成本变动值} + \text{车辆购置价格以外一次性缴纳的税费} \qquad (4\text{-}16)$$

其中，单车成本变动值是指由于车辆改进造成的分摊在每一部车上的制造成本变动量。

另外，进口车的重置成本构成为：

$$\text{重置成本} = \text{到岸价} + \text{一次性缴纳的税费} \qquad (4\text{-}17)$$

其中，进口车一次性缴纳的税费主要有关税、消费税、增值税、其他税费等。不同类型进口汽车的关税率、消费税率、增值税率是不一样的。

$$\text{关税} = \text{报关价} \times \text{关税税率} \qquad (4\text{-}18)$$

$$\text{消费税} = (\text{报关价} + \text{关税})/(1 - \text{消费税率}) \times \text{消费税率} \qquad (4\text{-}19)$$

$$\text{增值税} = (\text{报关价} + \text{关税} + \text{消费税}) \times \text{增值税率}(16\%) \qquad (4\text{-}20)$$

例如，一辆报关价为 10 万元人民币的进口轿车，其关税（以 43.8％计）为 4.38 万元；消费税（以 5％计）为 0.75 万元；增值税为 2.42 万元；税后价值为 17.55 万元；加上海关费用、商检费、运输费及经销商利润，市场价值约为 21 万元。

一般而言，车辆重置成本大多是通过市场调查得出的，无须进行十分复杂的计算。重置成本是被评估车辆在评估基准日的全新车辆价格（包括上牌的各种税费），该价格一般是通过市场询价而取得的。市场询价的信息可以从新车生产厂家、经销商、各种媒体上取得。市场询价是二手车评估的第一步。但是对于市场上尚未出现的那些新车型（特别是进口新车型）或淘汰车型，由于其价值信息有时不容易获得，这时就需要按照其重置成本的构成进行估算。

2）物价指数法（车价指数法）。物价指数法即车辆价值波动指数，它是在二手车原始成本的基础上，通过现时物价指数确定其重置成本。其计算公式为

$$重置成本 = 车辆原始成本 \times \frac{车辆评估时物价指数}{车辆购买时物价指数} \qquad (4-21)$$

或

$$重置成本 = 车辆原始成本 \times (1 + 物价变动指数) \qquad (4-22)$$

如果被评估车辆是淘汰产品，或是进口车辆，当询不到现时市场价格时，这是一种很有用的方法。

使用物价指数法时应注意以下问题：①一定要先检查被评估车辆的账面原价，如果购买原价不准确，则不能使用物价指数法；②使用物价指数法计算出的值，即为车辆重置成本值；③物价指数要尽可能选用有法律依据的国家统计部门或物价管理部门及政府机关发布和提供的数据，不能选用无依据或不明来源的数据；④如果现在选用的指数与规定的评估基准日之间有一段时间差，这一时间差内的价格指数可由评估人员依据近期的指数变化趋势结合市场情况而定。

（2）确定二手车成新率。确定二手车成新率是重置成本法应用中的难点。评估人员要在现场查勘的基础上，认真填好评估查勘作业表，详细鉴定二手车技术状况，确定成新率。在此基础上综合分析品牌因素、市场热销程度、市场占有率情况、车龄、地区差异、车辆档次和政府的宏观政策对车辆变现能力的影响，计算确定二手车变现系数以确定综合成新率。

（3）确定综合调整系数。利用使用年限法和行驶里程法估算二手车成新率时，应根据对二手车技术状况的鉴定，确定其各个调整系数，再考虑其对应的权重，确定综合调整系数。

（4）计算评估价值。选用适当的重置成本法的计算模型来计算评估价值。

4. 重置成本法评估的应用

一般情况下，在无参照物、无法使用现行市价法的情况下，应选用重置成本法。重置成本法在二手车鉴定评估中是一种较为常用的方法，然而在实际应用中对一些指标的计算尚存在认识上的偏差。因此要从重置成本法的基本思路出发，探讨有关指标的内涵，并提出原则性的计算方法，以便为提高重置成本法评估结果的可靠性提供计算依据。

（1）前提条件。应用重置成本法要满足以下四个前提条件：

1）购买者对拟进行交易的评估对象，不改变原来用途。

2）评估对象的实体特征、内部结构及功能效用必须与假设重置的全新资产具有可比性。

3）评估对象必须是可以再生、复制的，不能再生、复制的评估对象不能采用重置成本法。

4）评估对象必须是随着时间的推移具有陈旧贬值性的资产，否则就不能应用重置成本法进行评估。

(2) 注意事项。应用重置成本法时要注意以下几点：

1) 评估基准日、车辆初次登记日期。应用重置成本法时，应明确评估时点即评估基准日。重置成本应是评估基准日的重置成本，而不一定是评估作业日期的重置成本。因为评估基准日和评估作业日期不一定一致。规定使用年限是到评估基准日的国家标准规定的年限，而不一定是到评估作业日期的国家标准规定的年限。

同时，应用重置成本法时，应采用车辆的初次登记日期为计算起点。车辆的生产日期或出厂日期、车辆的购买日期、车辆初次登记日期往往比较相近。在有些情况下，车辆的出厂日期和车辆的初次登记日期相差较大，即车辆出厂后三到五年才登记上牌，甚至更长。

对进口的汽车计算使用年限时，从登记之日起开始计算；按照《机动车强制报废标准规定》，对依法没收的走私汽车、摩托车办理注册登记时，其"初次注册登记日期"的年份，一律按车辆出厂年份登记。

车辆的出厂年份可以从 VIN 推算出来。另外，汽车的安全带上也有记录，即在前排座位两侧的安全带下端有一标示牢固地缝在安全带上，上面印有生产厂家、出厂日期的数据。

2) 车辆的使用性质。应区分不同性质的车辆，严格按照《机动车强制报废标准规定》执行，决不能将规定使用年限搞混。特别是要区分营运车辆和非营运车辆，只要被评估车辆做过营运车辆，也要按营运车辆计算。同时，要搞清营运车辆的概念，对政策界限比较模糊的车辆，如租赁车辆、驾校用的车辆等，应及时查清车辆在公安机关交通管理部门上牌的底档资料，确定其性质，分清使用年限。

3) 变现系数。采用重置成本法时，一般没有考虑各种贬值，特别是难以确定的功能性贬值和经济性贬值，因此造成评估价格普遍较高，尤其对使用了1～3年、品牌知名度不是很高的车辆或品牌知名度虽较高但市场占有率较小的车辆，以及特种车辆（如运钞车、油罐车、吊车等）更是如此。另外，对于一部分大货车、大客车等，其评估价值往往高于市场成交价很多，这不符合市场经济规律，也在一定程度上将评估带入了歧途，不利于行业的发展。为了解决这个问题，可引入变现系数或市场波动系数的概念。

变现系数是对重置成本法评估结论的修正完善，其通过考虑经济性贬值，将结论修正到较为符合市场价格。变现系数应由车辆的品牌因素、供求关系、地区差异、车辆档次，以及车型状况（主要是配件供应情况）、车辆耗油量及排放品质等综合因素而定。这是一个十分复杂的综合分析过程，结果的准确与否取决于评估人员对市场价格的把握能力。变现系数可能小于1.0，也可能大于1.0，应视上述因素综合分析而定。一般在采用加速折旧法估算成新率时，不再考虑市场变现系数。

4) 残值。重置成本法评估中一般不考虑残值。

5) 成新率估算方法的比较。在对二手车进行评估作业时，确定成新率的方法有许多种，每一种方法都各有利弊。因此，在实际应用中应针对不同类型、不同年份、不同价值的车辆，采用不同的成新率估算方法。

使用年限法、行驶里程法一般适用于价值量较低的车辆的评估；综合分析法一般适用于中等价值的车辆的评估；部件鉴定法适用于价值较高的车辆的评估；整车观测法则主要用于中、低等价值车辆价格的初步估算，或作为综合分析法评估要考虑的主要因素之一。

对于不同价值的车辆，在涉及采用使用年限法估算成新率时，建议25万元以上的高级汽车采用年份数求和法较好，25万元以下的中级汽车采用双倍余额递减法较好，10万以下的普通汽车采用年限平均（等速）折旧法较好。

对于汽车上安装的新技术、新科技装备，估算成新率时，可以参考汽车厂家或4S店推出的相关综合调整系数表格加以考虑，保证估算的成新率值有所提高，以更好地反映汽车的现有价值。

6）车辆大修对成新率的影响。当车辆主要总成的技术状况下降到一定程度时，需要用修理或更换车辆零部件的大修方法恢复车辆的动力性、经济性、工作可靠性和外观的完整美观性。

对于重置成本在7万元以下的二手车或老旧车辆，一般不考虑大修对成新率的影响；对于重置成本在7万~25万的车辆，凭车主提供的车辆大修结算单等资料可适当考虑提高成新率的估算值；对于25万元以上的进口车或国产高档车，凭车主提供的车辆大修或一般维修换件的结算单等资料，分析车辆受托维修厂家的维修设备、维修技术水平、配件来源等情况，或者对车辆进行实体鉴定，考查维修对车辆带来的正面作用或者可能出现的负面影响，从而酌情决定是否提高成新率的估算值。

例4-3： 某公司有一辆进口沃尔沃轿车欲出售。根据调查，目前该款车的全新购置成本为60万元。至评估基准日止，该车已使用了5年，累计行驶里程10万km。经现场技术勘查，该车发动机提速不快，排气有冒蓝烟的现象，车身处有补漆痕迹，自动变速器不能升入超速挡，其他技术状况均与车辆的新旧程度相符。试评估该车的价格。

解法：

确定重置成本：根据该款车的全新购置成本为60万元可知，该车的重置成本为60万元。

确定成新率：综合成新率法成新率(C_Z)=使用年限成新率(C_1)×α+二手车现场查勘成新率(C_2)×β。其中，使用年限成新率(C_1)=预计车辆剩余使用年限÷车辆使用年限=10÷15=0.66；二手车现场查勘成新率(C_2)=车辆技术状况分值/100。

车辆技术状况分值是通过对车辆的技术状况进行静态、动态、仪器检查得出来的。因为该车发动机提速不快，排气有冒蓝烟的现象，所以发动机成新率减少；车身多处有补漆痕迹，所以车身成新率减少；另外，自动变速器不能升入超速挡，所以自动变速器成新率减少。最终车辆技术状况分值可得50分。因此二手车现场查勘成新率（C_2）=车辆技术状况分值/100=50/100=0.5。

权重系数：根据现场鉴定的结果，分别对α、β进行取值，α=0.4，β=0.6。综合成新率法成新率(C_Z)=年限成新率(C_1)×α+二手车现场查勘成新率(C_2)×β=0.66×0.4+0.5×0.6=0.564。

计算车辆的评估价值：车辆评估价值=重置成本×成新率=60×0.564=33.84（万元）。

二、收益现值法

收益现值法又称收益还原法、收益资本金化法，它是指将被评估车辆在剩余寿命期内的预期收益，用适当的折现率折现为评估基准日的现值，并以此确定评估价值的一种方法。采用收益现值法对二手车进行评估所确定的价格，是指为获得该机动车辆以取得预期收益的权利所支付的货币总额。

收益现值法的基本理论公式可表述为：

$$二手车重估价值 = 该车预期各年收益折成现值之和 \qquad (4-23)$$

1. 收益现值法的评估价值计算

收益现值法的评估价值计算，实际上就是对被评估车辆未来预期收益进行折现的过程。被评估车辆的评估价值等于剩余寿命期内各期的收益现值之和，其基本计算公式为：

$$P = \sum_{t=1}^{n} \frac{A_t}{(1+i)^t} = \frac{A_1}{(1+i)^1} + \frac{A_2}{(1+i)^2} + \cdots + \frac{A_n}{(1+i)^n} \tag{4-24}$$

当未来预期收益不等值时，应用式（4-23）计算。当 $A_1 = A_2 = \cdots = A_n = A$ 时，即 t 从 $1 \sim n$ 未来收益相同，都为 A 时：

$$P = A \cdot \left[\frac{1}{1+i} + \frac{1}{(1+i)^2} + \cdots + \frac{1}{(1+i)^n} \right] = A \cdot \frac{(1+i)^n - 1}{i \cdot (1+i)^n} \tag{4-25}$$

式中　P——评估价值；

A_t——未来第 t 个收益期的预期收益额，收益期有限时（机动车的收益期是有限的），A_t 中还包括期末车辆的残值，一般估算过程残值忽略不计；

n——收益年期（剩余经济寿命的年限）；

i——折现率；

t——收益期，一般以年计。

2. 收益现值法的参数确定

（1）收益年期（n）的确定。收益年期（即二手车剩余经济寿命期）指从评估基准日到二手车报废的年限。各类营运车辆的报废年限在《机动车强制报废标准规定》中都有具体规定。如果剩余使用寿命期估算得过长，则计算的收益期就多，车辆的评估价值就高；反之，车辆的评估价值就低。因此，必须根据二手车的实际状况对其收益年期做出正确的评定。

（2）预期收益额（A_t）的确定。应用收益现值法时，未来每年收益额的确定是关键。预期收益额是指被评估二手车在其剩余使用寿命期的使用过程中，可能带来的年纯收益额。确定车辆预期收益额时应注意以下两点：

1）预期收益额是通过预测分析获得的。对于买卖双方来说，判断车辆是否有价值，应判断该车辆能否带来收益。对车辆收益能力的判断，不仅仅是看现在的收益能力，更重要的是预测未来的收益能力，关注未来的经营风险。

2）预期收益额的确定。针对二手车的评估特点与评估目的，为估算方便，一般应用的计算公式为：

$$\text{收益额} = \text{税前收入} - \text{应交所得税} = \text{税前收入} \times (1 - \text{所得税率}) \tag{4-26}$$

$$\text{税前收入} = \text{一年的毛收入} - \text{车辆使用的各种税、费和人员劳务费等} \tag{4-27}$$

为了避免计算错误，一般应列出车辆在剩余寿命期内的现金流量表。

（3）折现率的确定。折现率是将未来预期收益折算成现值的比率。它是一种特定条件下的收益率，说明车辆取得该项收益的收益率水平。

收益率越高，意味着单位资产的增值率越高，在收益一定的情况下，所有者拥有的资产价值越低。在计量折现率时必须考虑风险因素的影响，否则就可能过高地估计车辆的价值。一般来说，折现率应包括无风险收益率和风险报酬率两方面的风险因素，即：

$$\text{折现率} = \text{无风险收益率} + \text{风险报酬率} \tag{4-28}$$

需要注意的是，折现率与利率不完全相同，利率是资金的报酬，折现率是管理的报酬。利率只表示资产（资金）本身的获利能力，而与使用条件、占用者和使用用途没有直接联系。折现率则与车辆及所有者的使用效果有关。折现率一般不好确定，其确定的原则是起码不低于国家银行存款的利率。因此在实际应用中，如果其他因素不好确定时，可取折现率等于利率。

3. 收益现值法评估的程序

(1) 调查了解营运车辆的经营行情和消费结构。

(2) 充分调查了解被评估车辆的基本情况和技术状况。

(3) 根据调查了解的结果，预测车辆的预期收益，确定折现率。

(4) 将预期收益折现处理，确定被评估车辆的评估价值。

4. 收益现值法评估的应用

收益现值法所确定的二手车价值依赖于未来预期收益。利用收益现值法进行二手车评估的前提是车辆必须能投入使用，且在剩余寿命期内具有继续经营和获利的能力。

应用收益现值法进行的二手车评估，是以车辆投入使用后连续获利为基础的。因此，收益现值法比较适合营运车辆的评估。

例 4-4：某人拟购置一辆较新的普通桑塔纳车作为个体出租车经营使用，经调查了解得到以下相关参数情况：车辆登记日期是 2016 年 4 月，已行驶里程数为 13 万 km，目前该车技术状况良好，能正常运行；如用作个体出租车，全年可出勤 300 天，每天平均毛收入 450 元；评估基准日是 2018 年 4 月。试用收益现值法估算该车的价值。

分析：从车辆登记之日起至评估基准日止，车辆已投入运行 2 年。根据行驶里程数和车辆外观、发动机等技术状况看来，该车在原出租营运期间，正常使用并保养维护。根据国家有关规定和车辆状况，车辆剩余使用寿命为 6 年。

预期收益额的确定思路是：将一年的毛收入减去车辆使用的各种税、费，包括驾驶人员的劳务费等，以计算其税后纯利润。

根据目前银行储蓄年利率、国家债券、行业收益等情况，确定资金预期收益率为 15%，风险报酬率为 5%。

解法：

确定车辆的剩余使用年限：6 年。

估测车辆的预期收益：

预计年收入为 450×300＝13.5（万元）；

预计年支出：①每天耗油量 75 元，年耗油量为 75×300＝2.25 万元；②日常维修费 1.2 万元；③平均大修费用 0.8 万元；④牌照、保险、养路费及各种规费、杂费 3.0 万元；⑤人员劳务费 1.5 万元；⑥出租车标付费 0.6 万元。

故年毛收入为 13.5－2.25－1.2－0.8－3.0－1.5－0.6＝4.15（万元）。

按生产经营个人所得税条例规定，年收入在 3 万～5 万元应缴纳所得税率为 10%。

故车辆的年纯收益额为：4.15×(1－10%)＝3.7（万元）。

确定车辆的折现率：该车剩余使用寿命为 6 年，预计资金收益率为 15%，再加上风险率 5%，故折现率为 20%。

计算车辆的评估价值：假设每年的纯收入相同，则由收益现值法公式求得评估价值，即：

$$P = A \cdot \frac{(1+i)^n - 1}{i \cdot (1+i)^n} = 3.7 \times \frac{(1+0.2)^6 - 1}{0.2 \times (1+0.2)^6} = 12.3 \text{（万元）}$$

三、现行市价法

现行市价法又称市场法或市场价格比较法，是指以市场最近售出的类似车辆为参照车（参照车可以是一辆或几辆车），将被评估车辆与参照车的构造、功能、性能、行驶里程、使用年限、新旧程度及交易价格等进行比较，找出两者的差别及其在价格上所反映的差额，经过适当调整，最终计算出被评估车辆价格的一种评估方法。现行市价法是最直接、最简单且结果最贴近市场真实价格的一种评估方法。

1. 现行市价法的应用前提

由于现行市价法是通过与同类二手车销售价格相比较的方式来确定被评估二手车的价值的，因此应用这一方法时一般应具备以下两个前提条件：

（1）需要有一个发育成熟、交易活跃的二手车交易市场，保证有充分的相同或相近的二手车交易，即参照车辆较多，以便比较准确地反映市场成交的二手车价格，这是应用现行市价法评估二手车价值的关键。

（2）评估中作为参照物的二手车与被评估的二手车要有可比较的指标，而且这些可比较的指标是可收集到的，其价值影响因素是明确和可以量化的。

要求已成交的参照车辆是近期的、可比较的。所谓近期，是指参照车辆交易时间与被评估二手车评估基准日相近，一般在一个季度之内；所谓可比较，是指参照车辆在规格、型号、功能、性能、配置、内部结构、新旧程度及交易条件等方面与被评估二手车相同或相近。

2. 现行市价法评估的程序

采用现行市价法评估的程序如图 4-1 所示。

（1）收集被评估车辆的资料。收集被评估车辆的资料，包括收集车辆的类别名称、车辆型号和技术性能参数、生产厂家及出厂年月等信息，了解车辆的用途、车辆使用情况、实际技术状况（车辆的性能和新旧程度等）及还可以使用的年限等情况，以获得被评估车辆的主要参数，为市场数据资料的收集及参照物的选择提供依据。

（2）选择参照车辆。如果市场上资源丰富，所选取的参照物一般都在三个或三个以上。参照车辆的选择要按照可比性原则来进行。可比性因素包括以下几个：

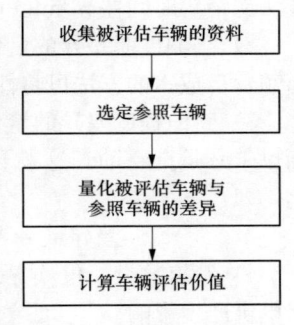

图 4-1 现行市价法评估的程序

1）车辆类型。只能选择同类型汽车作为参照车辆，如轿车与轿车、货车与货车、自卸车与自卸车等。

2）车辆制造厂家、型号、结构、性能。选择参照车辆时，应尽量选用同品牌车作为参照物。若没有同品牌车可供参照，也可以选择不同品牌车作为参照物，但要求其发动机排量、主要功能配置、技术参数、新车价格等基本相近，且其品牌知名度、市场认可度等经济指标相近。

3）评估地点。在二手车评估中，不同地区的交易市场，相同车辆的价格会有较大的差别。选择参照车辆的交易地点最好在同一个城市，或相近的经济区域。

4）车辆使用性质。要明确车辆是私用、公务、商务车辆，还是营运车辆。只能选择使用性质相同的机动车作为参照车辆，不能将营业性机动车作为非营业性机动车的参照物。同是营业性机动车，也不能把出租车作为租赁机动车的参照物。同是非营业性机动车，最好也不要将机关单位用的机动车作为私家机动车的参照物。

5）使用年限、行驶里程。只能选择使用年限、行驶里程相近的机动车作为参照车辆。

6）主要技术参数。只能选择主要技术参数相近的机动车作为参照车辆，如轿车的排气量、货车的载重量等。

7) 评估目的。只能选择评估目的相同的机动车作为参照车辆。不同情况下的交易，其评估目的往往有较大的差别。如车辆出售是以清偿为目的的还是以淘汰转让为目的，买方是获利转手倒卖还是购买自用等。

8) 市场状况。市场状况指的是市场是处于衰退萧条期还是处于复苏繁荣期；交易量如何，新车价格趋势如何，目前该车型的市场保有量如何等；供求关系是买方市场还是卖方市场。

9) 成交数量和付款方式。不同的交易数量（如不要将大宗数量的二手车价格作为少量二手车评估参照物）和不同的付款方式会使成交价格不同。

10) 成交时间。应尽量采用近期成交的车辆为参照车辆，因为随着时间的变化车辆的市场价格会有波动。

按以上可比性因素选择参照车辆时，若找不到多辆可以参照的车辆，则可按上述可比性因素，仔细分析选定的类比车辆是否具有一定的代表性，并认真分析其成交价格的合理性，符合条件的才能作为参照车辆。

(3) 量化被评估车辆与参照车辆差异。对被评估的车辆与选定的参照车辆进行认真的分析、类比、量化和调整。具体包括以下内容：

1) 销售时间差异的量化。在选择参照车辆时，应尽可能地选择在评估基准日成交的案例，以省去销售时间的量化步骤。若参照车辆的交易时间在评估基准日之前或之后，可采用指数调整法将销售时间差异量化并予以调整。

2) 车辆性能差异的量化。车辆性能差异的具体表现在于车辆营运成本的差异。通过测算超额营运成本的方法可将性能方面的差异量化。

3) 新旧程度差异的量化。被评估车辆与参照车辆在新旧程度上不一定完全一致，参照车辆也未必是全新的。这就要求评估人员对被评估车辆与参照车辆的新旧程度差异进行量化，即：

$$差异量 = 参照物价格 \times (被评估车辆成新率 - 参照物成新率) \tag{4-29}$$

4) 销售数量、付款方式差异的量化。销售数量大小、采用何种付款方式均会对车辆的成交单价产生影响。

对销售数量差异的调整采用未来收益的折现方法来解决。对付款方式差异的调整采用的方法是，被评估车辆通常是以一次性付款方式为假定前提，若参照车辆采用分期付款方式，则可按当期银行利率将各期分期付款额折现累加，即可得到一次性付款总额。

(4) 计算车辆评估价值。将各可比性因素差异的调整值以适当的方式加以汇总，并据此对参照车辆的成交市价进行调整，从而确定被评估二手车的评估价值。其计算公式为：

$$被评估车辆的评估价值 = 参照物现行市价 \times \sum 差异量 \tag{4-30}$$

或

$$被评估车辆的评估价值 = 参照物现行市价 \times 差异调整系数 \tag{4-31}$$

3. 现行市价法的评估价值计算

利用现行市价法评估单辆二手车价值的方法有直接市价法和类比市价法两种。

(1) 直接市价法。直接市价法是指在市场上能找到与被评估车辆完全相同的车辆，并将其现行价格直接作为被评估车辆评估价格的一种方法。完全相同是指车辆型号相同，使用条件和技术状况相同，生产和交易时间相近。寻找同型号的车辆有时是比较困难的。鉴于此，通常情况下，如果与被评估车辆类别相同、主参数相同、结构性能相同，只是生产序号不同并只做局部改动,交易时间相近的车辆,即可作为直接评估过程中的参照物,也就是认为两者是完全相同的。

在市场上找一辆与被评估二手车相同或基本一致的车辆,查询其现行市场交易价格,将其价格直接作为被评估二手车的评估价格。其计算公式为:

$$P_1 = P_2 \tag{4-32}$$

式中 P_1——被评估车辆的评估价格,元;

P_2——参照车辆的交易价格,元。

例 4-5:铃木天语 SX4 型出租车,初次登记日期为 2014 年 5 月,至 2018 年 5 月行驶里程为 45 万 km,该市出租车使用年限为 8 年,运用现行市价法中的直接市价法计算该出租车的评估价格。

解法:

了解当地的二手车市场情况:了解当地的二手车市场是否有与被评估车辆同类型、入户时间相近、使用状况相近的车辆,并选择可比性强的参照物。选择三辆于 2014 年初次登记上牌的铃木天语 SX4,其使用性质均为出租车,使用年限均为 4 年,配置完全一样,市场价格分别为 15 000 元、15 500 元、16 000 元,评估基准日与参照物成交日期相近。

计算评估价格:所参照的三辆车的市场价格分别为 15 000 元、15 500 元、16 000 元,故被评估车辆的价格可以取所参照的三辆车市场价格的平均值,即:

$$P = (15\,000 + 15\,500 + 16\,000) \div 3 = 15\,500(元)$$

(2)类比市价法。类比市价法是指评估车辆时,在公开市场上找不到与其完全相同的车辆,但在公开市场上能找到与其类似的车辆,以此为参照物,并将其价格做相应的差异调整,从而确定被评估车辆价格的一种方法。

所选参照物成交日期与评估基准日在时间上越近越好,实在无近期的参照物,也可以选择远期的,然后做日期修正。其基本计算公式为:

$$评估价格 = 市场交易参照物价格 + \sum 评估对象比交易参照物优异的价格差额$$
$$- \sum 交易参照物比评估对象优异的价格差额 \tag{4-33}$$

或

$$评估价格 = 参照物价格 \times (1 \pm 调整系数) \tag{4-34}$$

利用现行市价法评估二手车价值的关键是全面了解市场情况,对现行市场掌握的情况越多,评估的准确度就越高。

例 4-6:某评估人员运用类比市价法对某卡罗拉轿车进行价值评估时,收集了两辆参照车辆的技术经济参数。该车及参照车辆的技术经济参数见表 4-11,试计算该车的评估价格。

表 4-11　　　　　　　　被评估车辆及参照车辆的技术经济参数

技术经济参数	参照车辆 A	参照车辆 B	被评估车辆
	卡罗拉 2011 款 特装 1.6GL 炫酷版 MT	卡罗拉 2011 款 特装 1.6GL 炫酷版 MT	卡罗拉 2011 款 特装 1.6GL 炫酷版 MT
结构性能差异	老内饰、普通大灯	新内饰、氙气大灯	新内饰、LED 大灯
销售市场	公开市场	公开市场	公开市场

续表

技术经济参数	参照车辆 A	参照车辆 B	被评估车辆
	卡罗拉 2011 款 特装 1.6GL 炫酷版 MT	卡罗拉 2011 款 特装 1.6GL 炫酷版 MT	卡罗拉 2011 款 特装 1.6GL 炫酷版 MT
交易时间	2018 年 8 月	2018 年 12 月	2018 年 9 月
使用年限	15 年	15 年	15 年
初次登记日期	2012 年 6 月	2012 年 8 月	2012 年 4 月
已使用年限	6 年 2 个月	6 年 4 个月	6 年 5 个月
综合成新率	53%	48%	50%
交易数量	1	1	1
付款方式	现款	现款	现款
地点	上海	上海	上海
物价指数	1.00	1.03	1.03
价格/万元	5	5.5	待定

解法 1：以参照车辆 A 进行各项差异量化和调整。

结构性能差异的量化与调整：参照车辆 A 的为老内饰，被评估车的为新内饰，评估基准时点差异为 0.8 万元；参照车辆 A 的为普通大灯，被评估车的为 LED 大灯，评估基准时点差异为 0.4 万元。故结构性能差异的调整系数为 (0.8+0.4)×50%=0.6（万元）。

销售时间差异的量化与调整：参照车辆 A 成交时的物价指数为 1.00，被评估车辆评估时的物价指数为 1.03，该项调整系数为 1.03/1=1.03。

新旧程度差异的量化与调整：该项调整系数为 5.0×(50%−53%)=−0.15（万元）。

销售数量及付款方式无异，不需要修正。

故其评估价格为：

$$评估价格 = (5.0+0.6-0.15) \times 1.03 = 5.61（万元）$$

解法 2：以参照车辆 B 进行各项差异的量化和调整。

结构性能差异的量化与调整：参照车辆 B 的为新内饰、氙气大灯；被评估车的为新内饰、LED 大灯，该项差异为 0.2 万元。该项调整系数为 0.2×50%=0.1（万元）。

新旧程度差异的量化与调整。该项调整系数为 5.5×(50%−48%)=0.11（万元）。

销售时间、数量和付款方式无异，不需要修正。

故其评估价格为：

$$评估价格 = 5.5+0.1+0.11 = 5.71（万元）$$

综合以上两种解法，该车的最终评估价格为：

$$P = (5.61+5.71)/2 = 5.66（万元）$$

4．现行市价法评估的应用

(1) 一般情况下，二手车评估推荐选用现行市价法。

(2) 现行市价法要求评估人员经验丰富，熟悉车辆的鉴定评估程序、鉴定方法和市场交易情况，这样采用现行市价法评估所需的时间会很短，因此特别适合应用于成批收购、鉴定和典当时的车辆价格评估。单件收购评估时，还可以讨价还价，以达成双方都能接受的交易价格。

(3) 在查勘被评估车辆时，除要检查车况外，还要仔细检查汽车的主要辅助功能和配置，包括是否有动力转向、自动变速器、发动机涡轮增压、电动门窗、天窗、风窗玻璃与后视镜自动除霜和刮水器等。此外，还要注意车辆的外观是否改动，是否为金属漆，车身是否加长等。这些配置的增减和外观的变化均会影响价格。

(4) 目前我国各地二手车交易市场的完善程度和交易规模存在很大差异，有些地区的汽车保有量和车型少，二手车交易量也少，寻找参照车辆会比较困难。因此，现行市价法的实际应用在我国目前的二手车交易市场条件下会受到一定的限制。

四、清算价格法

清算价格法是以清算价格为标准，对二手车进行的价格评估。清算价格是指企业由于破产或其他原因，要求在一定的期限内将车辆变现，在企业清算之日预期出卖车辆可收回的快速变现价格。

清算价格法在原理上基本与现行市价法相同，其主要根据二手车的技术状况，应用现行市价法估算其正常价值，再根据处置情况和变现要求，乘以一个折扣率来确定二手车的清算价格。所不同的是企业迫于停业或破产的压力，急于将车辆拍卖、出售，因此清算价格往往大大低于现行市场价格。

1. 清算价格法的应用前提

清算价格法适合应用于企业破产、资产抵押、停业清理时要售出车辆的价格评估，因此清算价格法有以下应用前提：

(1) 企业破产。企业破产指当企业或个人因经营不善造成严重亏损不能清偿到期债务时，企业应依法宣告破产，法院依法以其全部财产清偿其所欠的债务，不足部分不再清偿。

(2) 资产抵押。资产抵押是以所有资产作为抵押物进行融资的一种经济行为，是合同当事人一方用自己特定的财产向对方保证履行合同义务的担保形式。提供财产的一方为抵押人，接受抵押财产的一方为抵押权人。抵押人不履行合同时，抵押权人有权利将抵押财产在法律允许的范围内变卖，从变卖抵押物价款中优先受偿。

(3) 停业清理。停业清理是指企业由于经营不善导致严重亏损，已临近破产的边缘或因其他原因将无法继续经营下去，为弄清企业财物现状，对其全部财产进行清点、整理和查核，为经营决策（破产清算或继续经营）提供依据，以及因资产损毁、报废而进行清理、拆除等的经济行为。

2. 清算价格法的评估价值计算

目前，对于清算价格的确定，从理论上还难以找到十分有效的依据，但在实践中仍有一些方法可以采用，主要有现行市价折扣法、意向询价法和竞价法三种。

(1) 现行市价折扣法。现行市价折扣法是指对清理车辆，首先在市场上找到参照车辆，然后根据市场调查和快速变现原则，确定一个合适的折扣率，再确定二手车的评估价格。其计算公式为：

$$P = P' \times \gamma \qquad (4-35)$$

式中　P'——参照车辆交易价格，元；
　　　γ——折扣率，%。

例 4-7：某车经调查在二手车市场上的成交价格为 8.2 万元，根据销售情况调查，折价 10% 可以当即出售，则该车辆清算价格为 8.2×(1−10%)=7.36（万元）。

(2) 意向询价法。意向询价法也称模拟拍卖法，是根据向被评估车辆的潜在购买者询价的办法取得市场信息，最后经评估人员分析确定其清算价格的一种方法。用这种方法确定的清算价格受供需关系的影响，评估时要充分考虑该影响的程度。

例 4-8： 拟评估某车的拍卖清算价格，评估人员经过对三家运输公司和两家二手车经销公司的征询，获得其报价分别为 8 万元、9 万元、10 万元、8.5 万元、9.5 万元，平均价格为 9 万元。考虑目前的市场情况，评估人员确定该车的清算价格为 8.8 万元。

（3）竞价法。竞价法是指由法院按照法定程序（破产清算）或由卖方根据评估结果提出一个拍卖的底价，在公开市场上由买方竞争出价，谁出的价格高就卖给谁。

例 4-9： 有 1 辆铲车，拟评估其拍卖清算价格，评估人员经过对 7 家客户意向价格的征询，获得其报价分别为 17 万元、17.5 万元、17.8 万元、18 万元、17.6 万元、18.2 万元、18.4 万元，平均价格为 17.78 万元。考虑目前的各种因素，评估人员确定该车的清算价格为 17.8 万元。

3. 清算价格法评估的程序

（1）用其他评估方法确定基数。采用清算价格法时，一般采用现行市价法、重置成本法和收益现值法或综合应用几种方法的组合确定基数。

（2）根据相关因素确定折扣率。影响折扣率大小的因素主要有：

1）被评估标的车辆的市场接受程度，是通用车型还是专用车型。

2）综合考虑车辆的欠费情况，欠费则价格相对较低。

3）拍卖时限。变现时间的长短影响折扣率，变现时间越短，折扣率就越小。

4. 清算价格法的注意事项

（1）使用清算价格法时，应严格分清其使用范围和前提条件，尽量规避评估风险。

（2）只有在企业破产、资产抵押、停业清理的范围内适用，并且在有法律效力的文件依据基础上才能使用。不满足上述条件时应慎用清算价格法。

（3）对于通常出现的以物抵债的形式，还是采用现行市价法、重置成本法或收益现值法进行评估为宜，以规避评估风险。

（4）清算价格法虽然在应用时受许多条件的制约，但在实际应用中常利用其快速变现的特点，在确定评估拍卖底价时使用。

（5）在评估报告中说明所采用的评估方法时，注意要用重置成本法和现行市价法结合快速变现因素进行描述，而不直接应用清算价格法，以规避评估风险。

五、折旧法

折旧是指企业的固定资产在预计的使用年限内由于磨损和损耗而逐渐转移的价值。机动车作为固定资产，按现行财务制度规定应计提固定资产折旧。所谓机动车的折旧是指机动车随着时间的推移或在使用过程中由于损耗而转移到产品中去的那部分价值。这部分转移的价值以折旧额的形式计入成本费用，并从企业营业收入中得到补偿。

二手车折旧额是二手车所有者已经得到的价值补偿，剩下的价值即重置成本全价减去二手车已使用年数的累计折旧额，这才是二手车现有的价值，评估时应以这个价值作为评估价值。在二手车鉴定评估时，如果发现车辆有某些功能完全丧失，需要维修和换件的，还应考虑扣减相应的维修费用。因此应用折旧法计算评估价值的计算公式为：

$$\text{被评估二手车的评估价值} = \text{重置成本全价} - \text{累计折旧额} - \text{维修费用} \tag{4-36}$$

1. 折旧法的评估模型

折旧法的评估模型，其计算公式为：

$$P = B - \sum D_t - F_s \tag{4-37}$$

式中　P——二手车评估价值，元；

　　　B——二手车重置成本全价，元；

　　　D_t——二手车折旧额（$t=1, 2, \cdots, n$，n 为预计使用年限），元；

　　　$\sum D_t$——二手车已使用年限内的累计折旧额，元；

　　　F_s——二手车需要的维修费用，元。

2. 折旧额的计算

车辆年折旧额的计算有两种方法，即等速折旧法和加速折旧法。由于市场情况是随着时间的变化而变化的，因此推荐使用加速折旧法。

（1）等速折旧法。等速折旧法也称平均折旧法，是指用车辆的原值除以车辆使用年限，以求得每年平均计提折旧额的方法。其计算公式为：

$$D_t = \frac{K_0 - S_v}{n} \tag{4-38}$$

式中　D_t——二手车年折旧额，元；

　　　K_0——二手车原值，元；

　　　S_v——二手车残值，元；

　　　n——二手车预计使用年限（一般取规定使用年限），年。

（2）加速折旧法。加速折旧法也称递减折旧法，是指在汽车使用早期多提折旧，在使用后期少提折旧的一种方法。加速折旧法求年折旧额的方法有两种，即年份数求和法和双倍余额递减法。

1）年份数求和法。年份数求和法是指每年的折旧额可用车辆原值减去残值的差额乘以一个逐年递减系数来确定折旧额的一种方法。其计算公式为：

$$D_t = (K_0 - S_v) \times \frac{n+1-t}{\frac{n(n+1)}{2}} \tag{4-39}$$

式中　D_t——二手车年折旧额，元；

　　　K_0——二手车原值（实际评估时，取评估基准日期的重置全价），元；

　　　S_v——二手车残值，元；

　　　n——二手车预计使用年限（一般取规定使用年限），年；

　　　t——已使用年限数（实际评估中，把已使用的总月数折算为年度数计算）；

　　　$\dfrac{n+1-t}{\dfrac{n(n+1)}{2}}$——递减系数（也称年折旧率）。

2）双倍余额递减法。双倍余额递减法是根据每年二手车剩余价值和双倍的等速法折旧率计算二手车折旧的一种方法。这种方法计算时不考虑二手车预计净残值，其计算公式为：

$$年折旧额 = 该年二手车剩余价值 \times 年折旧率 \tag{4-40}$$

其中：

$$年折旧率 = \frac{2}{预计使用年限} \times 100\% \tag{4-41}$$

上述双倍余额递减折旧法求年折旧额可表示为：

$$D_t = [K_0(1-a)^{t-1}]a = K_0 a (1-a)^{t-1} \tag{4-42}$$

式中　D_t——二手车年折旧额，元；
　　　K_0——二手车原值（实际评估时，取评估基准日期的重置全价），元；
　　　a——年折旧率，$a=\dfrac{2}{n}\times 100\%$，$n$ 为预计使用年限；
　　　t——已使用年限数（实际评估中，把已使用的总月数折算为年度数计算）。

由于采用双倍余额递减法确定二手车折旧率时不考虑二手车的净残值因素，因此在连续计算各年折旧额时，如果发现使用双倍余额递减法计算的折旧额小于采用等速折旧法计算的折旧额，就应该改用等速折旧法提折旧。

例 4-10：某公司转让一辆斯柯达轿车，经与二手车交易中心洽谈，由该中心收购此车。此车初次登记日期为 2011 年 2 月，转让日期为 2014 年 8 月，已使用 3 年 6 个月，此型号车辆现行市价为 8 万元，规定使用年限为 15 年，残值忽略不计。试用年份数求和法估算收购价值。

解法：

已知该轿车已使用年限为 3 年 6 个月，则 $Y=48$ 个月，$Y_g=120$ 月；递减系数为 $\dfrac{n+1-t}{\dfrac{n(n+1)}{2}}=\dfrac{16-t}{120}$；年折旧额 $D_t=(K_0-S_v)\times\dfrac{n+1-t}{\dfrac{n(n+1)}{2}}$，计算结果见表 4-12。

表 4-12　　　　　　年份数求和折旧法计算累计折旧额

年份	重置成本/元	递减系数	年折旧额/元	累计折旧额/元
第 1 年（2011 年 2 月～2012 年 1 月）		15/120	10 000	10 000
第 2 年（2012 年 2 月～2013 年 1 月）	80 000	14/120	9333	19 333
第 3 年（2013 年 2 月～2014 年 1 月）		13/120	8667	28 000
第 4 年（2014 年 2 月～2015 年 1 月）		12/120	8000	36 000

表 4-12 是按 4 年计算的累计折旧额，但车辆实际使用年限只有 3 年 6 个月，因此计算得到的累计折旧额应减去第 4 年的半年折旧额，即年份数求和折旧法计算累计折旧额为：

$$\sum D_t=28\,000+\dfrac{8000}{2}=32\,000(元)$$

依据 $P=B-\sum D_t-F_s$ 估算二手车的收购价格，由于没有给出需要修理的项目及费用，因此 $F_s=0$，则

$$P=B-\sum D_t=80\,000-32\,000=48\,000(元)$$

第三节　二手车评估方法的选择

一、二手车评估方法的关系

二手车评估的四种基本方法，即重置成本法、现行市价法、收益现值法和清算价格法，它们都有各自的特点，同时又是相互关联的。评估方法的多样性，让评估人员可以选择适当的评估途径，简捷、准确地确定被评估对象的价值。下面介绍四种二手车评估方法之间的联系与区别。

1. 重置成本法与现行市价法的联系与区别

（1）联系。重置成本法与现行市价法的联系主要表现在：决定重置成本的因素与决定现行

市价的基本因素相同,即在现有条件下,生产功能相同的车辆所花费的社会必要劳动时间相同。但是,现行市价的确定还需考虑其他与市场相关的因素:一是车辆功能的市场性,即车辆的功能能否得到市场的认可;二是供求关系的影响,即现行市场价格随供求关系的变化会出现波动。

(2) 区别。现行市价法与重置成本法的区别在于:重置成本法只是在模拟条件下重置车辆的现行价格;而现行市价法以市场价格为依据,车辆价格受市场因素约束,并且其评估价值直接接受市场检验。

重置成本法是将被评估车辆与全新车辆进行比较的过程,而且更侧重于性能方面。例如,评估一辆旧汽车时,首先要考虑重新购置一辆全新的车辆所需的成本,同时还需进一步考虑旧汽车的陈旧状况、功能、技术情况。只有当这一系列因素充分考虑周到后,才可能给旧汽车定价。而上述过程都涉及与全新车辆的比较,没有比较就无法确定旧汽车的价格。

现行市价法的出发点更多地表现在价格上。由于现行市价法比较侧重于价格分析,因此对现行市价法的应用便十分强调市场化程度。如果市场很活跃,参照物很容易取得,那么应用现行市价法所取得的结论就会更可靠。现行市价法的这种比较性,相对于重置成本法而言,其条件更为广泛。

2. 重置成本法与收益现值法的区别

重置成本法与收益现值法的区别主要表现在:前者是对历史的分析,后者是对预期的分析。

重置成本法比较侧重于对车辆过去使用状况的分析,再加上对现时状况的比较后才得出结论。例如,有形损耗就是基于被评估车辆的已使用年限和使用强度等来确定的。因此,如果没有对被评估车辆历史的判断和记录,应用重置成本法评估车辆的价值是不可能的。

收益现值法的评估要素完全是基于对未来收益的分析。收益现值法从不把被评估车辆已使用年限和使用程度作为评估基础。收益现值法不必考虑被评估车辆过去的情况怎样。收益现值法所考虑和侧重的是被评估对象未来能给予投资者多少收益。一般而言,预期收益越大,车辆的价值越高。预期收益的测定,是收益现值法的基础。

3. 现行市价法与收益现值法的联系与区别

(1) 联系。现行市价法与收益现值法的联系主要表现在:两者在价格形式上有相似之处,都是评估公平市场价格。

(2) 区别。现行市价法与收益现值法的区别在于:两者的价格内涵不同,现行市价法主要是以车辆进入市场的价格计量;而收益现值法主要是以车辆的获利能力进入市场的价格计量。

从评估的角度看,收益现值法中任何参数的确定都具有主观性。因为预期收益、折现率等都是不可知的参数,但是这些参数在应用收益现值法评估车辆价值时必须明确,否则收益现值法就不能使用。然而,一旦从估计的角度来考虑收益现值法中的参数,就涉及估计的依据问题了。针对此问题,在市场发达的地方,可通过选择参照物的方式,进一步计量其收益折现率及预期使用年限,然后将这些参照物数据比较有效地应用到被评估车辆上,以确定车辆的价值。

把收益现值法和现行市价法结合起来使用,可以降低评估过程中人为因素的影响,从而使车辆的评估更能体现市场观点。

4. 清算价格法与现行市价法的联系与区别

(1) 联系。清算价格法与现行市价法的联系主要表现在:两者均是市场价格。

(2) 区别。清算价格法与现行市价法的区别在于:现行市价是公平市场价格;而清算价格是非正常市场上的拍卖价格，一般大大低于现行市价。

二、二手车评估方法的选用

1. 二手车评估方法的适用范围

（1）重置成本法的适用范围。重置成本法是二手车评估中常用的一种方法，它适用于继续使用前提下的二手车评估。对在用车辆，可直接应用重置成本法进行评估，无须做较大的调整。目前，我国二手车交易市场尚需进一步规范和完善，现行市价法和收益现值法受到一定的客观条件的制约；而清算价格法仅在特定的条件下才能使用。因此，重置成本法在二手车评估中得到了广泛的应用。

（2）收益现值法的适用范围。二手车的评估多数情况下采用重置成本法，但在某些情况下，也可应用收益现值法。应用收益现值法进行二手车评估的前提是被评估车辆具有独立的、能连续用货币计量的可预期收益。在车辆的交易中，由于人们购买的目的往往不在于车辆本身，而在于车辆的获利能力，因此该方法比较适用于营运车辆的评估。

（3）现行市价法的适用范围。现行市价法的应用首先必须以市场为前提，它是借助于参照物的市场成交价或变现价运作的（该参照物与被评估车辆相同或相似）。因此，一个发达活跃的二手车交易市场是现行市价法得以广泛应用的前提。

此外，现行市价法的应用还必须以可比性为前提。应用该方法评估二手车市场价值的合理性与公允性，在很大程度上取决于所选取的参照物的可比性。可比性包括以下两方面内容：

1）被评估车辆与参照物在规格、型号、用途、性能、新旧程度等方面应具有可比性。

2）参照物的交易情况（诸如交易目的、交易条件、交易数量、交易时间、交易结算方式等）与被评估车辆将要发生的情况具有可比性。

以上所述的市场前提和可比性前提，既是应用现行市价法进行二手车评估的前提条件，也是对应用现行市价法进行二手车评估的范围的界定。对于车辆的买卖，以车辆作为投资参股、合作经营的，均适合应用现行市价法进行车辆评估。

（4）清算价格法的适用范围。清算价格法适用于企业破产、资产抵押、停业清理时要售出的车辆的评估。这类车辆必须同时满足以下三个条件，方可利用清算价格法进行评估。

1）以具有法律效力的破产处理文件、抵押合同及其他有效文件为依据。

2）车辆在市场上可以快速出售变现。

3）清算价格足以补偿因出售车辆所付出的附加支出总额。

（5）折旧法的适用范围。由于折旧法是基于使用年限的，且可以采用加速折旧法计算二手车的价值转移，从而使二手车剩余价值相对比较小，这对二手车收购方来说是比较有利的。因此，折旧法比较适合应用于二手车的收购。

2. 二手车评估方法选择的考虑因素

选择二手车评估方法时，应主要考虑以下因素：

（1）二手车评估方法的选择必须严格与机动车评估的计价标准相适应。

（2）二手车评估方法的选择要受数据收集和信息资料的制约。

（3）在选择二手车评估方法时，要充分考虑二手车评估工作的效率，选择简单易行的方法。

考虑上述因素，在四种评估方法中，采用现行市价法评估时，由于我国二手车交易市场发育尚不健全，较难寻到与被评估车辆类型相同、使用时间相同、使用强度相同和使用条件相同的参照物；采用收益现值法时，投资者对预期收益额的预测难度较大，且受较强的主观判断和未来不可预见因素的影响；采用清算价格法评估车辆时，又受其适用条件的局限。因此，上述三种评估方法在二手车评估中较少采用，而最常采用的是重置成本法，其具有收集资料信息便捷、操作简单易行、评估理论贴近二手车的实际等特点。

第四节　二手车鉴定评估报告的撰写

二手车鉴定评估报告是记述评估成果的文件，也可以看成是评估人员提供给委托评估者的"产品"。二手车鉴定评估机构和人员确定了评估对象的评估价值后，应将评估结论写成书面材料，这就是二手车鉴定评估报告。

二手车鉴定评估报告是按照一定格式和内容来反映评估目的、程序、依据、方法、结果等基本情况的文件。二手车鉴定评估报告是二手车鉴定评估的结论，是最关键的、具有法律效力的文件，它体现了二手车鉴定评估的严谨性。

一、撰写二手车鉴定评估报告的要求

撰写二手车鉴定评估报告，要遵循以下基本要求：

(1) 二手车鉴定评估报告必须依照客观、公正、科学、实事求是的原则，由二手车鉴定评估机构独立撰写（报告拟定人应是参与鉴定评估并全面了解被评估车辆的主要鉴定评估人员），如实反映鉴定评估工作情况，切忌出具虚假报告。

(2) 二手车鉴定评估报告应包含有评估主体、评估客体、评估目的、评估程序、评估标准、评估方法等内容。

(3) 二手车鉴定评估报告文字、内容要前后一致，正文、评估说明、作业表、鉴定工作底稿、数据要相互一致，不能出现相互矛盾的情况。

(4) 二手车鉴定评估报告要写明评估基准日，并且不得随意更改，所有在评估中采用的税率、费率、利率和其他价格标准，均应采用评估基准日的标准。

(5) 二手车鉴定评估报告要有法律、法规依据，附件要齐全。

(6) 二手车鉴定评估报告要写明被评估车辆的现时技术状况、评估计算过程和报告结论（即评估价值），结构完整的二手车鉴定评估报告是在二手车评估鉴定登记表、二手车鉴定评估作业表的基础上撰写的。

(7) 二手车鉴定评估报告完成后，要注意按业务约定的时间及时送交委托方，并保证相关文件齐全。

二、理解二手车鉴定评估报告的作用

根据不同的目的，对二手车鉴定评估报告作用的理解可从以下两个方面来分析。

1. 委托方（客户）对二手车鉴定评估报告作用的理解

(1) 作为法庭辩论和裁决时确认财产价格的举证材料。一般是指发生纠纷案时的资产评估，其评估结果可作为法庭做出裁决的证明材料。

(2) 作为支付评估费用的依据。当委托方（客户）收到评估资料及二手车鉴定评估报告后没有提出异议，也就是说，评估的资料及结果符合委托书的条款，委托方应以此为前提和依据向受托方（即评估机构）付费。

(3) 作为产权变动交易作价的基础材料。二手车鉴定评估报告的结论可以作为车辆买卖交易确定谈判底价的参考依据，或作为投资比例出资价格的证明材料，特别是对涉及国有资产的二手车的客观公正的作价，可以有效地防止国有资产的流失。

（4）作为各类企业进行会计记录的依据。按评估价值对会计账目的调整必须有有权机关的批准。

（5）作为反映和体现评估工作情况，明确委托方、受托方及有关方面责任的根据。二手车鉴定评估报告采用文字的形式，对受托方进行二手车评估的目的、背景、产权、依据、程序、方法等过程和评定结果进行了说明和总结，体现了评估机构的工作成果；同时，二手车鉴定评估报告也反映和体现了二手车鉴定评估机构与鉴定评估师的权利和义务，并以此来明确委托方和受托方的法律责任。撰写二手车鉴定评估报告赋予了鉴定评估师在报告上签字的权利。

2. 评估机构对二手车鉴定评估报告作用的理解

（1）二手车鉴定评估报告是评估机构具体成果的体现，是一种动态管理的信息资料，体现了评估机构的工作情况和工作质量。

（2）二手车鉴定评估报告是建立评估档案、归集评估资料的重要信息来源。

三、二手车鉴定评估报告的内容

目前，二手车鉴定评估报告没有统一的样式，但撰写二手车鉴定评估报告时，一般包括以下内容。

（1）封面。二手车鉴定评估报告的封面须载明二手车鉴定评估报告的名称、鉴定评估机构出具的鉴定评估报告编号、二手车鉴定评估机构全称和鉴定评估报告提交日期等。有服务商标的，评估机构可以在报告封面载明其图形标志。

（2）首部。二手车鉴定评估报告正文的首部应包括以下内容：

1）标题。标题应该简练清晰，含有"×××（评估项目名称）资产评估报告书"字样，位置居中偏上。

2）报告书序号。报告书序号应符合公文的写作要求，包括评估机构特征字，公文种类特征字（如评报、评咨、评函，评估报告书正式报告应用"评报"，评估报告书预报告应用"评预报"），年份和文件序号。例如，××评报字（2004）第××号，或者××评报字2004-01-01，位置在本行中间。

（3）绪言。写明该评估报告委托方全称、受委托评估事项及评估工作整体情况，一般应采用包括下列内容的表达格式：

××（鉴定评估机构）接受××××的委托，根据国家有关评估、《二手车流通管理办法》和《二手车鉴定评估技术规范》（GB/T 30323）的规定，本着客观、独立、公正、科学的原则，按照公认的评估方法，对牌号为×××的车辆进行了鉴定。本机构鉴定评估人员按照必要的程序，对委托鉴定评估的车辆进行了实地查勘与市场调查，并对其在××××年××月××日所表现的市场价值做出了公允反映。

（4）委托方与车辆所有方简介。应写明委托方、委托方联系人的名称、联系电话及住址，指出车主的名称（机动车登记证书所示的名称）。

（5）评估目的。应写明本次评估是为了满足委托方的何种需求，及其所对应的经济行为类型。

（6）评估对象。填写被评估车辆的厂牌型号、牌照号、发动机号、VIN、注册登记日期、年审检验合格有效日期，以及有无购置附加费证及车船使用税等。

（7）鉴定评估基准日及基准地。以鉴定评估的时间作为鉴定评估基准日，填写清楚某年某月某日和地点。

（8）评估原则。评估原则即客观性、独立性、公正性、科学性原则。写明评估工作中遵循的各类原则，以及本次鉴定评估所遵循的国家及行业规定的公认原则。对于所遵循的特殊原则，应做适当阐述。

（9）评估依据。评估依据一般包括行为依据、法律依据、产权依据及取价依据等。行为依据主要是指二手车鉴定评估委托书、法院的委托书等经济行为文件。法律依据应包括车辆鉴定评估的有关条法、文件及涉及车辆评估的有关法律、法规等。产权依据是指被评估车辆的机动车登记证书或其他能够证明车辆产权的文件等。取价依据应为鉴定评估机构收集的国家有关部门发布的统计和技术标准资料，以及评估机构收集的有关询价资料和参数资料等。对评估中所采用的特殊依据也应在此项中予以披露。

（10）评估方法及计算过程。简要说明评估人员在评估过程中所选择并使用的评估方法，简要说明选择该评估方法的依据或原因，如对某二手车评估时采用一种以上的评估方法，应适当说明原因并说明该评估价值的确定方法。对于所选择的特殊评估方法，应适当介绍其原理与适用范围、计算的主要步骤等。

（11）评估过程。评估过程应反映二手车鉴定评估机构自接受评估委托起至提交评估报告的整个过程，包括接受委托、核对证件、现场查勘、市场调查与询价、评定估算、提交报告等。

（12）评估结论。要明确清晰地给出二手车鉴定评估所得出的结论。

（13）特别事项说明。特别事项是指在已确定评估结果的前提下，评估人员认为需要说明在鉴定评估过程中已发现可能影响评估结论，但非评估人员执业水平和能力所能鉴定估算的有关事项及其他问题。

（14）评估报告法律效力。揭示评估报告的有效期，特别提示评估基准日的期后事项对评估结论的影响及其评估报告的使用范围等。

（15）鉴定评估报告提出日期。写明评估报告委托方要求的具体时间，评估报告原则上应在确定的评估基准日后1周内提交。

（16）附件。附件应包括二手车鉴定评估委托书、二手车鉴定评估作业表、二手车评估鉴定登记表、车辆行驶证、购置附加税（费）证、车辆登记证书复印件、鉴定评估机构营业执照复印件、鉴定评估师资质复印件、二手车照片（要求外观清晰且牌照能够辨认）等。

（17）尾部。写明出具评估报告的评估机构名称并盖章，写明评估机构法人姓名并签章，注册二手车鉴定评估师签章，高级注册评估师审核签章及报告日期。

第五章

二手车交易

第一节 二手车交易概述

一、二手车交易的定义与渠道

1. 二手车交易的定义

二手车交易是指二手车所有人通过经销企业、拍卖企业、经纪机构和鉴定评估机构将二手车卖给买方的二手车经营行为。二手车交易包含二手车经销、二手车置换、二手车拍卖等经营活动环节。

二手车经销环节是指二手车经销企业收购、销售二手车的经营活动。二手车置换也称旧车置换，就是以旧换新业务，指消费者用手中的二手车的评估价值加上另行支付的车款从经销商手中购买新车的业务。二手车拍卖环节是指二手车拍卖企业以公开竞价的形式将二手车转让给最高应价者的经营活动。《二手车流通管理办法》允许二手车双方直接进行交易，即允许二手车所有人不经过二手车经销、拍卖、经纪、鉴定评估等经营活动环节，而将二手车直接卖给买方，但是《二手车流通管理办法》又规定二手车直接交易行为应当在二手车交易市场内进行。

2. 二手车交易的渠道

（1）二手车交易市场。目前二手车市场的经营模式已不再局限于销售一种，而是涵盖了收购、代销、代购、租赁、置换、拍卖等多种模式。在二手车交易市场上流通的车辆上至几百万的豪车下至几千元的停产车，应有尽有。

（2）二手车网站。互联网时代，有很多全国性和地方性的二手车网站，它们为买卖双方提供了免费的交易平台。在这些专业的二手车网站上，往往会有免费评估的版块，车主可以通过免费评估了解自己车辆的当前价值，以免上当受骗。

（3）二手车经纪公司和经营公司。二手车经纪公司通过收取一定的中介费，为顾客提供中介服务。二手车经营公司通过收售二手车，赚取车辆差价。通过这种渠道交易比较省心，顾客无须花费太多精力，就可以卖掉或购得车辆。

（4）4S店以旧换新。4S店以旧换新是指在二手车评估价值的基础上补贴一定差价，就可以换得一辆新车。这种方式安全省心，但顾客在价格上往往会比较吃亏。

二、二手车交易程序

目前，我国还没有统一的二手车交易程序标准，各地二手车交易市场完成二手车交易的程序可能存在差异，但主要程序是基本相同的。

1. 二手车直接交易程序

二手车个人直接交易和通过二手车经纪机构进行的二手车交易，卖方不能直接给买方开具二手车销售统一发票。根据《二手车流通管理办法》规定，买卖双方达成交易意向后应当到二手车交易市场办理过户业务，由二手车交易市场经营者按规定向买方开具税务机关监制的二手车销售统一发票（发票上必须盖有工商验证章才有效），以便办理车辆相关证件及手续的变更。二手车直接交易程序如图5-1所示。

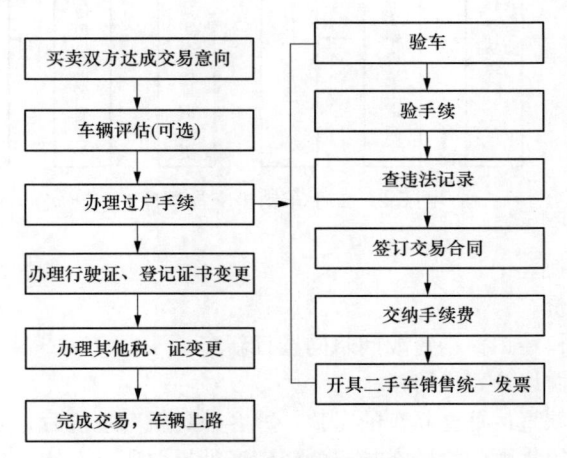

图5-1　二手车直接交易程序

（1）买卖双方达成交易意向。买卖双方达成交易意向是指买卖双方已就二手车交易谈妥相关条件（如成交价格），达成了成交愿望。交易意向的达成是买卖双方的一个谈判过程，一旦谈妥就可以办理交易过户的相关手续，完成交易。

（2）车辆评估（可选）。二手车鉴定评估是买卖双方达成交易意向后自愿选择的项目。实施《二手车流通管理办法》以后，规定交易二手车时，除属国有资产的二手车外，二手车鉴定评估应本着买卖双方自愿的原则，不得强制执行，更不能以此为依据强制收取评估费。在现实的二手车收购业务中，除参考当前新车的售价以外，有时也要考虑二手车的原始价格，以平衡买卖双方的利益。

（3）办理过户手续。办理过户手续包括验车、验手续、查违法记录、签订交易合同、缴纳手续费和开具二手车销售统一发票等。

（4）办理机动车行驶证、机动车登记证书的变更。

（5）办理其他税、证的变更。

（6）交易完成，车辆上路。

2．二手车销售交易程序

由于二手车销售企业能够直接给购车者开具二手车销售统一发票，所以只要购车者和二手车销售企业达成交易意向，双方即可签订二手车交易合同。购车者付清车款后，企业按规定给购车者开具二手车销售统一发票，然后购车者就可以携带发票和要求的证件去相关部门办理车辆相关证件及手续的变更。二手车销售交易程序如图5-2所示。有关车辆的合法性手续，二手车经销企业在收购车时已经查验过，可以通过二手车交易合同加以保证。

3．二手车置换交易程序

二手车置换包括旧车出售和新车购买两个环节。不同的二手车置换授权经销商对置换流程的规定不完全一样。国内一般二手车置换程序如下：

（1）顾客通过电话或直接到二手车置换授权经销商处进行咨询，也可以登录二手车置换授买卖双方达成交易意向 → 签订交易合同 → 开具二手车销售统一发票 → 验车、评估（自愿）→ 办理行驶证、登记证的变更 → 办理其他税、证的变更 → 完成交易，车辆上路

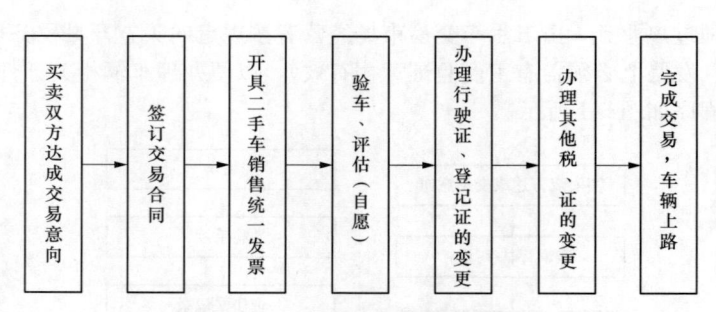

图 5-2　二手车销售交易程序

权经销商的网站进行置换登记。

（2）二手车评估定价。

（3）二手车置换授权经销商销售顾问陪同选订新车。

（4）签订旧车购销协议及置换协议。

（5）置换旧车的钱款直接抵充新车的车款，顾客补足新车差价后，办理提车手续，或由二手车置换授权经销商的销售顾问协助在指定的经销商处提取所订车辆，二手车置换授权经销商提供一条龙服务。

（6）顾客如需贷款购买新车，则置换旧车的钱款作为新车的首付款，二手车置换授权经销商为顾客办理购车贷款手续，提供因汽车消费信贷所产生的资信管理服务，并建立个人资信数据库。

（7）二手车置换授权经销商办理旧车过户手续，顾客提供必要的协助和材料。

（8）二手车置换授权经销商为顾客提供全程后续服务。

在二手车置换过程中可使用原车牌照或上新牌照，购买新车需交钱款＝新车价值－旧车评估价值，如果旧车贷款尚未还清，可由经销商垫付还清贷款，款项计入新车需交钱款。

4．二手车拍卖交易程序

根据《二手车流通管理办法》规定，二手车拍卖企业也能够直接给买受人开具二手车销售统一发票，所以在拍卖会结束后，买受人和拍卖企业签订成交确认书（相当于二手车交易合同），交款得到二手车销售统一发票，凭成交确认书到指定地点提车，然后携带发票和要求的证件去相关部门办理车辆相关证件及手续的变更。二手车拍卖交易程序如图5-3所示。有的拍卖行虽然有二手车拍卖业务，但没有开具二手车销售统一发票的资格，此时买受人在交款后需要到指定的二手车交易市场办理相关过户手续，由二手车交易市场按规定开具二手车销售统一发票。

有关车辆的合法性手续，二手车拍卖企业在接受拍卖委托时已经查验过，可以通过二手车拍卖成交确认书加以保证。

车辆交易前，须到公安机关交通管理部门申请车辆检验，检验被交易车辆的发动机号和VIN的全部拓印。若有不一致或改动、凿痕、锉痕、重新打刻等人为改变痕迹，一律扣留审查。

三、二手车过户业务

二手车过户业务实际上可分为两个步骤：车辆交易过户和转移登记过户，两个步骤缺一不可。交易过户业务在二手车交易市场办理，以获取二手车销售统一发票；转移登记过户业务在车辆管理所办理，主要完成机动车登记证书的变更登记、核发机动车行驶证及机动车号牌。

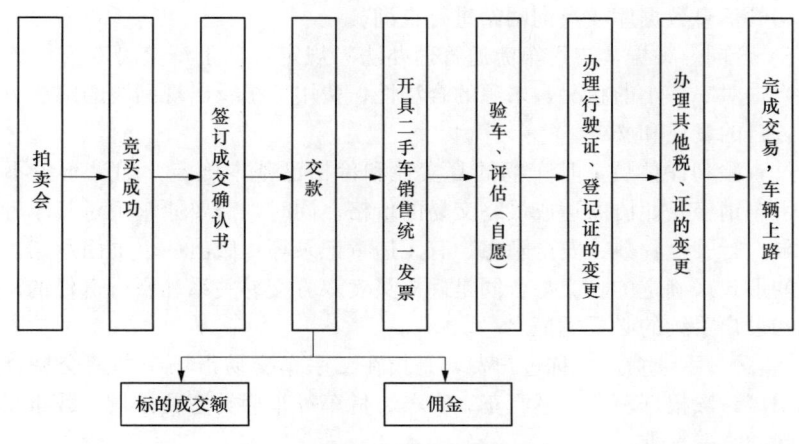

图 5-3 二手车拍卖交易程序

办理二手车交易时，如果原车主不来，可以授权委托其他人来办理交易及过户手续，但必须签署授权委托书。此委托书只在办理交易过户业务时使用，而在办理转移登记过户业务时不用。

1. 车辆交易过户

（1）验车。验车是买卖双方到二手车交易市场办理过户业务的第一道程序，由市场主办方委派负责过户的业务人员办理。验车的主要目的是检查车辆和行驶证上的内容是否一致，对车辆的合法性进行验证。检查的内容包括车主姓名、车辆名称、车辆的号牌号码、车辆类型、VIN、发动机号及排量、初次登记日期等。经检查无误后，填写车辆检验单，进入检验手续阶段。

（2）验手续。验手续主要是查验车辆手续和机动车所有人身份证明。其目的是检验买卖双方所提供的所有手续是否具备办理过户的条件，检查有无缺失及不符合规定的手续。

1）车辆手续检查和证件查验。车辆手续是指能够满足机动车上路行驶所需的各种手续，主要包括按照国家有关法律法规及地方性法规要求应该办理的各项有效证件和应该缴纳的税、费凭证。在对车辆进行价值评估时，除了车辆本身的实体价值以外，车辆合法证件和税、费凭证等均属于无形价值，是车辆使用价值的重要组成部分。只有手续合法，所应缴纳的税费及其凭证无缺失，才能使车辆在交易环节具有完全的价值。如果车辆出现在使用过程中拖欠车船使用税、欠缴购置附加税、不按时年检等情况，即使车辆状况很好，也不具有实际使用价值。

查验证件的目的是查验交易车辆的合法性。每辆合法注册登记的机动车都有车辆管理所核发的机动车登记证书和机动车行驶证、机动车号牌，号牌必须悬挂在车体指定位置。二手车交易时主要查验的证件包括机动车来历证明、机动车登记证书和机动车行驶证。

2）查验税费证明。根据《二手车流通管理办法》规定，二手车交易必须提供车辆购置税、车船使用税和车辆保险单等税费缴付凭证。

3）机动车所有人身份证明。机动车所有人身份证明是证实车主身份的证明，查验该证明的目的是查验机动车所有人是否合法拥有该车的处置权。车主的身份证明有以下几种情况：如果车主为自然人，则身份证件为个人身份证。个人又有本市个人和外地个人之分：本市个人，只需身份证原件；外地个人，需身份证原件和居住证、暂住证原件。如果车主为企业，则身份证件为企业的统一社会信用代码证书。如果车主为外籍公民，则身份证件为其护照及工作（居留）证。

4）查违章。查违章就是查询交易的二手车是否有违章行为记录。具体方法是登录公安机

129

关交通管理部门的信息数据库或查询网站进行查询。

5）签订交易合同。根据《二手车流通管理办法》规定，二手车交易双方应该签订交易合同，要在合同当中对二手车的状况、来源的合法性、费用负担及出现问题的解决方法等进行约定，以便分清各自的责任和义务。

二手车经过查验和评估后，其车辆的真实性和价格已基本确定。如果车主不同意评估价格，可以和二手车销售企业协商达成最终交易的价格。同时，需要原车主对其车辆的一些其他事宜（使用年限、行驶里程数、安全隐患、有无违章记录等）做出一个书面承诺。这些都是以签订交易合同的形式来确定的。交易合同是确立买卖双方交易关系和履行责任的法律合约，是办理交易手续和过户手续的必要凭证之一。

6）缴纳手续费。手续费，也称过户费，是指在二手车交易市场中办理交易过户业务相关手续的服务费用。一般根据轿车、越野车、客车、货车等车辆类型及排量、载重量、年份等的不同，采取不同的收费标准。

7）开具二手车销售统一发票。二手车销售统一发票是二手车的来历证明，是办理登记手续变更的重要文件，因此又称过户发票。过户发票的有效期为一个月，买卖双方应在此期间内，到公安交通车辆管理部门办理机动车行驶证、机动车登记证书的相关变更手续。

二手车销售统一发票由从事二手车交易的市场、有开票资格的二手车经销企业或拍卖企业开具。二手车销售统一发票是采用压感纸印制的计算机票，一式五联，其中存根联、记账联、入库联由开票方留存，发票联交购车方，转移登记联交公安机关交通管理部门办理过户手续。二手车销售统一发票的价款中不包括过户手续费和评估费。

开具的发票必须经驻场工商部门审验合格后，在已经开具的二手车销售统一发票上加盖"××工商行政管理局二手车交易市场管理专用章"发票才能生效，此称为"工商验证"。

8）手续交付。二手车交易完成后，卖方应当及时向买方交付车辆、号牌及车辆法定证明、凭证。车辆法定证明、凭证主要包括机动车登记证书、机动车行驶证、有效的机动车安全技术检验合格标志、车辆购置税完税证明、车船使用税缴付凭证、车辆保险单。

2. 转移登记过户

二手车交易属于产权交易范畴，涉及相关的证明文件和必要手续。二手车交易后必须办理这些证明文件的转移登记手续，达到手续完备、合法地成交。机动车产权证明包括机动车登记证书、机动车行驶证和机动车号牌。根据买卖双方的住所是否在同一车辆管理所管辖区内，机动车产权转移登记可分为同一车辆管理所管辖区内的所有权转移登记（即同城转移登记）和不同车辆管理所管辖区的所有权转移登记（即异地转移登记）两种登记方式。

（1）办理二手车转移登记的程序。二手车同城转移登记手续应当在原车辆注册登记所在地公安机关交通管理部门办理。需要进行异地转移登记的，由车辆原属地公安机关交通管理部门办理车辆迁出手续，在接收地公安机关交通管理部门办理车辆迁入手续。办理二手车转移登记手续的程序如图5-4所示。

（2）办理转移登记过户所需手续及证件。二手车在同城交易和办理所有权转移登记时，买卖双方的身份不同，二手车交易的类型不同，办理转移登记过户时所需的手续和证件也不同。

1）二手车所有权由个人转移给个人所需的手续及证件。主要包括：①卖方个人身份证原件及复印件；②买方个人身份证原件及复印件；③车辆原始购置发票或上次交易过户发票原件及复印件；④过户车辆的机动车登记证书原件及复印件；⑤过户车辆的机动车行驶证原件及复印件；⑥二手车买卖合同；⑦外地户口需持居住证、暂住证；⑧过户车辆到场。

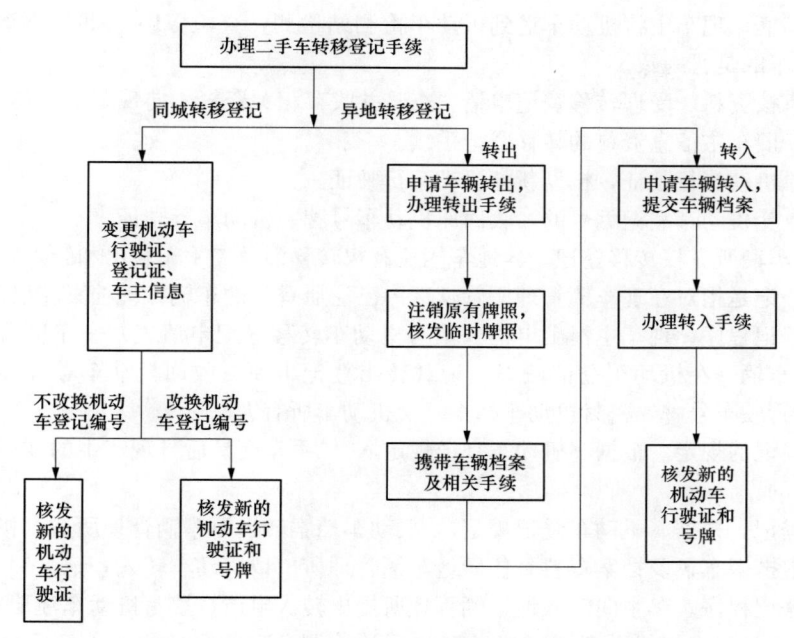

图 5-4 办理二手车转移登记手续的程序

2) 二手车所有权由个人转移给单位所需的手续及证件。主要包括：①卖方个人身份证原件及复印件；②买方单位法人代码证原件及复印件（须在年检有效期之内）；③车辆原始购置发票或上次交易过户发票原件及复印件；④过户车辆的机动车登记证书原件及复印件；⑤过户车辆的机动车行驶证原件及复印件；⑥二手车买卖合同；⑦过户车辆到场。

3) 二手车所有权由单位转移给个人所需的手续及证件。主要包括：①卖方单位法人代码证原件及复印件（须在年检有效期之内）；②买方个人身份证原件及复印件；③车辆原始购置发票或上次交易过户发票原件及复印件（若发票丢失需本单位财务证明信）；④卖方单位须按实际成交价格给买方个人开具成交发票（需复印）；⑤过户车辆的机动车登记证书原件及复印件；⑥过户车辆的机动车行驶证原件及复印件；⑦二手车买卖合同；⑧过户车辆到场。

4) 二手车所有权由单位转移给单位所需的手续及证件。主要包括：①卖方单位法人代码证原件及复印件（须在年检有效期之内）；②买方单位法人代码证原件及复印件（须在年检有效期之内）；③车辆原始购置发票或上次交易过户发票原件及复印件（若发票丢失需本单位财务证明信）；④卖方单位须按实际成交价格给买方单位开具成交发票（需复印）；⑤过户车辆的机动车登记证书原件及复印件；⑥过户车辆的机动车行驶证原件及复印件；⑦二手车买卖合同；⑧过户车辆到场。

(3) 同城车辆所有权转移登记。已注册登记的机动车在同城（同一车辆管理所管辖区内）发生所有权转移时，只需要更改车主姓名（单位名称）和住所等资料，机动车及机动车号牌可以不变更。这种变更情形习惯上称为办理过户手续，即把机动车原车主的登记信息变更为新车主的登记信息。

同城车辆所有权转移登记的程序如下：

1) 提出申请。现车主向车辆管理所提出机动车产权转移申请，填写机动车转移登记申请表。

2) 交验车辆。现车主将机动车送到机动车检测站检测，查验 VIN 是否有凿改痕迹，VIN 的拓印膜与原车的是否一致。

3) 受理审核资料。受理转移登记申请，查验并收存相关资料，向现车主出具受理凭证。

4) 办理新旧车主信息资料的转移登记手续。

5) 收回原机动车行驶证，核发新的机动车行驶证。

6) 需要改变机动车登记编号的，收回原机动车号牌、机动车行驶证。

(4) 异地车辆所有权转移登记。异地车辆所有权转移涉及二手车转出和转入登记的问题。

1) 转出登记是指对在现车辆管理所管辖区内已注册登记的车辆办理档案转出手续。

2) 转出登记程序。现车主提出申请（填写机动车转移登记申请表）→车辆管理所受理审核资料→确认车辆→在机动车登记证书上记载转出登记事项→收回机动车号牌和机动车行驶证→核发临时行驶车号牌，密封机动车档案→交机动车所有人。

3) 转出登记的规定。根据《机动车登记规定》，二手车交易后且现车主的住所不在原车辆管理所管辖区的。

4) 转入登记。根据《机动车登记规定》，机动车档案转出原车辆管理所后，机动车所有人必须在 90 日内携带车辆及档案资料到住所地车辆管理所申请机动车转入登记。

5) 转入登记程序。车主向转入地车辆管理所提出转入申请，填写机动车注册登记/转入申请表，交验车辆→车主将机动车送到机动车检测站检测，车辆管理所民警确认机动车的唯一性，查验 VIN 有无凿改嫌疑→车辆管理所受理申请→审核资料→办理转入登记手续→核发新的机动车号牌和机动车行驶证。

(5) 车辆保险合同的变更。在二手车买卖的过程中，办理车辆保险过户是非常重要的一个环节，因为车辆所有权的转移并不意味着车辆保险合同也随之转移。一般情况下，保险利益随着保险标的所有权的转让而消失，只有经保险公司同意批改后，保险合同方才重新生效。所以，保险车辆依法过户转让后应到保险公司办理保险合同主体的变更手续，否则车辆受损时保险公司是有权拒赔的。《中华人民共和国保险法》第四十九条规定："保险标的转让的，保险标的的受让人承继被保险人的权利和义务。保险标的转让的，被保险人或者受让人应当及时通知保险人，但货物运输保险合同和另有约定的合同除外。"保险公司和车主签订的保险合同一般也约定，在保险合同的有效期限内，保险车辆转卖、转让、赠送他人、变更用途或增加危险程度，被保险人应当事先书面通知保险人并申请办理批改。否则，保险人有权解除保险合同或者有权拒绝赔偿。

3. 二手车过户注意事项

办理二手车过户时应该特别注意如下事项：

(1) 证件要合法。证件上的钢印号、发动机号、登记日期，需要特别注意。除了要核实之外，还要检查是否有涂改痕迹，如有涂改痕迹就要引起注意。

(2) 车辆过户时，须检查车辆的购置税税单。有些车原来没有交过购置税，在过户后这些未交税费会被要求补齐，所以过户时由谁来补交的问题一定要确定落实。

(3) 保险过户。应及时办理二手车保险过户手续，以免车辆出事索赔时产生不必要的麻烦。办理保险过户是非常简单的事情，只需办理完车辆过户手续后携带手续到当时购买保险的保险公司做一次变更即可。

(4) 查询车辆信息。如果车辆是抵押车辆或被监管车辆，是禁止交易的。车辆信息可通过车辆管理所查询。如果车辆处于抵押或者监管查封状态，要先到车辆管理所查询原因，然后根据情况与车主协商，通过车辆管理所将车辆解压或解封，通常是到车辆管理所办理或者直接拨打电话人工处理。例如，车辆因为脱审而被查封时，只需打电话给查封的车辆管理所，请求解封即可。

（5）手续准备齐全，便于办理过户。检查手续是否齐全是非常重要的一项前期工作。必须准备的手续包括机动车行驶证和机动车登记证书、车辆的完税证明、合格证等。

（6）二手车在交易时，必须要签订二手车买卖合同。合同一式两份，交易双方各持一份，才可以对车辆办理相应的变更手续。特别需要注意的是，如果车辆有违章问题，必须先处理完才能正常过户。如果是在办理过户过程中出现违章问题，也需先处理完毕，否则车辆无法继续选新号牌，如果是正在办理提档的车辆则无法办理落户手续。

第二节　二手车营销实务

二手车营销实务是指以合法的、可交易的在用车为营销对象，在国家规定的二手车交易市场或其他合法的交易市场中进行的二手车的商品交换和产权交易活动。

二手车营销实务可以分为二手车的收购、销售、置换、拍卖、寄售、代购、代售、租赁、经销、经纪、鉴定评估、直接交易（转让）、让与等，其中收购、销售、置换、拍卖为主要交易形式。

一、二手车收购

1. 二手车的收购渠道

（1）直接到市场里来卖车的车主。有部分车主认为4S店的置换价格低，或者自己的车辆不是可置换的品牌车型就直接开到二手车市场来卖。

（2）修理厂、中介等。由汽车修理厂、二手车中介等介绍收购车辆。

（3）二手车商同行。在经济比较落后的地区，销售的高端品牌二手车主要来自发达地区同行的批发，如广西的很多二手车商，会到广东、浙江、四川批发高端品牌二手车，这是高端品牌二手车的一个主要收购渠道。

（4）各大交易网站。通过搜寻二手车交易网站上个人发布的售车信息，邀约车主见面把车卖给二手车商。

（5）4S店。和各大汽车4S店建立关系，4S店置换的车辆是二手车商的收车渠道之一。

2. 禁止收购的车辆

（1）已报废或者达到国家强制报废标准的车辆。

（2）在抵押期间或者未经海关批准交易的海关监管车辆。

（3）人民法院、人民检察院、行政执法部门依法查封、扣押期间的车辆。

（4）通过盗窃、抢劫、诈骗等违法犯罪手段获得的车辆。

（5）发动机号、VIN与车辆登记证书不相符，或者有凿改痕迹的车辆。

（6）走私、非法拼（组）装、免税或赠予的车辆。

（7）不具法定证明、凭证的车辆。

（8）其他国家法律、行政法规禁止经营的车辆。

3. 二手车收购的业务流程

（1）证件检查。证件检查主要是对车主身份、车辆的各项手续及相关证件进行初步的核查，初步判定该车是否具备交易的合法性。

（2）车辆鉴定。车辆鉴定主要是判断车辆各项功能的技术状况，车辆有无事故等。经验不足的评估师一旦在这个环节出现失误，将会给企业带来直接的损失。

（3）商谈价格。商谈价格是指通过双方的商谈决定最终的成交价格。

（4）签订协议。作为保障双方权益的法律文件，写明责任划分、车款交付等，许多地区的二手车收购协议已经采用了政府提供的参考文本。

（5）支付车款。为了保证原车主在车辆过户时能及时配合（我国许多地区规定，在车辆过户时，需原车主提供身份证明，否则不予过户），收购方往往会留扣部分押金。同时，在原车主将车辆交付收购方之前，可能车辆还有交通违章尚未处理，因此这部分押金还可用于支付该由原车主承担的交通违章等费用。

（6）收购成功。双方对车辆和相关证件进行交接。

4. 二手车收购的定价方法

二手车收购价格的确定是根据其特定的目的，在二手车评估的基础上，充分考虑市场的供求关系，对评估的价格做快速变现的特殊处理。按不同的原则，二手车收购的定价方法一般有以下几种：

（1）以现行市价法、重置成本法确定收购价格。由现行市价法、重置成本法对二手车进行估算，产生客观价格；再根据快速变现原则，估定一个折扣率并以此确定二手车收购价格。例如，应用重置成本法估算某机动车辆价值为 10 万元，据市场销售情况调查，估定折扣率为 20％时可出售，则该车辆收购价格为 8 万元。

（2）以清算价格法确定收购价格。清算价格的特点是企业（或个人）由于破产或其他原因，要求在一定的期限内将车辆变现，在企业清算之日预期出卖车辆可收回的快速变现价格。具体来说，主要是根据二手车技术状况，应用现行市价法估算其正常价值，再根据处置情况和变现要求，乘以一个折扣率，最后确定评估价格。以清算价格法确定的收购价格，由于顾客要求快速转卖变现，因此收购价格大大低于二手车市场成交的同类型车辆的公平市价，一般来说也低于车辆现时状态客观存在的价格。

（3）以快速折旧法确定收购价格。快速折旧法也称递减费用法，是指在固定资产使用初期计提折旧较多而在后期计提折旧较少，从而相对加速折旧的方法。也就是说，快速折旧法是指在固定资产的使用寿命内以递减状态分配其成本的方法。通过快速折旧法确定收购价格，就是根据机动车辆的价值，计算折旧额来确定收购价格。年折旧额的计算方法建议采用年份数求和法和双倍余额递减折旧法两种。

5. 二手车收购的注意事项

二手车收购的注意事项如下：

（1）辨别非法车辆。要防止收购偷盗车、拼装车，以及伪造手续凭证、车辆档案的车辆。

（2）新车型对车价的影响。当前新车型投放速度明显加快，技术含量和配置越来越高，致使老车型加快贬值甚至被淘汰。例如，桑塔纳经历了多次改款，虽然生产平台未变，但是早期的桑塔纳与现在的桑塔纳在装备上不可同日而语。因此，收购旧车时应以最新款的技术装备和价格来作参照。

（3）新车降价的影响。新车的降价是二手车经营中最大的风险之一，个别车型的降价幅度很大，二手车商需广泛收集市场信息，合理地调整库存结构，加快交易频率，适度降低利润标准，缩短销售周期，以降低经营风险。

（4）车辆潜在故障。不同车辆的技术状况不同，出现故障的概率也不同。例如，车辆行驶了一定千米数需要更换正时皮带，若不及时更换，后果会很严重。但二手车收购人员很难准确了解该车正时皮带的磨损状况，因为对这类故障的判断需要相当丰富的经验。

(5) 买卖双方信息不对称。由于市场经济的固有特性，出售者受利益的驱使，往往向收购者提供虚假信息。例如，故意向收购者隐瞒二手车存在的问题，隐瞒车辆曾经发生过事故或曾经修理过，从而蒙骗收购者。应该说二手车原车主对车况是最清楚的，在出售时有责任如实反映和填写车辆的技术状况和使用维修情况，不应有任何隐瞒和欺诈行为。但实际情况是车主也想卖个好价钱。所以，现在二手车市场一般都有购销合同，在合同条款中，规定车主应如实地把车辆的状况填写清楚。若在成交后，发现有不实之处，车主应负相关责任，以保证购销双方对车辆信息的对称性，这也是公平市场交易中的基本原则。

(6) 改动行驶里程表的里程数。有人会私自修改汽车里程表读数，从而缩短汽车的使用年限或降低汽车的使用强度，以蒙蔽收购者。要特别注意这一情况。

(7) 政策法律环境。要密切关注国家和地方有关二手车政策与法规的变化。例如，国家对排放标准的要求，二手车交易发票的调整等，预测二手车价格的变动趋势，以及时调整收购价格，降低风险。

二、二手车销售

二手车的销售和新车销售几乎完全一样，包括客户开发（线上、线下集客）、售前准备（主要是车辆清洁、美容）、客户接待、需求分析、产品介绍、试驾车辆、协商成交、交车、售后关怀等环节。

二手车销售必须要有产品体验中心，也就是门店。客户只有体验过产品后才会出手购买。

1. 二手车销售的流程

二手车销售流程和新车销售流程区别不大。但由于二手车的独特性及二手车的展示方式不同，因此销售流程要做一些小的调整。二手车销售的流程大致如下：

(1) 销售准备。销售前需对二手车进行销售包装，包括对价格牌、基本信息表、挡车牌等的包装，以及特殊车辆的特殊包装，包装就绪后将车辆放在指定位置开始展示。

(2) 销售展示。消费者往往是根据自己的购买能力来确定车辆的，因此须将卖场进行价格分区。

(3) 销售谈判。第一，二手车车况的不确定性决定了销售顾问向客户介绍二手车时，即使该车辆已经检测维修过，也不能保证其质量完全没问题；第二，同一卖场有几部同品牌近型号的车，往往最先卖出去的是车况最好的车，因此卖场里不宜同时摆放过多此类车型；第三，由于过户流程较复杂，且部分环节需要原车主配合，因此必须向客户详细讲解过户流程及相关注意事项，得到新车主的理解和支持，以免日后产生不必要的纠纷。

(4) 合同签署。

2. 二手车销售的定价方法

由于成本、需求和竞争是影响企业定价的最基本因素，其中产品成本决定了价格的最低限，产品本身的特点决定了需求状况，从而确定了价格的最高限，竞争者产品与价格又为定价提供了参考的基点，因此二手车销售的定价形成了以成本、需求、竞争为导向的三大基本定价思路。

(1) 成本导向定价法。成本导向定价法可分为成本加成定价法、目标收益定价法和边际成本定价法三种。

1) 成本加成定价法。成本加成定价法也称加额定价法、标高定价法或成本基数法，是一种应用比较普遍的定价方法。它首先确定单位产品总成本（包括单位变动成本和平均分摊的固定成本），然后在单位产品总成本的基础上加上一定比例的利润（即成本加成率），从而形成产品的单位销售价格。该方法的计算公式是：

$$单位产品价格 = 单位产品总成本 \times (1 + 成本加成率) \tag{5-1}$$

由此可以看到，成本加成定价法的关键是成本加成率的确定。一般来说，成本加成率应与单位产品成本成反比，与资金周转率成反比，与需求价格弹性成反比，需求价格弹性保持不变时，成本加成率也应保持相对稳定。

2）目标收益定价法。目标收益定价法又称投资收益率定价法，它是根据企业的投资总额、预期销量和投资回收期等因素来确定销售价格的。在产品供不应求的条件下，或产品需求的价格弹性很小的细分市场中，可以采用目标收益定价法。

3）边际成本定价法。边际成本是指每增加或减少单位产品所引起的总成本的增加量或减少量。边际成本定价法是以单位产品的边际成本作为定价依据和可接受价格的最低界限。当销售价格高于边际成本时，企业出售产品的收入除完全补偿变动成本外，还可用来补偿一部分固定成本，甚至可能提供利润。在竞争激烈的市场条件下，边际成本定价法具有极大的灵活性，对于有效地应对竞争、开拓新市场、调节需求的季节差异、形成最优产品组合等能够发挥巨大的作用。

（2）需求导向定价法。需求导向定价法是以消费者的认知价值、需求强度及对价格的承受能力为依据，以市场占有率、品牌形象和最终利润为目标，真正按照有效需求来制定价格的。需求导向定价法也称顾客导向定价法，是二手车流通企业根据市场需求状况和消费者的不同反应来确定产品价格的一种定价方法。其特点是平均成本相同的同一产品的价格随市场需求变化而变化，一般是以该产品的历史价格为基础，根据市场需求变化情况，在一定的幅度内变动价格，从而使同一商品可以按两种或两种以上价格销售。这种差价可以因顾客的购买能力、对产品的需求情况、产品的型号和样式及时间、地点等因素的差异而采用不同的形式。

（3）竞争导向定价法。竞争导向定价法是以企业所处的行业地位和竞争定位来制定价格的一种方法，是二手车流通企业根据市场竞争状况确定二手车销售价格的一种定价方法。其特点是价格的制定与成本和需求直接关系不大，而主要以竞争对手的价格为参照物，并与竞争品价格保持一定的比例。即竞争品价格未变，即使产品成本或市场需求变动了，也应维持原价；竞争品价格变动，即使产品成本和市场需求未变，也要相应调整价格。

在上述定价方法中，企业要考虑产品成本、市场需求和竞争形势，研究价格怎样适应这些因素。但在实际定价过程中，企业往往只能侧重于某一类因素，选择某种定价方法，并通过一定的定价政策对计算结果进行修订，其中成本加成定价法深受欢迎。

3. 二手车销售的技巧

（1）规范操作流程，提高诚信度。专业的服务形象、规范的操作流程、标准的商业礼仪有助于消除客户疑虑，进而促进二手车顺利成交。

（2）把握客户心态，解决客户疑虑。客户买车时并不一定只关注价格，也会关注车辆交接以后的安全问题、车款的支付问题及交易手续的复杂程度等问题。把握客户心态，采取合适方案，消除客户疑虑有助于提高二手车成交率。

（3）娴熟的车型介绍，坚定的报价。拙劣的销售能力和车型介绍会引起客户的不满，模棱两可的报价会给车主一个信息，那就是"价格还有很大的商量余地，收购人员在试探我"，给人很不诚信的感觉，会加深客户的疑虑，导致成交困难。

（4）莫贪小利，刻意提高出售价格。销售人员无须为很小的差价而跟客户进行长时间的纠缠。销售人员获得客户满意，进而挖掘客户的客户资源，才会获得更大的利益。因此，当价格差距不大时，不要刻意压低销售价格。

（5）不必追求每一辆车最终都能赢利。希望每一辆车都能赢利是每一个二手车商的愿望，但是若在销售价格上刻意保守，即使可以实现每一辆车都赢利，但其经营机会会因此而减少。

三、二手车置换

二手车置换是指消费者用二手车的评估价格加上另行支付的车款从品牌经销商处购买新车的业务。由于参加置换的厂商拥有良好的信誉和优质的服务，其品牌经销商也能够给参与置换业务的消费者带来信任感和透明、安全、便利的服务，所以现在越来越多想换新车的消费者愿意尝试这一新兴的业务。

二手车置换业务实质上是为了将二手车业务和新车销售业务紧密结合起来。就当前国内的二手车置换业务来言，二手车置换的定义有狭义和广义之别。狭义的二手车置换是指以旧换新业务。经销商通过二手商品的收购与新商品的对等销售获取利益。目前，狭义的二手车置换业务在世界范围内都已成为流行的销售方式。而广义的二手车置换则是指在以旧换新业务的基础上，兼容二手商品整新、跟踪服务及二手商品在销售乃至折抵分期付款等项目中的一系列业务组合，从而形成了一种独立的营销方式。

从目前的交易情况来看，二手车置换的运作模式有三种：
（1）用本厂旧车置换新车（即以旧换新）。
（2）用本品牌旧车置换新车。
（3）只要购买本厂家的新车，置换的旧车不限品牌。

四、二手车拍卖

二手车拍卖是指二手车拍卖企业以公开竞价的形式将二手车转让给最高应价者的经营活动。当前二手车拍卖有现场拍卖和网上拍卖两种方式。二手车市场根据车辆手续核验和车辆评估的结果，提供给消费者车辆拍卖的底价，消费者可以自愿选择是否参加拍卖。同意参加拍卖后市场拍卖部门应根据时间安排对车辆的展示，在此期间出现的问题由二手车市场负责，以确保委托拍卖期间车辆的安全和消费者的权益。

二手车市场在接受消费者委托后将对车辆及车辆相关资料进行现场和网络两种方式的展示，有竞买权力的竞买方既可以到二手车市场拍卖车辆展示区现场观看，也可以通过相关网站的竞买广场进行网络观看。

1. 拍卖相关术语

（1）拍卖。拍卖是指以公开竞价的方式，将特定的物品或财产权利转让给最高应价者的买卖方式。

（2）委托人。委托人是指委托拍卖人拍卖物品或者财产权利的公民、法人或其他组织。

（3）拍卖人。拍卖人是指依照《中华人民共和国拍卖法》和《中华人民共和国公司法》设立的从事拍卖活动的企业法人。

（4）竞买人。竞买人是指参加竞购标的的公民、法人或其他组织。

（5）买受人。买受人是指以最高应价购得拍卖标的的竞买人。

（6）底价。底价又称保留价，是指在拍卖过程中委托人同意卖出的拍卖物的最低价格。拍卖可以不确定底价，此称为无底价拍卖。无底价拍卖一般在拍卖廉价商品时采用，采用无底价拍卖必须是委托人的真实意愿。

(7) 起拍价。起拍价是指拍卖时某一标的开始拍卖时第一次报出的价格。起拍价可能低于保留价，可以等于保留价，也可以高出保留价，因此保留价与起拍价属于两种不同的价格现象。

2. 二手车委托拍卖流程

(1) 基本流程。对于二手车拍卖流程没有统一的标准，但拍卖业务应由拍卖师、估价师和有关业务人员组成，才能够从事拍卖业务活动。二手车委托拍卖流程如图5-5所示。

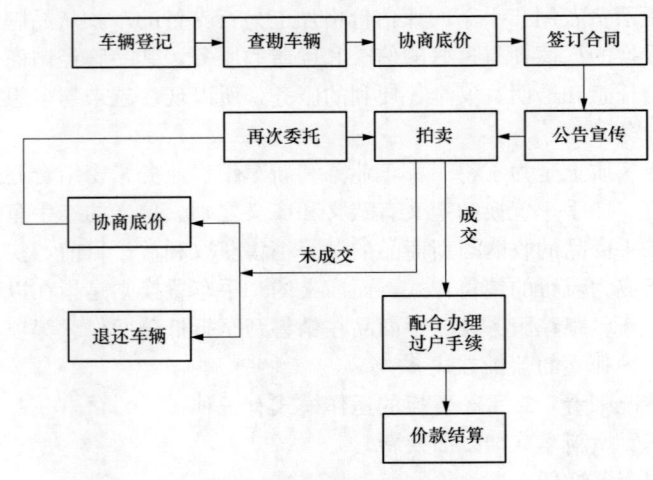

图 5-5　二手车委托拍卖流程

(2) 二手车委托拍卖所需材料。《二手车交易规范》第二十九条规定："委托拍卖时，委托人应提供身份证明、车辆所有权或处置权证明及其他相关材料"。具体材料及要求如下：

1) 质量保证类别。

2) 经销企业名称、营业执照号码及地址（按照企业营业执照所登记的内容填写）。

3) 车辆基本信息（按机动车登记证书所载信息填写）。

4) 法定证明、凭证等。

5) 车辆技术状况。

6) 属于质量担保车辆的，经销企业应根据交易车辆的实际情况，填写质量保证部件、里程和时间。

7) 当车辆实现销售时，由经销企业及其经办人和买方分别在签章栏中签字盖章。

3. 二手车拍卖竞买流程

(1) 基本流程。二手车拍卖竞买流程如图5-6所示。

(2) 二手车拍卖竞买所需材料。主要包括竞买人身份证（企事业单位代码证）、保证金和竞买号牌等。

(3) 二手车拍卖竞买注意事项。具体包括：

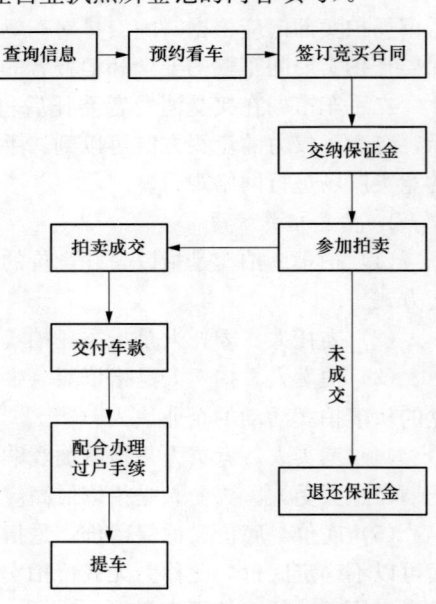

图 5-6　二手车拍卖竞买流程

1）拍卖活动应在公开、公平、公正、诚实信用的基础上进行，它的一切活动都具有法律效力。

2）竞买人必须具备相关的竞买条件，否则不得参加竞买。

3）竞买人必须事先按照规定办理登记手续，提交有关合法文件。进入拍卖现场前，必须办理入场手续，方能参加竞买。

4）竞买人若委托代理人竞买，代理人必须出示有效的委托文件及本人身份证件，否则作为代理人以自己的身份参加竞买。

5）竞买人在公告规定的咨询期限内有权了解拍卖标的物的情况，可以实地查看，也可以有偿获得文件资料。一旦进入拍卖会现场，即表明已经完全了解情况，并愿意承担一切责任。

6）在竞买过程中，竞买人一定要认真严肃地进行竞买，一经应价，不得反悔，否则应赔偿由此造成的经济损失。

7）竞买人的最高应价在竞拍师以落槌的方式确认后，拍卖成交。

8）竞买成交后，买受人必须当场签署拍卖成交确认书和有关文件、合同等。

9）买受人付清全部价款后，方能办理拍卖标的物的交付手续。

10）竞买人必须遵守拍卖场内公共秩序，不得阻挠其他竞买人叫价竞标，不得阻挠拍卖师进行正常的拍卖工作，更不能有操纵、垄断等违法行为，一经发现，应取消竞买资格，并追究法律责任。

11）竞买人应先到现场查看拍卖的二手车，了解其技术状况，并具备一定的法律和经济知识，以免遭受不必要的损失。

例 5-1：某二手车经销公司于 2013 年 4 月收购了一辆二手车，二手车的基本资料如下：汽车品牌为一汽大众捷达 CIF，号牌号码为浙 B55H3×，发动机号为 EK5644……，VIN 为 LH×××，注册登记日期为 2008 年 10 月 10 日，年审检验合格至 2013 年 4 月，有车辆购置税完税证明，收购价格为 4.4 万元，计划该车于 2013 年 10 月前销售出去。请给该二手车确定一个合适的销售价格。

解法：

固定成本费用摊销率的确定：按该公司的固定成本构成情况分析，分摊在二手车销售这一块的固定成本摊销率为 1%。

变动成本的确定：①该车实体价格即为收购价格，为 4.4 万元；②收购车辆时的运输燃油消耗费为 25 元；③从收购日起到预计的销售日，分摊在该车上的日常维护费用约 200 元；④该车收购后，维修翻新费用合计 1800 元；⑤车辆存放期间，银行的活期存款利率为 0.36%。

二手车的变动成本=（收购价格+运输燃油消耗费+维护费用+维修翻新费用）×（1+银行活期利率）=（44 000+25+200+1800）×（1+0.36%）=62 594（元）

该二手车的总成本费用=收购价格×固定成本费用摊销率+变动成本=44 000×1%+62 594=63 034（元）

确定销售价格：按成本加成定价法，本车型属于大众车型，市场保有量较大，且销售情况平衡。根据销售时日的市场行情，一般成本加成率在 5% 左右。因此该车的销售价格为：

二手车销售价格=该车总成本×（1+成本加成率）=63 034×（1+5%）=66 185.7（元）

确定最终价格：①该公司目前处于比较稳定的经营时期，二手车经销状况也比较稳定，故应以获取合理利润为目标，所以成本加成率不调整，即仍取 5%；②该车不准备采用折扣定价策略，而上述计算结果中有精确的尾数，即采用尾数定价策略，仅取整即可，故该二手车的最终销售价格确定为 66 186 元。

4. 二手车网上拍卖

二手车网上拍卖是以互联网为平台、以竞买者竞价为核心，建立二手车商与消费者之间的交流互动机制，共同确定价格和数量的一种二手车营销行为。通过网络可以确保二手车拍卖的公开公平，因为所有竞买者的用户名和密码都是各自保密的，相互之间串通是不太可能的，这就从根本上确保了二手车拍卖的透明公正。

（1）二手车网上拍卖规则。主要包括：

1）委托人必须向拍卖方保证其对该车辆拥有绝对的所有权，车辆没有被设定任何债权，车辆证件齐全合法，规费有效。

2）必须经过二手车质量认证。

3）车辆成交后由评估师统一办理交易手续。

（2）二手车网上拍卖流程。二手车网上拍卖流程基本如下：

1）登记。委托人在网上登记拍卖车辆信息。

2）评估。二手车拍卖网站认证评估师对车辆进行专业的鉴定评估，并将详细的鉴定评估报告单在网上随拍卖车辆介绍一同公布。

3）协商底价。根据鉴定报告协商拍卖底价。

4）网上拍卖展示。六方位拍照，车辆、证件交接，将车辆照片、证件照片（或扫描件）等信息纳入库存二手车管理系统，并上传网站展示。

5）竞买人出价。拍卖结束后，该拍卖车辆的评估师通知竞价排名前三者看车，与车主协商最终成交价。

6）办理成交车辆转移手续。向委托方收取交易服务费（如 500 元/辆），向买受人收取过户服务费（如 600 元/辆）。此处收费标准仅供参考。

（3）二手车网上拍卖所需材料。主要包括机动车行驶证、机动车登记证书、车主证件（组织机构代码证书或身份证）、原始发票或过户发票、车辆购置税完税证明、车船使用税缴付凭证。

第三节　二手车交易合同

一、二手车交易合同的种类

根据《二手车流通管理办法》规定，二手车交易双方应该签订交易合同，要在合同当中对二手车的状况、来源的合法性、费用负担及出现问题的解决方法等各方面进行约定，以便分清各自的责任和义务。《二手车交易规范》第七条也规定，二手车交易应当签订合同，明确相应的责任和义务。

二手车交易合同按当事人在合同中处于出让、受让或居间中介的不同情况，可分为二手车买卖合同和二手车居间合同两种。

1. 二手车买卖合同

二手车买卖合同是指二手车经营公司、经纪公司与法人、其他组织和自然人之间为达到二手车买卖的目的，明确相互权利义务关系所订立的协议。

（1）出让人（售车方）。即有意向出让二手车合法产权的法人或其他组织、自然人。

（2）受让人（购车方）。即有意向受让二手车合法产权的法人或其他组织、自然人。

2. 二手车居间合同

(1) 二手车居间合同的含义。二手车居间是指居间方向委托人报告订立二手车交易合同的机会或者提供订立合同的媒介服务，委托人支付佣金的经营行为。二手车居间合同是指拥有二手车中介交易资质的二手车经纪公司与委托人相互之间为实现二手车交易的目的，明确相互权利义务关系所订立的协议。

(2) 二手车居间合同的主体。二手车居间合同的主体由三方当事人即出让人（出售方）、受让人（收购方）和中介人（居间方）构成。

1) 出让人（售车方）。即有意向出让二手车合法产权的法人或其他组织、自然人。

2) 受让人（购车方）。即有意向受让二手车合法产权的法人或其他组织、自然人。

3) 中介人（居间方）。即合法拥有二手车中介交易资质的二手车经纪公司。

二、二手车交易合同的订立原则

1. 合法原则

订立二手车交易合同，必须遵守相关法律和行政法规。法律法规集中体现了人民的利益和要求。合同的内容及订立合同的程序、形式只有与法律法规相符合，才具有法律效力，当事人的合法权益才能得到保护。任何单位和个人都不得利用经济合同进行违法活动，扰乱市场秩序，损害国家和社会利益，牟取非法收入。

2. 平等互利、协商一致原则

订立合同的当事人法律地位一律平等，任何一方不得以大欺小、以强凌弱，把自己的意愿强加给对方，双方都必须在完全平等的地位上签订二手车交易合同。二手车交易合同应当在当事人之间充分协商、意愿表示一致的基础上订立，采取胁迫、乘人之危、违背当事人真实意志而订立的合同都是无效的，任何单位和个人也不得非法干预合同的订立。

三、二手车交易合同的主体

二手车交易合同的主体是指为了实现二手车交易目的，以自己名义签订交易合同，享有合同权利、承担合同义务的组织和个人。根据《中华人民共和国合同法》的规定，我国合同当事人按其法律地位，可分为法人、其他组织、自然人几种。

(1) 法人。法人是指具有民事权利能力和民事行为能力，依法独立享有民事权利和承担民事义务的组织。它必须具备以下条件：

1) 依法成立。

2) 有必要的财产或经费。

3) 有自己的名称、场所和组织机构。

4) 能够独立承担民事责任的企业法人、机关法人、事业单位法人和社会团体法人。

(2) 其他组织。其他组织是指合法成立、有一定的组织机构和财产，但又不具备法人资格的组织，如私营独资企业、合伙组织和个体工商户。

(3) 自然人。自然人是指具有完全民事行为能力、可以独立进行民事活动的人。

四、二手车交易合同的内容

1. 主要条款

(1) 出让人（出售方）的基本情况，包括单位代码、经办人或自然人的姓名、经办人或自然人的身份证号码、单位地址或自然人住址、联系电话等内容。

(2) 受让人（收购方）的基本情况，包括单位代码、经办人或自然人的姓名、经办人或自然人的身份证号码、单位地址或自然人住址、联系电话等内容。

(3) 出售车辆的基本情况，主要包括以下内容：
1) 车辆的名称、型号、生产厂家、出厂日期、颜色、初次登记日期、行驶里程、登记证号、发动机号、VIN等。
2) 机动车来历凭证、机动车行驶证、机动车登记证书、机动车号牌、道路运输证、机动车安全技术检验合格标志等法定证件。
3) 车辆购置税完税证明、养路费缴付凭证、车船使用税缴付凭证、车辆保险单等税费凭证证明。
(4) 车辆价款。
(5) 双方各自的责任、权利、义务。
(6) 合同在履行中的变更及处理。
(7) 违约责任。

2. 其他条款
其他条款包括合同的包装要求、某种特定的行业规则和当事人之间交易的惯有规则。

五、交易合同的变更和解除

1. 交易合同的变更
交易合同的变更，通常是指依法成立的交易合同尚未履行或未完全履行之前，当事人就其内容进行修改和补充而达成的协议。
交易合同的变更必须以有效成立的合同为对象，凡未成立或无效的合同，不存在变更问题。交易合同的变更是在原合同的基础上，达成一个或几个新的合同作为修正，以新协议代替原协议。所以，变更作为一种法律行为，使原合同的权利义务关系消灭，新合同的权利义务关系产生。

2. 交易合同的解除
交易合同的解除，是指交易合同订立后，在没有履行或没有完全履行以前，当事人依法提前终止合同。

3. 交易合同变更和解除的条件
《中华人民共和国合同法》规定，凡发生下列情况之一，允许变更或解除合同。
(1) 当事人双方经协商同意，并且不因此损害国家利益和社会公共利益。
(2) 由于不可抗力致使合同的全部义务不能履行。
(3) 由于另一方在合同约定的期限内没有履行合同。

六、违约责任

违约责任，是指交易合同一方或双方当事人由于自己的过错造成合同不能履行或不能完全履行，依照法律或合同约定必须承受的法律制裁。

1. 违约责任的性质
(1) 等价补偿。凡是已给对方当事人造成财产损失的，就应当承担补偿责任。
(2) 违约惩罚。合同当事人违反合同的，无论这种违约是否已经给对方当事人造成财产损失，都要依照法律规定或合同约定承担相应的违约责任。

2. 承担违约责任的条件
(1) 有违约行为。要追究违约责任，必须有合同当事人不履行或不完全履行的违约行为。违约可分为作为违约和不作为违约。
(2) 行为人有过错。行为人有过错是指当事人违约行为主观上出于故意或过失。故意，是指当事人应当预见自己的行为会产生一定的不良后果，但仍用积极的不作为或者消极的不作为希望或放任这种后果的发生；过失，是指当事人对自己行为的不良后果应当预见或能够预见到，而由于疏忽大意没有预见到或虽已预见到但轻信可以避免，以致产生不良后果。

3. 承担违约责任的方式

(1) 违约金。违约金是指合同当事人因过错不履行或不适当履行合同，依据法律规定或合同约定支付给对方一定数额的货币。根据《中华人民共和国合同法》及有关条例或实施细则的规定，违约金分为法定违约金和约定违约金。

(2) 赔偿金。赔偿金是指合同当事人一方因过错违约给另一方当事人造成的损失超过违约金数额时，由违约方当事人支付给对方当事人的一定数额的补偿货币。

(3) 继续履行。继续履行是指合同违约方支付违约金、赔偿金后，应对方的要求，在对方指定或双方约定的期限内，继续完成没有履行的那部分合同义务。

违约方在支付了违约金、赔偿金后，合同关系尚未终止，违约方有义务继续按约履行，最终实现合同目的。

七、合同纠纷处理方式

合同纠纷，是指合同当事人之间因对合同的履行状况及不履行的后果所发生的争议。根据《中华人民共和国合同法》及有关条例的规定，我国合同纠纷的解决方式一般有协商解决、调解解决、仲裁和诉讼四种方式。

(1) 协商解决。协商解决是指合同当事人之间直接磋商，自行解决彼此间发生的合同纠纷。这是合同当事人在自愿、互谅、互让的基础上，按照法律、法规的规定和合同的约定，解决合同纠纷的一种方式。

(2) 调解解决。调解解决是指由合同当事人以外的第三人/方（交易市场管理部门或二手车交易管理协会）出面调解，使争议双方在互谅互让的基础上自愿达成解决纠纷的协议。

(3) 仲裁。仲裁是指合同当事人将合同纠纷提交国家规定的仲裁机关，由仲裁机关对合同纠纷做出裁决的一种活动。

(4) 诉讼。诉讼是指合同当事人之间发生争议而合同中未规定仲裁条款或发生争议后也未达成仲裁协议的情况下，由当事人一方将争议提交有管辖权的法院按诉讼程序审理做出判决的活动。

附　　录

附录 A　二手车流通管理办法

根据 2017 年 9 月 14 日发布的《商务部关于废止和修改部分规章的决定》（商务部令 2017 年第 3 号），删去《二手车流通管理办法》（商务部、公安部、工商总局、税务总局令〔2005〕第 2 号）第九条、第十条、第十一条。

第一章　总　　则

第一条　为加强二手车流通管理，规范二手车经营行为，保障二手车交易双方的合法权益，促进二手车流通健康发展，依据国家有关法律、行政法规，制定本办法。

第二条　在中华人民共和国境内从事二手车经营活动或者与二手车相关的活动，适用本办法。

本办法所称二手车，是指从办理完注册登记手续到达到国家强制报废标准之前进行交易并转移所有权的汽车（包括三轮汽车、低速载货汽车，即原农用运输车，下同）、挂车和摩托车。

第三条　二手车交易市场是指依法设立、为买卖双方提供二手车集中交易和相关服务的场所。

第四条　二手车经营主体是指经工商行政管理部门依法登记，从事二手车经销、拍卖、经纪、鉴定评估的企业。

第五条　二手车经营行为是指二手车经销、拍卖、经纪、鉴定评估等。

（一）二手车经销是指二手车经销企业收购、销售二手车的经营活动；

（二）二手车拍卖是指二手车拍卖企业以公开竞价的形式将二手车转让给最高应价者的经营活动；

（三）二手车经纪是指二手车经纪机构以收取佣金为目的，为促成他人交易二手车而从事居间、行纪或者代理等经营活动；

（四）二手车鉴定评估是指二手车鉴定评估机构对二手车技术状况及其价值进行鉴定评估的经营活动。

第六条　二手车直接交易是指二手车所有人不通过经销企业、拍卖企业和经纪机构将车辆直接出售给买方的交易行为。二手车直接交易应当在二手车交易市场进行。

第七条　国务院商务主管部门、工商行政管理部门、税务部门在各自的职责范围内负责二手车流通有关监督管理工作。

省、自治区、直辖市和计划单列市商务主管部门（以下简称省级商务主管部门）、工商行政管理部门、税务部门在各自的职责范围内负责辖区内二手车流通有关监督管理工作。

第二章　设立条件和程序

第八条　二手车交易市场经营者、二手车经销企业和经纪机构应当具备企业法人条件，并依法到工商行政管理部门办理登记。

第九条 设立二手车拍卖企业（含外商投资二手车拍卖企业）应当符合《中华人民共和国拍卖法》和《拍卖管理办法》有关规定，并按《拍卖管理办法》规定的程序办理。

第十条 外资并购二手车交易市场和经营主体及已设立的外商投资企业增加二手车经营范围的，应当按第十一条、第十二条规定的程序办理。

第三章 行为规范

第十一条 二手车交易市场经营者和二手车经营主体应当依法经营和纳税，遵守商业道德，接受依法实施的监督检查。

第十二条 二手车卖方应当拥有车辆的所有权或者处置权。二手车交易市场经营者和二手车经营主体应当确认卖方的身份证明，车辆的号牌、机动车登记证书、机动车行驶证，有效的机动车安全技术检验合格标志、车辆保险单、交纳税费凭证等。

国家机关、国有企事业单位在出售、委托拍卖车辆时，应持有本单位或者上级单位出具的资产处理证明。

第十三条 出售、拍卖无所有权或者处置权车辆的，应承担相应的法律责任。

第十四条 二手车卖方应当向买方提供车辆的使用、修理、事故、检验以及是否办理抵押登记、交纳税费、报废期等真实情况和信息。买方购买的车辆如因卖方隐瞒和欺诈不能办理转移登记，卖方应当无条件接受退车，并退还购车款等费用。

第十五条 二手车经销企业销售二手车时应当向买方提供质量保证及售后服务承诺，并在经营场所予以明示。

第十六条 进行二手车交易应当签订合同。合同示范文本由国务院工商行政管理部门制定。

第十七条 二手车所有人委托他人办理车辆出售的，应当与受托人签订委托书。

第十八条 委托二手车经纪机构购买二手车时，双方应当按以下要求进行：

（一）委托人向二手车经纪机构提供合法身份证明；

（二）二手车经纪机构依据委托人要求选择车辆，并及时向其通报市场信息；

（三）二手车经纪机构接受委托购买时，双方签订合同；

（四）二手车经纪机构根据委托人要求代为办理车辆鉴定评估，鉴定评估所发生的费用由委托人承担。

第十九条 二手车交易完成后，卖方应当及时向买方交付车辆、号牌及车辆法定证明、凭证。车辆法定证明、凭证主要包括：

（一）机动车登记证书；

（二）机动车行驶证；

（三）有效的机动车安全技术检验合格标志；

（四）车辆购置税完税证明；

（五）养路费缴付凭证；

（六）车船使用税缴付凭证；

（七）车辆保险单。

第二十条 下列车辆禁止经销、买卖、拍卖和经纪：

（一）已报废或者达到国家强制报废标准的车辆；

（二）在抵押期间或者未经海关批准交易的海关监管车辆；

（三）在人民法院、人民检察院、行政执法部门依法查封、扣押期间的车辆；

（四）通过盗窃、抢劫、诈骗等违法犯罪手段获得的车辆；

（五）发动机号码、车辆识别代号或者车架号码与登记号码不相符，或者有凿改迹象的车辆；

（六）走私、非法拼（组）装的车辆；

（七）不具有第二十二条❶所列证明、凭证的车辆；

（八）在本行政辖区以外的公安机关交通管理部门注册登记的车辆；

（九）国家法律、行政法规禁止经营的车辆。

二手车交易市场经营者和二手车经营主体发现车辆具有（四）、（五）、（六）情形之一的，应当及时报告公安机关、工商行政管理部门等执法机关。

对交易违法车辆的，二手车交易市场经营者和二手车经营主体应当承担连带赔偿责任和其他相应的法律责任。

第二十一条 二手车经销企业销售、拍卖企业拍卖二手车时，应当按规定向买方开具税务机关监制的统一发票。

进行二手车直接交易和通过二手车经纪机构进行二手车交易的，应当由二手车交易市场经营者按规定向买方开具税务机关监制的统一发票。

第二十二条 二手车交易完成后，现车辆所有人应当凭税务机关监制的统一发票，按法律、法规有关规定办理转移登记手续。

第二十三条 二手车交易市场经营者应当为二手车经营主体提供固定场所和设施，并为客户提供办理二手车鉴定评估、转移登记、保险、纳税等手续的条件。二手车经销企业、经纪机构应当根据客户要求，代办二手车鉴定评估、转移登记、保险、纳税等手续。

第二十四条 二手车鉴定评估应当本着买卖双方自愿的原则，不得强制进行；属国有资产的二手车应当按国家有关规定进行鉴定评估。

第二十五条 二手车鉴定评估机构应当遵循客观、真实、公正和公开原则，依据国家法律法规开展二手车鉴定评估业务，出具车辆鉴定评估报告；并对鉴定评估报告中车辆技术状况，包括是否属事故车辆等评估内容负法律责任。

第二十六条 二手车鉴定评估机构和人员可以按国家有关规定从事涉案、事故车辆鉴定等评估业务。

第二十七条 二手车交易市场经营者和二手车经营主体应当建立完整的二手车交易购销、买卖、拍卖、经纪以及鉴定评估档案。

第二十八条 设立二手车交易市场、二手车经销企业开设店铺，应当符合所在地城市发展及城市商业发展有关规定。

第四章 监督与管理

第二十九条 二手车流通监督管理遵循破除垄断，鼓励竞争，促进发展和公平、公正、公开的原则。

第三十条 建立二手车交易市场经营者和二手车经营主体备案制度。凡经工商行政管理部

---

❶ 现行《二手车流通管理办法》第十九条。

146

门依法登记，取得营业执照的二手车交易市场经营者和二手车经营主体，应当自取得营业执照之日起2个月内向省级商务主管部门备案。省级商务主管部门应当将二手车交市场经营者和二手车经营主体有关备案情况定期报送国务院商务主管部门。

第三十一条 建立和完善二手车流通信息报送、公布制度。二手车交易市场经营者和二手车经营主体应当定期将二手车交易量、交易额等信息通过所在地商务主管部门报送省级商务主管部门。省级商务主管部门将上述信息汇总后报送国务院商务主管部门。国务院商务主管部门定期向社会公布全国二手车流通信息。

第三十二条 商务主管部门、工商行政管理部门应当在各自的职责范围内采取有效措施，加强对二手车交易市场经营者和经营主体的监督管理，依法查处违法违规行为，维护市场秩序，保护消费者的合法权益。

第三十三条 国务院工商行政管理部门会同商务主管部门建立二手车交易市场经营者和二手车经营主体信用档案，定期公布违规企业名单。

第五章 附 则

第三十四条 本办法自2005年10月1日起施行，原《商务部办公厅关于规范旧机动车鉴定评估管理工作的通知》（商建字〔2004〕第70号）、《关于加强旧机动车市场管理工作的通知》（国经贸贸易〔2001〕1281号）、《旧机动车交易管理办法》（内贸机字〔1998〕第33号）及据此发布的各类文件同时废止。

附录 B　二手车交易规范

(商务部公告 2006 年第 22 号)

第一章　总　则

第一条　为规范二手车交易市场经营者和二手车经营主体的服务、经营行为,以及二手车直接交易双方的交易行为,明确交易规程,增加交易透明度,维护二手车交易双方的合法权益,依据《二手车流通管理办法》,制定本规范。

第二条　在中华人民共和国境内从事二手车交易及相关的活动适用于本规范。

第三条　二手车交易应遵循诚实、守信、公平、公开的原则,严禁欺行霸市、强买强卖、弄虚作假、恶意串通、敲诈勒索等违法行为。

第四条　二手车交易市场经营者和二手车经营主体应在各自的经营范围内从事经营活动,不得超范围经营。

第五条　二手车交易市场经营者和二手车经营主体应按下列项目确认卖方的身份及车辆的合法性:

(一) 卖方身份证明或者机构代码证书原件合法有效;

(二) 车辆号牌、机动车登记证书、机动车行驶证、机动车安全技术检验合格标志真实、合法、有效;

(三) 交易车辆不属于《二手车流通管理办法》第二十三条❶规定禁止交易的车辆。

第六条　二手车交易市场经营者和二手车经营主体应核实卖方的所有权或处置权证明。车辆所有权或处置权证明应符合下列条件:

(一) 机动车登记证书、行驶证与卖方身份证明名称一致;国家机关、国有企事业单位出售的车辆,应附有资产处理证明;

(二) 委托出售的车辆,卖方应提供车主授权委托书和身份证明;

(三) 二手车经销企业销售的车辆,应具有车辆收购合同等能够证明经销企业拥有该车所有权或处置权的相关材料,以及原车主身份证明复印件。原车主名称应与机动车登记证、行驶证名称一致。

第七条　二手车交易应当签订合同,明确相应的责任和义务。交易合同包括:收购合同、销售合同、买卖合同、委托购买合同、委托出售合同、委托拍卖合同等。

第八条　交易完成后,买卖双方应当按照国家有关规定,持下列法定证明、凭证向公安机关交通管理部门申办车辆转移登记手续:

(一) 买方及其代理人的身份证明;

(二) 机动车登记证书;

(三) 机动车行驶证;

(四) 二手车交易市场、经销企业、拍卖公司按规定开具的二手车销售统一发票;

(五) 属于解除海关监管的车辆,应提供《中华人民共和国海关监管车辆解除监管证明书》。

---

❶ 本规范引用的《二手车流通管理办法》为商务部、公安部、工商总局、税务总局令〔2005〕第 2 号文件,现行《二手车流通管理办法》中关于禁止交易的车辆的规定为第二十条。

车辆转移登记手续应在国家有关政策法规所规定的时间内办理完毕，并在交易合同中予以明确。

完成车辆转移登记后，买方应按国家有关规定，持新的机动车登记证书和机动车行驶证到有关部门办理车辆购置税、养路费变更手续。

第九条　二手车应在车辆注册登记所在地交易。二手车转移登记手续应按照公安部门有关规定在原车辆注册登记所在地公安机关交通管理部门办理。需要进行异地转移登记的，由车辆原属地公安机关交通管理部门办理车辆转出手续，在接收地公安机关交通管理部门办理车辆转入手续。

第十条　二手车交易市场经营者和二手车经营主体应根据客户要求提供相关服务，在收取服务费、佣金时应开具发票。

第十一条　二手车交易市场经营者、经销企业、拍卖公司应建立交易档案，交易档案主要包括以下内容：

（一）本规范第五条第二款规定的法定证明、凭证复印件；
（二）购车原始发票或者最近一次交易发票复印件；
（三）买卖双方身份证明或者机构代码证书复印件；
（四）委托人及授权代理人身份证或者机构代码证书以及授权委托书复印件；
（五）交易合同原件；
（六）二手车经销企业的《车辆信息表》（见附件一），二手车拍卖公司的《拍卖车辆信息》（见附件二）和《二手车拍卖成交确认书》（见附件三）；
（七）其他需要存档的有关资料。

交易档案保留期限不少于3年。

第十二条　二手车交易市场经营者、二手车经营主体发现非法车辆、伪造证照和车牌等违法行为，以及擅自更改发动机号、车辆识别代号（车架号码）和调整里程表等情况，应及时向有关执法部门举报，并有责任配合调查。

第二章　收购和销售

第十三条　二手车经销企业在收购车辆时，应按下列要求进行：

（一）按本规范第五条和第六条所列项目核实卖方身份以及交易车辆的所有权或处置权，并查验车辆的合法性；
（二）与卖方商定收购价格，如对车辆技术状况及价格存有异议，经双方商定可委托二手车鉴定评估机构对车辆技术状况及价值进行鉴定评估。达成车辆收购意向的，签订收购合同，收购合同中应明确收购方享有车辆的处置权；
（三）按收购合同向卖方支付车款。

第十四条　二手车经销企业将二手车销售给买方之前，应对车辆进行检测和整备。

二手车经销企业应对进入销售展示区的车辆按《车辆信息表》的要求填写有关信息，在显要位置予以明示，并可根据需要增加《车辆信息表》的有关内容。

第十五条　达成车辆销售意向的，二手车经销企业应与买方签订销售合同，并将《车辆信息表》作为合同附件。按合同约定收取车款时，应向买方开具税务机关监制的统一发票，并如实填写成交价格。

买方持本规范第八条规定的法定证明、凭证到公安机关交通管理部门办理转移登记手续。

第十六条　二手车经销企业向最终用户销售使用年限在3年以内或行驶里程在6万公里以内的车辆（以先到者为准，营运车除外），应向用户提供不少于3个月或5000公里（以先到者为准）的质量保证。质量保证范围为发动机系统、转向系统、传动系统、制动系统、悬挂系统等。

第十七条　二手车经销企业向最终用户提供售后服务时，应向其提供售后服务清单。

第十八条　二手车经销企业在提供售后服务的过程中，不得擅自增加未经客户同意的服务项目。

第十九条　二手车经销企业应建立售后服务技术档案。售后服务技术档案包括以下内容：

（一）车辆基本资料。主要包括车辆品牌型号、车牌号码、发动机号、车架号、出厂日期、使用性质、最近一次转移登记日期、销售时间、地点等；

（二）客户基本资料。主要包括客户名称（姓名）、地址、职业、联系方式等；

（三）维修保养记录。主要包括维修保养的时间、里程、项目等。

售后服务技术档案保存时间不少于3年。

第三章　经　　纪

第二十条　购买或出售二手车可以委托二手车经纪机构办理。委托二手车经纪机构购买二手车时，应按《二手车流通管理办法》第二十一条[1]规定进行。

第二十一条　二手车经纪机构应严格按照委托购买合同向买方交付车辆、随车文件及本规范第五条第二款规定的法定证明、凭证。

第二十二条　经纪机构接受委托出售二手车，应按以下要求进行：

（一）及时向委托人通报市场信息；

（二）与委托人签订委托出售合同；

（三）按合同约定展示委托车辆，并妥善保管，不得挪作他用；

（四）不得擅自降价或加价出售委托车辆。

第二十三条　签订委托出售合同后，委托出售方应当按照合同约定向二手车经纪机构交付车辆、随车文件及本规范第五条第二款规定的法定证明、凭证。

车款、佣金给付按委托出售合同约定办理。

第二十四条　通过二手车经纪机构买卖的二手车，应由二手车交易市场经营者开具国家税务机关监制的统一发票。

第二十五条　进驻二手车交易市场的二手车经纪机构应与交易市场管理者签订相应的管理协议，服从二手车交易市场经营者的统一管理。

第二十六条　二手车经纪人不得以个人名义从事二手车经纪活动。

二手车经纪机构不得以任何方式从事二手车的收购、销售活动。

第二十七条　二手车经纪机构不得采取非法手段促成交易，以及向委托人索取合同约定佣金以外的费用。

第四章　拍　　卖

第二十八条　从事二手车拍卖及相关中介服务活动，应按照《拍卖法》及《拍卖管理办

---

[1] 本规范引用的《二手车流通管理办法》为商务部、公安部、工商总局、税务总局令〔2005〕第2号文件，现行《二手车流通管理办法》中关于委托二手车经纪机构购买二手车的规定为第十八条。

法》的有关规定进行。

第二十九条　委托拍卖时，委托人应提供身份证明、车辆所有权或处置权证明及其他相关材料。拍卖人接受委托的，应与委托人签订委托拍卖合同。

第三十条　委托人应提供车辆真实的技术状况，拍卖人应如实填写《拍卖车辆信息》。

如对车辆的技术状况存有异议，拍卖委托双方经商定可委托二手车鉴定评估机构对车辆进行鉴定评估。

第三十一条　拍卖人应于拍卖日7日前发布公告。拍卖公告应通过报纸或者其他新闻媒体发布，并载明下列事项：

（一）拍卖的时间、地点；

（二）拍卖的车型及数量；

（三）车辆的展示时间、地点；

（四）参加拍卖会办理竞买的手续；

（五）需要公告的其他事项。

拍卖人应在拍卖前展示拍卖车辆，并在车辆显著位置张贴《拍卖车辆信息》。车辆的展示时间不得少于2天。

第三十二条　进行网上拍卖，应在网上公布车辆的彩色照片和《拍卖车辆信息》，公布时间不得少于7天。

网上拍卖是指二手车拍卖公司利用互联网发布拍卖信息，公布拍卖车辆技术参数和直观图片，通过网上竞价，网下交接，将二手车转让给超过保留价的最高应价者的经营活动。

网上拍卖过程及手续应与现场拍卖相同。网上拍卖组织者应根据《拍卖法》及《拍卖管理办法》有关条款制定网上拍卖规则，竞买人则需要办理网上拍卖竞买手续。

任何个人及未取得二手车拍卖人资质的企业不得开展二手车网上拍卖活动。

第三十三条　拍卖成交后，买受人和拍卖人应签署《二手车拍卖成交确认书》。

第三十四条　委托人、买受人可与拍卖人约定佣金比例。

委托人、买受人与拍卖人对拍卖佣金比例未作约定的，依据《拍卖法》及《拍卖管理办法》有关规定收取佣金。

拍卖未成交的，拍卖人可按委托拍卖合同的约定向委托人收取服务费用。

第三十五条　拍卖人应在拍卖成交且买受人支付车辆全款后，将车辆、随车文件及本规范第五条第二款规定的法定证明、凭证交付给买受人，并向买受人开具二手车销售统一发票，如实填写拍卖成交价格。

第五章　直接交易

第三十六条　二手车直接交易方为自然人的，应具有完全民事行为能力。无民事行为能力的，应由其法定代理人代为办理，法定代理人应提供相关证明。

二手车直接交易委托代理人办理的，应签订具有法律效力的授权委托书。

第三十七条　二手车直接交易双方或其代理人均应向二手车交易市场经营者提供其合法身份证明，并将车辆及本规范第五条第二款规定的法定证明、凭证送交二手车交易市场经营者进行合法性验证。

第三十八条　二手车直接交易双方应签订买卖合同，如实填写有关内容，并承担相应的法律责任。

第三十九条　二手车直接交易的买方按照合同支付车款后,卖方应按合同约定及时将车辆及本规范第五条第二款规定的法定证明、凭证交付买方。

车辆法定证明、凭证齐全合法,并完成交易的,二手车交易市场经营者应当按照国家有关规定开具二手车销售统一发票,并如实填写成交价格。

第六章　交易市场的服务与管理

第四十条　二手车交易市场经营者应具有必要的配套服务设施和场地,设立车辆展示交易区、交易手续办理区及客户休息区,做到标识明显,环境整洁卫生。交易手续办理区应设立接待窗口,明示各窗口业务受理范围。

第四十一条　二手车交易市场经营者在交易市场内应设立醒目的公告牌,明示交易服务程序、收费项目及标准、客户查询和监督电话号码等内容。

第四十二条　二手车交易市场经营者应制定市场管理规则,对场内的交易活动负有监督、规范和管理责任,保证良好的市场环境和交易秩序。由于管理不当给消费者造成损失的,应承担相应的责任。

第四十三条　二手车交易市场经营者应及时受理并妥善处理客户投诉,协助客户挽回经济损失,保护消费者权益。

第四十四条　二手车交易市场经营者在履行其服务、管理职能的同时,可依法收取交易服务和物业等费用。

第四十五条　二手车交易市场经营者应建立严格的内部管理制度,牢固树立为客户服务、为驻场企业服务的意识,加强对所属人员的管理,提高人员素质。二手车交易市场服务、管理人员须经培训合格后上岗。

第七章　附　　则

第四十六条　本规范自发布之日起实施。

附件一：车辆信息表

车辆信息表

	质量保证类别					
	车牌号					
	经销企业名称					
	营业执照号码		地址			
车辆基本信息	车辆价格	￥　　　元	品牌型号		车身颜色	
	初次登记	年　月　日	行驶里程	公里	燃料	
	发动机号		车架号码		生产厂家	
	出厂日期	年　月	年检到期	年　月	排放等级	
	结构特点	□自动挡	□手动挡	□ABS	□其他	
	使用性质	□营运　□出租车　□非营运　□营转非　□出租营转非　□教练车　□其他___				
	交通事故记录 次数/类别/程度					
	重大维修记录 时间/部件					

续表

法定证明、凭证	☐号牌 ☐行驶证 ☐登记证 ☐年检证明 ☐车辆购置税完税证明 ☐养路费缴付证明 ☐车船使用税完税证明 ☐保险单 ☐其他
车辆技术状况	
质量保证	
声明	本车辆符合《二手车流通管理办法》有关规定，属合法车辆。
	经销企业（签章） 买方（签章）　　　　　　　　　　经办人（签章） 　　　　　　　　　　　　　　　　　年　月　日
备注	1. 本表由经销企业负责填写。 2. 本表一式三份，一份用于车辆展示，其余作为销售合同附件。

填表说明

1. 质量保证类别。车辆使用年限在3年以内或行驶里程在6万公里以内（以先到者为准，营运车除外），填写"本车属于质量保证车辆"。

如果超出质量保证范围，则在质量保证类别栏中填写"本车不属于质量保证车辆"，质量保证栏填写"本公司无质量担保责任"。

2. 经销企业名称、营业执照号码及地址应按照企业营业执照所登记的内容填写。
3. 车辆基本信息按车辆登记证书所载信息填写。
(1) 行驶里程按实际行驶里程填写。如果更换过仪表，应注明更换之前行驶里程；如果不能确定实际行驶里程，则应予以注明。
(2) 年检到期日以车辆最近一次年检证明所列日期为准。
(3) 车辆价格按二手车经销企业拟卖出价格填写，可以不是最终销售价。
(4) 其他信息根据车辆具体情况，符合项在☐中划√。
(5) 使用性质按表中所列分类，符合项在☐中划√。
(6) 交通事故记录次数/类别/程度，应根据可查记录或原车主的描述以及在对车辆进行技术状况检测过程中发现的，对车辆有重大损害的交通事故次数、类别及程度填写。未发生过重大交通事故填写"无"。
(7) 重大维修记录应根据可查记录或原车主的描述以及在车辆检测过程中发现的更换或维修车辆重要部件部分（比如发动机大中修等）填写有关内容。车辆未经过大中修填写"无"。
4. 法定证明、凭证等按表中所列项目，符合项在☐中划√。
5. 车辆技术状况是指车辆在展示前，二手车经销企业对车辆技术状况及排放状况进行检测，检测项目及检测方式根据企业具体情况实施，并将检测结果在表中填写。同时，检验员应在表中相应位置签字。
6. 属于质量担保车辆的，经销企业根据交易车辆的实际情况，填写质量保证部件、里程和时间。一般情况下，质量保证可按以下内容填写：
(1) 质量保证范围：从车辆售出之日起3个月或行驶5000公里，以先到为准。
(2) 本公司在车辆销售之前或之后质量保证期内，保证车辆安全技术性能。
(3) 质量保证不包括：轮胎、电瓶、内饰和车身油漆，也不包括因车辆碰撞、车辆用于赛车或拉力赛等非正常使用造成的质量问题。

经销企业也可根据实际情况适当延长质量保证期限，放宽对使用年限和行驶里程的限制。

7. 当车辆实现销售时，由经销企业及其经办人和买方分别在签章栏中签章。

153

附件二：拍卖车辆信息

拍卖车辆信息

	拍卖企业名称						
	营业执照号码			地址			
	拍卖时间	年 月 日		拍卖地点			
车辆基本信息	车牌号		厂牌型号			车身颜色	
	初次登记日期	年 月 日	行驶里程		公里	燃料	
	发动机号			车架号			
	出厂日期	年 月		发动机排量			
	年检到期日	年 月		生产厂家			
	结构特点	□自动挡　　□手动挡　　□ABS　　□其他_____					
	使用性质	□营运　□出租车　□非营运　□营转非　□出租营转非　□教练车　□其他__					
	交通事故记录 次数/类别/程度						
	重大维修记录						
	其他提示						
	法定证明、凭证等	□号牌　□行驶证　□登记证　□年检证明　□车辆购置税完税证明 □养路费缴付证明　□车船使用税完税证明　□保险单　□其他					
车辆技术状况							
	检测日期			检测人			
质量保证声明	本车辆符合《二手车流通管理办法》有关规定，属合法车辆。						
其他载明事项							

续表

拍卖人（签章）：	
备注	1. 本表由拍卖人填写。 2. 本表一式三份，一份用于车辆展示，其余作为拍卖成交确认书附件。

填表说明

1. 拍卖企业名称、营业执照号码及地址应按照企业营业执照所登记的内容填写。

2. 拍卖时间、地点填写拍卖会举办的时间和地点。

3. 车辆基本信息按车辆登记证书所载信息填写。

（1）行驶里程按实际行驶里程填写。如果更换过仪表，应注明更换之前行驶里程；如果不能确定实际行驶里程，则应予以注明。

（2）年检到期日以车辆最近一次年检证明所列日期为准。

（3）其他信息根据车辆具体情况，符合项在□中划√。

（4）使用性质按表中所列分类，符合项在□中划√。

（5）交通事故记录次数/类别/程度，应根据可查记录或委托方的描述以及在对车辆进行技术状况检测过程中发现的，对车辆有重大损害的交通事故次数、类别及程度填写。确定未发生过重大交通事故填写"无"。

（6）重大维修记录应根据可查记录或委托方的描述以及在车辆检测过程中发现的更换或维修车辆重要部件部分（比如发动机大中修等）填写有关内容。确定未经过大中修填写"无"。

（7）拍卖企业应在其他提示栏中指出车辆存在的质量缺陷、未排除的故障等方面的瑕疵。

4. 法定证明、凭证等按表中所列项目，符合项在□中划√。

5. 车辆技术状况是指车辆在展示前，拍卖企业对车辆技术状况及排放状况进行检测，检测项目及检测方式根据企业具体情况实施，并将检测结果在表中填写。同时，检验员应在表中相应位置签字。

6. 有能力的拍卖企业可为拍卖车辆提供质量保证，质量担保范围可参照经销企业的《车辆信息表》有关要求。质量保证部件、里程和时间可根据实际情况由企业自行掌握。

7. 其他载明事项是拍卖企业需要对车辆进行特殊说明的事项。

8. 当车辆拍卖成交时，拍卖人在签章栏中签章。

附件三：二手车拍卖成交确认书

二手车拍卖成交确认书

拍卖人：
买受人：
签订地点：
签订时间：

经审核本拍卖标的手续齐全，符合国家有关规定，属于合法车辆。

拍卖人于____年__月__日在_____举行拍卖会上，竞标号码为_____的竞买人_____，经过公开竞价，成功竞得_____。拍卖标的物的详情见附件《拍卖车辆信息》。依照《二手车流通管理办法》《中华人民共和国拍卖法》及有关法律、行政法规之规定，双方签订拍卖成交确认书如下：

一、成交拍卖标的：拍卖编号为_____的二手机动车，车牌号码为_____。

二、成交价款及佣金：标的成交价款为人民币大写_____元（￥_____），佣金比例为成交总额的___％，佣金为人民币大写_____元（￥_____），合计大写_____元（￥_____）。

三、付款方式：拍卖标的已经拍定，其买受人在付足全款后方可领取该车。

四、交接：拍卖人在买受人付足全款后，应将拍出的车辆移交给买受人，并向买受人提供车辆转移登记所需的号牌、机动车登记证书、机动车行驶证、有效的机动车安全技术检验合格标志、车辆购置税完税证明、养路费缴付凭证、车船使用税缴付凭证、车辆保险单等法定证明、凭证。

五、转移登记：买受人应自领取车辆及法定证明、凭证之日起30日内，向公安机关交通管理部门申办转移登记手续。

六、质量保证：_____。

七、声明：买受人已充分了解拍卖标的全部情况，承认并且愿意遵守《中华人民共和国拍卖法》和国家有关法律、行政法规之各项条款。

八、其他约定事项：

买受人（签章）：   拍卖人（签章）：

法定代表人：   法定代表人：

附录 C 二手车鉴定评估师管理办法（试行）

一、总则

第一条 为贯彻落实《资产评估法》，依法开展二手车鉴定评估工作，提高二手车鉴定评估师的岗位技能水平，规范二手车鉴定评估的行为，参照《资产评估法》、GB/T 30323—2013《二手车鉴定评估技术规范》等相应的法律法规和国家标准，借鉴国际大多数发达国家汽车流通协会通常做法和成熟经验，结合中国的具体实际情况，特制定此办法。

第二条 本办法中所称二手车鉴定评估师是指按照《资产评估法》的有关规定，由中国汽车流通协会依法组织实施初级、中级、高级二手车鉴定评估师岗位技能全国统一考试合格的专业人员。

第三条 中国汽车流通协会（以下简称协会）是各个级别二手车鉴定评估师岗位水平认证、备案和注册登记的管理机构。

第四条 实行初级二手车鉴定评估师岗位技能水平的备案，中级、高级二手车鉴定评估师岗位技能水平的执业注册制度，并进行统一编号与等级管理。未经执业注册，不得以注册二手车鉴定评估师的名义执业。

二、岗位技能水平

第五条 各级别的二手车鉴定评估师岗位水平的认证实行全国统一考试，每季度举行一次，经理论和实操考核均合格的学员，分别颁发相应级别的初级、中级、高级《二手车鉴定评估师》岗位技能证书。

第六条 协会组建专项的工作组，全面负责各级别的二手车鉴定评估师岗位技能全国统一考试组织工作。工作组分别由协会领导、院校教授与一线实战专家共同组成，根据实际需求，负责教学大纲、考试题库的研制、协会授权的二手车鉴定评估师专业培训机构理论考试和实操场地的考核、培训讲师的培训和选拔、监考人员的考核等工作。

第七条 各级别的二手车鉴定评估师岗位技能全国统一考试，推荐的参考文献分别为中国劳动出版社出版的《二手车鉴定评估理论与务实》；中华人民共和国国家标准 GB/T 30323—2013《二手车鉴定评估技术规范》；中国质检出版社、中国标准出版社出版的 GB/T 30323—2013《二手车鉴定评估技术规范》实施指南。

第八条 从事二手车鉴定评估师专业培训的讲师需经协会专家培训以及专项工作考核，取得协会工作组认可的条件方可持证上岗，每年考核一次，不合格者将取消其培训讲师的资格。

第九条 从事二手车鉴定评估师全国统一考试（理论考试和实操考试）的监考人员必须经过协会培训，考核通过后方可持证上岗，每年考核一次，不合格者将取消其监考人员的资格。

第十条 凡是承办二手车鉴定评估师岗位技能培训的机构，需要具备专业的办学资质，向协会提出申请，经协会工作组考核合格，获得协会的授权后方可开展相应的培训工作，授权有效期为一年。

第十一条 经过协会授权的二手车鉴定评估师专业培训机构，应按照协会的具体要求组织实施，不得以各种名义减少培训课时，要确保培训质量，如发现减少培训课时，降低培训质量，将取消其培训资质，并且 2 年内不能继续申请二手车鉴定评估师专业培训资质。

第十二条 参加各级别的二手车鉴定评估师岗位技能全国统一考试的申请人，需向协会提交如下的材料：

（一）相应级别的二手车鉴定评估师电子申请表；

（二）最高学历毕业证书电子扫描件；

（三）从事本职业（工种）工作年限证明（原件）加盖工作单位公章；

（四）申报初级二手车鉴定评估师岗位技能的需要提供在校证明，并且加盖院校公章；

（五）本人身份证和驾驶证扫描件；

（六）初级二手车鉴定评估师申报中级二手车鉴定评估师的需提交初级二手车鉴定评估师岗位技能证书扫描件；

（七）中级二手车鉴定评估师申报高级二手车鉴定评估师的，需提交中级二手车鉴定评估师岗位技能证书扫描件；

（八）近期免冠2寸蓝底彩色照片一张及同版电子照片。

第十三条　不同级别的二手车鉴定评估师岗位技能全国统一考试的具体时间地点提前15个工作日向社会公布。考试地点本着考试人员就近的原则，分片区组织。考试分为理论考试和实操考试两部分，考试场地应满足协会的"二手车鉴定评估师理论考试和实操场地的要求"。

三、备案、注册和年审

第十四条　初级、中级、高级二手车鉴定评估师的备案或者注册条件：

（一）初级二手车鉴定评估师实行备案管理，需要在实际工作中实习一年后，方可报考中级二手车鉴定评估师；

（二）取得中级二手车鉴定评估师岗位技能水平一年以上；

（三）参加协会组织的注册考试，成绩合格；

（四）遵守《资产评估法》等与二手车鉴定评估有关的法律、法规与标准，未出现重大过错和不良记录的人员。

第十五条　中级二手车鉴定评估师应申请初始注册，将申请材料加盖所在工作单位公章后报送协会。提交材料如下：

（一）中级二手车鉴定评估师注册纸质与电子申请表；

（二）中级二手车鉴定评估师岗位技能证书原件与电子扫描件；

（三）本人身份证和驾驶证扫描件电子版；

（四）近期免冠2寸蓝底彩色照片一张及同版电子照片。

第十六条　符合前款规定条件的人员申请执业注册的，协会准予注册。有下列情形之一的除外：

（一）有《资产评估法》第14条、44条、45条规定所指情形的；

（二）因故意犯罪或者在从事二手车鉴定评估工作中因过失犯罪而受刑事处罚，自刑罚执行完毕之日起至申请注册之日止不满五年的；

（三）在从事评估车辆活动中因违法行为而受行政处罚，自处罚决定做出之日起至申请注册之日止不满五年的；

（四）被开除公职，自处分决定做出之日起至申请注册之日止不满五年的；

（五）被吊销二手车鉴定评估师注册证书的；

（六）以欺骗、贿赂等不正当手段取得二手车鉴定评估师注册证书，被撤销注册的；

（七）法律、行政法规规定的其他不予注册的情形。

第十七条　中级二手车鉴定评估师岗位技能证注册有效期为二年。有效期满前三个月内，持证人应按本管理办法之规定，参加由协会组织的继续教育课程，考试通过后提交相关审核资料，申请办理年审手续。注册证超过注册有效期六个月未办理年审手续的，视为自动放弃年审，注册证书失效。

第十八条　中级二手车鉴定评估师应依法接受继续教育，进行知识更新，以保持专业素养。每一注册期内，应接受不少于 16 课时的继续教育，未参与或未达到规定学时者，不予办理年审。

需提交的年审材料包括：

（一）申请人注册有效期内达到继续教育合格的证明材料；

（二）中级二手车鉴定评估师年审申请表电子表格；

（三）中级二手车鉴定评估师岗位技能证书的扫描件；

（四）本人身份证和驾驶证复印件扫描件；

（五）如需换证，还需提供近期免冠 2 寸蓝底彩色照片一张及同版电子照片。

第十九条　协会每年分两次集中受理注册证年审工作，分别为每年的 3 月 1 日至 3 月 31 日和 9 月 1 日至 9 月 30 日之间。其余时间段只接受注册证的变更及补办。

四、变更和补办

第二十条　中级二手车鉴定评估师调离原单位，但仍继续从事二手车鉴定评估工作者，须在三个月内凭中级《二手车鉴定评估师变更注册申请表》办理变更手续。

第二十一条　中级二手车鉴定评估师办理变更注册应提交以下材料：

（一）中级二手车鉴定评估师变更注册电子申请表；

（二）中级二手车鉴定评估师岗位技能证书扫描件电子版；

（三）本人身份证和驾驶证扫描件电子版。

第二十二条　对不符合变更注册规定的，协会将于 20 个工作日内向申请人说明。

第二十三条　中级二手车鉴定评估师在执业过程中遗失中级二手车鉴定评估师注册证的，需要向中国汽车流通协会申请补办，补办后方可继续执业。

补办注册证需要提交下列材料：

（一）中级二手车鉴定评估师注册申请表一份；

（二）原注册证的扫描件电子档；

（三）遗失证明（包括遗失经过、本人签字、单位盖章）一份；

（四）本人身份证和驾驶证扫描件电子版；

（五）近期免冠 2 寸蓝底彩色照片 1 张及同版电子照片。

申请人和所在的二手车鉴定评估机构或其他相关机构应当对申请材料内容的真实性负责，证明人应当对证明材料内容的真实性负责。

中级二手车鉴定评估师的注册、年审、变更及补办，将逐步实行网上申报、受理和审批。

第二十四条　高级二手车鉴定评估师的注册证的注册、年审、变更及补办要求与中级二手车鉴定评估师的要求完全一致。

五、执业行为

第二十五条　根据协会的要求，初级、中级、高级二手车鉴定评估师必须持有《中华人民共和国机动车驾驶证》，如果二手车鉴定评估师被吊销驾驶证，其《二手车鉴定评估师注册证》将自动注销，且相应级别的中级或高级的二手车评估师不得继续执业。

第二十六条　初级、中级、高级二手车鉴定评估师应依法加入协会，接受协会的自律管理，履行行业协会章程规定的义务。

第二十七条　中级或高级二手车鉴定评估师在执业活动中享有下列权利：
（一）依法执业，签署二手车鉴定评估报告；
（二）要求委托人提供相关的权属证明和其他资料，以及为执行公允的评估程序所需的必要协助；
（三）依法向相关政府部门或者其他组织查阅执业所需的文件、证明和资料；
（四）拒绝委托人及其他组织、个人对评估行为和评估结果的非法干预；
（五）法律、行政法规规定的其他权利。

第二十八条　中级或高级二手车鉴定评估师在执业活动中应当履行下列义务：
（一）诚实守信，依法独立、客观、公正执业；
（二）遵守《二手车鉴定评估技术规范》和有关标准，履行调查职责，独立分析估算，勤勉谨慎执业；
（三）完成规定的后续教育，保持和提高专业能力；
（四）对执业中使用的有关文件、证明和资料的真实性、准确性、完整性进行核查和验证；
（五）对执业中知悉的国家秘密、商业秘密和个人隐私予以保密；
（六）与委托人或者其他相关当事人及评估对象有利害关系的，应当回避；
（七）法律、行政法规规定的其他义务。

第二十九条　中级或高级二手车鉴定评估师不得有下列行为：
（一）私自接受委托从事业务、收取费用；
（二）同时在两个以上评估机构从事业务；
（三）采用欺骗、利诱、胁迫，或者贬损、诋毁其他二手车鉴定评估师等不正当手段招揽业务；
（四）允许他人以本人名义从事业务，或者冒用他人名义从事业务；
（五）签署本人未承办业务的评估报告；
（六）索要、收受或者变相索要、收受合同约定以外的酬金、财物，或者谋取其他不正当利益；
（七）签署虚假评估报告或者有重大遗漏的评估报告；
（八）违反法律、行政法规的其他行为。

第三十条　中级或高级二手车鉴定评估师应主动接受公众监督。对于在注册有效期内，出现违规行为受到投诉，经调查情况属实者，中国汽车流通协会将予以行业内通报，并记录在案。情节轻微但同一注册期内出现两次以上不良记录，或违规行为情节严重者，将取消其注册资格。

第三十一条　中级或高级二手车鉴定评估师应严格按照相关管理规定开展二手车鉴定评估工作，认真填写《二手车鉴定作业表》，出具《二手车鉴定评估报告》或《二手车技术状况表》。

第三十二条　协会对于已不再从事二手车及相关行业工作、无法出具从业证明的中级或高级二手车鉴定评估师，不予办理注册登记。

第三十三条　注册中级或高级二手车鉴定评估师有下列情形之一的，由中国汽车流通协会视其情节轻重，给予警告、行业公示、注销注册以及注销相应级别的二手车鉴定评估师岗位技能证的处分：
（一）不符合本规定中描述的注册条件而被注册的；

（二）以欺骗、贿赂等不正当手段取得中级或高级二手车鉴定评估师岗位技能证或注册证书的；

（三）因故意犯罪或者在从事评估、财务、会计、审计活动中因过失犯罪而受刑事处罚的；

（四）在执业期间，因违反法律法规规定，对国家、委托人所造成的经济损失有直接责任者；

（五）利用执行业务之便，私自接受委托、索取、收受委托人不正当的酬金或其他财物，或者谋取不正当的利益的；

（六）同时在两个及以上评估机构执业的；

（七）允许他人以本人名义或冒用他人名义或允许他人以本人名义执业、开展二手车鉴定评估相关业务的；

（八）签署本人未参与项目的评估报告或签署虚假评估报告的；

（九）采用欺骗、利诱、胁迫等不正当手段招揽业务的；

（十）贬损或者诋毁其他中级及以上级别的二手车鉴定评估师的；

（十一）违反法律、法规的其他行为。

第三十四条 中级或高级二手车鉴定评估师对其不予注册、警告、暂停从业、注销注册、注销岗位技能的处分如有异议，可在收到通知 20 个工作日内向中国汽车流通协会申请复议。

六、附则

第三十五条 本办法由中国汽车流通协会负责解释。

第三十六条 本办法自 2017 年 3 月 15 日起施行。

参 考 文 献

[1] 张鹏. 二手车鉴定与评估 [M]. 南京：江苏科学技术出版社，2010.
[2] 王永盛，金涛. 汽车评估 第2版 [M]. 北京：机械工业出版社，2009.
[3] 明光星. 二手车鉴定评估师实用教程 [M]. 北京：中国人事出版社，中国劳动社会保障出版社，2013.
[4] 中国汽车流通协会. GB/T 30323—2013《二手车鉴定评估技术规范》实施指南 [S]. 北京：中国质检出版社，中国标准出版社，2014.
[5] 庞昌乐. 二手车评估与交易实务 第2版 [M]. 北京：北京理工大学出版社，2012.